2012年第1辑（总第24辑）

刑事法判解研究

北京师范大学刑事法律科学研究院　主办

赵秉志　主编

人民法院出版社

图书在版编目(CIP)数据

刑事法判解研究.2012年.第1辑:总第24辑/赵秉志主编.—北京:人民法院出版社,2012.12
ISBN 978-7-5109-0609-1

Ⅰ.①刑… Ⅱ.①赵… Ⅲ.①刑法-判例-研究-中国 Ⅳ.①D924.05

中国版本图书馆 CIP 数据核字(2012)第305632号

刑事法判解研究

2012年第1辑(总第24辑)
北京师范大学刑事法律科学研究院 主办
赵秉志 主编

责任编辑	丁丽娜
出版发行	人民法院出版社
地　　址	北京市东城区东交民巷27号 邮编 100745
电　　话	(010)67550608(责任编辑) 67550558(发行部查询)
	65223677(读者服务部)
网　　址	http://www.courtbook.com.cn
E-mail	courtpress@sohu.com
印　　刷	保定市中画美凯印刷有限公司
经　　销	新华书店
开　　本	787×1092 毫米 1/16
字　　数	296 千字
印　　张	17
版　　次	2012年12月第1版 2012年12月第1次印刷
书　　号	ISBN 978-7-5109-0609-1
定　　价	38.00元

《刑事法判解研究》

学术顾问

高铭暄　陈光中　王作富　储槐植　樊崇义
张　军　南　英　黄尔梅　朱孝清　孙　谦

编辑委员会

主　　任　赵秉志
副 主 任　胡云腾　陈国庆
委　　员　（以姓氏拼音为序）
　　　　　戴长林　高贵君　高憬宏　李希慧
　　　　　卢建平　裴显鼎　彭　东　宋英辉
　　　　　王尚新　杨万明　张智辉　周　峰
主　　编　赵秉志
副 主 编　左坚卫
编　　辑　周振杰　廖　明　郭雅婷　刘媛媛

特邀编辑　（以姓氏拼音为序）

陈　超　广东省揭阳市中级人民法院院长
龚培华　上海市金山区人民检察院检察长
黄祥青　上海市第一中级人民法院副院长
孟燕菲　最高人民检察院法律政策研究室处长
万云峰　广州市中级人民法院刑一庭庭长
翁跃强　浙江省人民检察院控申处处长
吴光侠　最高人民法院研究室案例指导处处长
詹复亮　最高人民检察院反贪总局业务指导处处长
张温龙　福建省石狮市人民检察院检察长
周加海　最高人民法院研究室刑事处处长
邹开红　北京市人民检察院办公室主任

卷 首 语

"时间永是流驶，街市依旧太平"。在云淡风轻与风起云涌交替之间，在平淡、平凡与卓绝、卓越共存之际，中国的刑事法治理论与实践都在探索与行动中前行。《刑事法判解研究》的编辑工作似乎总是比时间慢了一拍。尽管我们一直在努力追赶，但2012年的《刑事法判解研究》还是姗姗来迟。这种状况让我们深感不安和愧疚，甚至有些焦躁，已经引起了我们的高度重视。接下来，我们需要和时间赛跑，在尽可能保证图书质量的基础上，一定要让它的编辑出版工作步入正常的时间轨道。

经典案例留给人的思考空间总是广阔无垠的，因而即便针对它的司法程序已经走完，舆论的喧嚣已经消失，对它的法理探讨依旧具有重要价值。本辑的【名案法理研究】栏目刊登了薛进展、黎肠、戴书晖、曾扬四位作者的文章，分别针对具有重大社会影响的吴英集资诈骗案、汪建中操纵证券市场案、蓝甫赌博洗钱案以及药家鑫故意杀人案中某个侧面蕴含的法理问题展开了深层次的思考，有助于我们更为理性地从法律的角度反思这些重大案件。

【指导案例研究】栏目刊登了常秀娇的文章，对毒品犯罪分子再次犯毒品犯罪的情况下，出现的从重处罚原则与数罪并罚原则竞合的问题进行了较有深度的思考。

【热点案件透视】栏目刊登的两篇文章，对因主审法官在一审判决中将控方提供的有罪供述予以排除而引发社会舆论和法学界的高度关注的章国锡受贿案，以及微笑安监局长杨达才事件进行了较有针对性的思考。

疑难案件的正确定性与准确量刑永远是我们关注的主要对象。在本辑的【疑难案件探讨】栏目中，登载了十三篇文章，从实体法与程序法两个领域，对非法转让土地使用权罪，合同诈骗罪，组织、领导传销活动罪，故意杀人罪，抢劫罪，盗窃罪，诈骗罪，敲诈勒索罪，聚众斗殴罪，运输毒品罪认定中的疑难问题进行了较为深入的探讨。

在【死刑个案专论】栏目，刘静坤撰写的文章《"先供后证"的特殊证明价值——赵某某故意杀人、盗窃案》，以独特的视角对犯罪嫌疑人和被告人的供述对查明案件真相的重要价值进行了探讨。不过请不要误以为他在强调口供是证据之王的过时观点。

在【案例比较研究】栏目，王燃、廖丹以中美两个颇具相似之处的错案为标本，对目击者辨认错误所引起的刑事错案的成因进行了探讨，对司法机关在办理这类案件时具有启示意义。

在【域外名案评析】栏目，孟军对美国法院系统围绕高尔特案展开的司法活动进行了述评，对我国司法机关如何正确处理未成年人犯罪案件具有启发作用。姜金良撰写的《亲属盗窃的实质解释认定——以日本夫妻盗窃案为例分析》一文以日本夫妻盗窃案件为例，探讨了亲属盗窃在构罪上的特殊要求，对于我国司法机关正确处理此类案件具有参考价值。

在【司法解释研究】栏目，廖明及其与廖丹、高阁撰写的文章以相关司法解释为对象，分别探讨了非法证据排除问题以及社区矫正主体问题。对这两个热点问题的探讨，有助于相关领域理论和实务的进步。

有人说，法不容情；另有人说，法律不外乎人情。在编辑本辑案例的过程中，我们深深被某些案件的悲催情节所震动。例如，刘祖枝故意杀人案中刘祖枝一家人令人心酸的处境，使我们深深感到对刘祖枝的刑罚处罚是多么的没有意义，刑法在这里是多么的多余。法律的局限性在这起案件中暴露无遗。真正能够解决问题的，还是刑法学和刑事政策学的巨擘李斯特所呼唤的"最好的社会政策"。

目录
CONTENTS

【名案法理研究】

从吴英集资诈骗案看刑法保护的平衡性 …………………… 薛进展(1)

操纵证券市场罪的认定
　　——以汪建中案为主要视角 …………………… 黎　肠(10)

不让赌场成为"洗钱天堂"
　　——评蓝甫赌博洗钱案 …………………… 戴书晖(20)

死刑案件中被害方拒绝接受赔偿对加害人量刑的影响
　　——由药家鑫案索赔风波引发的思考 …………………… 曾　扬(28)

【指导案例研究】

再犯毒品犯罪从重与数罪并罚竞合的司法运用
　　——李靖贩卖、运输毒品案 …………………… 常秀娇(46)

【热点案件透视】

非法证据排除规则中的证明责任分配
　　——以章国锡受贿案为视角 …………………… 王　頔　邢晓晨(55)

网络反腐的利弊分析与规制
　　——从杨达才事件引出的思考 …………………… 范庆东(64)

【疑难案件探讨】

翻供后自首的认定
　　——徐凤抢劫案 ……………………………………… 冉　容（70）
揭开"土地使用权出让协议书"面纱
　　——李某非法转让土地使用权案 ……………… 郭雅婷（83）
以销售炒股软件为名骗取股民资金行为的认定
　　——罗某某等人合同诈骗案 ………………… 叶小舟　刘德华（92）
故意杀人间接正犯及教唆犯问题探讨
　　——刘祖枝故意杀人案 ……………………… 原佳丽（100）
不动产可以成为盗窃罪之对象
　　——龚某盗卖其父房产案之我见 …………… 杨兴培（111）
认定诈骗罪无需"处分意识"
　　——利用新型支付方式实施的诈骗案 ……… 秦新承（121）
挂失并取走自己账户下他人款项行为之定性
　　——晏某非法占有苏某存款案 ……………… 强　音　王　彧（132）
冒充绑匪向近亲属索要赎金的行为定性
　　——李某敲诈勒索案探究 …………………… 张鸿巍　钟　毅（142）
聚众斗殴罪司法疑难问题探究
　　——何强等人聚众斗殴案 …………………… 徐　操（150）
行政执法证据与刑事司法证据的转换
　　——孙海根等人组织、领导传销活动罪 …… 刘广三　彭心韵（160）
传来证据的证明价值
　　——王某抢劫案 ……………………………… 牟大钊　樊传明（169）
儿童作证资格及证言的审查判断
　　——章某盗窃案 ……………………………… 刘　鹏　彭少杰（177）
如何推定主观"明知"
　　——莫卫奇运输毒品案 ……………………… 毛立新（185）

【死刑个案专论】

"先供后证"的特殊证明价值
　　——赵某某故意杀人、盗窃案研讨 ………… 刘静坤（196）

【案例比较研究】

目击者辨认错误与刑事错案
　　——张海生强奸案与约瑟夫·阿比特强奸、盗窃、
　　绑架案比较研究 ………………………… 王　燃　廖　丹(202)

【域外名案评析】

从"区别对待"到"平等保护"
　　——高尔特案(In Re Gault) ……………………… 孟　军(212)
亲属盗窃的实质解释认定
　　——以日本夫妻盗窃案为例分析 ………………… 姜金良(224)

【司法解释研究】

两个证据规定中的非法口供排除规则之评析 …………廖　明(234)
社区矫正主体在中国的变迁
　　——对相关司法解释性文件的解读和评析
　　……………………………… 廖　明　廖　丹　高　阁(243)

从吴英集资诈骗案看刑法保护的平衡性

薛进展[*]

[**基本案情**]

被告人吴英在 2006 年 4 月成立本色控股集团有限公司前，即以每万元每日 35 元、40 元、50 元不等的高息或每季度分红 30%、60%、80% 的高投资回报为诱饵，从俞亚素、唐雅琴、夏瑶琴、徐玉兰等人处集资达 1400 余万元。从 2005 年 5 月至 2007 年 2 月，被告人吴英以高额利息为诱饵，以投资、借款、资金周转等为名，先后从林卫平、杨卫陵、杨卫江等 11 人处非法集资人民币 77339.5 万元，用于偿还本金、支付高额利息、购买房产、汽车及个人挥霍等，实际集资诈骗人民币 38426.5 万元。

[**诉讼过程**]

2009 年 12 月 18 日，金华市中级人民法院依法作出一审判决，以集资诈骗罪，判处被告人吴英死刑，剥夺政治权利终身，并处没收其个人全部财产。

2010 年 1 月，吴英不服一审判决提起上诉。

---

[*] 华东政法大学教授。

2012年1月18日下午,浙江省高级人民法院认为,一审判决定罪准确,量刑适当,审判程序合法,遂作出二审裁定,裁定驳回吴英的上诉,维持对吴英的死刑判决。

2012年4月20日,最高人民法院依法裁定不核准吴英死刑,将案件发回浙江省高级人民法院重新审判。

2012年5月21日,浙江省高级人民法院经重新审理后,对吴英案作出终审判决,浙江省高院以集资诈骗罪判处被告人吴英死刑,缓期二年执行,剥夺政治权利终身,并没收其吴英个人全部财产。

[蕴含的法理问题]

吴英案件成为一个法治事件,引发了社会的极大关注。普通民众从最朴素的"借钱还钱,杀人偿命"的理念出发,无法理解钱借多了还不出竟然也要以命相抵。民营企业家们关注的是,这一案件产生的影响不在于判了个死刑,而在于民间渠道的融资将更加困难,民营企业原本就已经十分困难的融资途径将进一步缩小,民营企业的发展生路还有吗?经济学家们关注的是,因为金融的国家垄断而产生的吴英案和死刑的判决,国家金融的垄断还将持续多久,金融领域向私有企业的开放还将延后多少时间。法学家们关注案件本身的事实,吴英案是否构成犯罪,是否构成集资诈骗罪,是否应当判处死刑。

各种人群的关注点不同,足以说明吴英案的判决引起了社会的极大震动。我们看不到该案件的全部材料,无法判断吴英案的判决是否正确,但这一案件至少给我们提出了刑法平衡地应对诈骗性犯罪的问题,提出了惩罚与保护之间衡量的问题。

[理论分析]

一、集资诈骗案中刑法保护失衡的思考

在民营经济极为发达的浙江地区,吴英案件只是数量众多的类似案件中的一个。有报道称,在过去5年间,浙江地区已经有219人因集资诈骗获刑,因集资诈骗获刑人数从2007年的8人上升到2011年的75人,5年增长数超过8倍。该文同时还报道,2011年浙江各级法院审结非法吸收公众存

款、集资诈骗等涉众型犯罪244件。① 如此数量的类似犯罪，可以想象在全国也应该是个庞大之数。而在这些案件中，有多人因非法集资被判处死刑或者死刑缓期执行。我们看到，重刑并没有阻挡非法集资案件的发生，仍然有人为追逐高额回报，从事非法集资或者高利借贷的行为。吴英案发生在浙江，这也非个人因素所决定的，而是由浙江地区的经济发展状况所决定的。浙江地区会有如此之多的非法集资案发生，不外乎有两方面的原因：一方面是民营经济的快速发展使民间资本非常充裕，另一方面则是大量的中小企业的发展需要资金但又融资非常困难，以国有垄断为主体的银行很难为这些企业提供所需资金，因此民间借贷的盛行也就在所难免，甚至一些大型企业也往往会因资金周转的困难而向民间资金借贷。从某种意义上说，民营经济的发展离不开民间的借贷，民间借贷事实上也为民营经济的发展提供了一定的帮助。

有的观点认为，非法集资案高发是由货币供求关系严重不均衡造成的。也有的观点认为，非法集资案的高发是民间借贷行为没有合法地位所导致的。甚至有观点认为，吴英案是中国金融体系结构不合理背景下发生的制度性悲剧。专家们对非法集资案大量发生的原因进行了剖析。但从刑法角度来看，刑法保护的失衡可能是一个更需要解决的问题。

刑法保护的失衡之一，是刑法偏重于对国有金融体系的保护。民间借贷在民法中是合法行为，最高人民法院也曾明确规定高出银行利息但只要不超出银行同期利息4倍的获利都予以保护。民间借贷在民事法律中尚有其一定的合法地位，受到民事法律的保护，但为何涉及多人的民间借贷却要入罪？这与国家的金融体系没有向民间开放有直接的关系，也与刑法过多致力于国有金融体系的保护有关。可以说，如果我们国家的刑法不是专注于对以国有为主体的金融机构、金融秩序和金融财产以倾斜性的保护，那么我们国家的民间借贷就有其合法的地位，私有金融企业或者银行就有存在的必然。银行将不再是以国有为主体，主要为中小企业融资服务的地下钱庄将不再属于地下，企业也将不再有现在的融资困难。当民间借贷包括多人之间的民间借贷成为合法时，以高额返利为标志的吴英等人的非法集资诈骗案也就没有存在的可能。

虽然我们国家已经步入市场经济，我们也在要求其他国家将我国视为完全市场化的国家，但我国刑法却没有承担起市场经济所要求的平等保护的责

---

① 参见《暴利驱动定罪模糊致浙江非法集资泛滥》，载《法制日报》2012年2月9日。

任。对国有经济和国有财产的重点保护，对非国有经济和财产的次要保护或者没有保护，在我国刑法中还是普遍的现象。如刑法分则第三章第三节妨害公司、企业管理秩序罪中有不少针对侵害国有公司、企业而设置的犯罪，像非法经营同类营业罪、为亲友牟利罪等。对非国有的公司、企业的侵害则没有类似犯罪的设置。即使都有设置，但刑法的侧重点也不同，如对贪污可处死刑，对职务侵占罪最高也只有十五年有期徒刑。同样，这种片面保护也扩展到金融领域。

也许有人认为，刑法的变更需要经济改革的先行，没有经济改革的先行，刑法不可能变更。但这并不是排除刑法应尽平等保护责任的理由。在国家鼓励中小企业大力发展，各地政府也在想方设法解决中小企业融资困难的今天，如果刑法仍然一味坚持保护国有金融的垄断秩序和垄断地位，而无视中小企业需要资金而国有金融体系难以满足的现实，排斥民间融资的地位和作用，则将是对经济发展的阻碍。

刑法保护的失衡之二，是刑法保护以企业的成败为标准。对成功企业，刑法予以保护，对失败企业，刑法予以惩处，这是目前普遍存在的不正常现象。虽然我国社会始终崇尚"成者英雄败者寇"的传统理念，但承担惩治犯罪、保护社会基本职责的刑法，应当具有平衡保护的功能，不能偏斜任何一方。在社会现实中，企业的发展非常艰难，既要承受资金短缺的风险，也要承受决策或者经营可能失当的风险，更需要承受市场急剧变幻的风险。近年来发生的欧美国家的金融危机不仅严重影响了欧美国家的经济，也同样严重影响了我国的经济，使许多中小企业难以为继，关门停业的屡见不鲜。在民营经济发达的地区，金融危机使民营经济的融资更加困难，为了保住已有企业的发展和既有财产，它们不惜以高额回报的方式借款，以暂渡金融危机。民间借贷促进了民营经济的发展，当然也推动了以高额回报为标志的非法集资群体的产生。

据报道，2010年浙江省共立非法集资类案件达206起。2009年是浙江省非法集资类案件的高发期：台州从2008年的15件7.6亿元上升至2009年的24件9.3亿元；金华市在2009年共有39件，相当于前后4年的总和；绍兴市2009年54件，比2006年增加了4倍。[①] 为什么集资诈骗类刑事案件近年来集中爆发？当我们冷静看待这一现象时就不难看到，集资诈骗行为的多发与国际金融危机的影响有紧密关系；而集资诈骗犯罪案

---

① 参见《"枉法违心判吴英死刑"系谣言》，载《法制日报》2012年2月7日。

件立案数和判决数量的成倍增多，则与以成败论英雄的刑法观相关。众所周知，2008年开始产生的影响欧美国家的金融危机同样也影响着我国，受影响最深的莫过于民营企业，而在民营企业中受影响最深的当数中小企业。金融危机导致银根紧缩，中小企业资金实力本来就弱，抗风险能力本身就差。它们为了保住已经存在并且已经发展的企业，不得已采用非法集资方法来缓解资金紧缺的暂时困难，这是近几年民营经济发达地区非法集资案普遍成倍增多的根本原因。面对如此艰难的国际金融环境，企业要想生存只能非法集资，而要集到大量资金，不采用一些虚假宣传方法又怎能获得资金，须知谁愿意付出如此高额回报的代价来获取资金呢。刑法没有从国际金融危机严重影响方面考虑，也没有从企业身处金融危机的险恶困境中不得已的艰难选择方面考虑，仍然采用沿用已久的简单的三层次推导，只要虚构事实获得财物并且没有归还的就是诈骗，从而将刑法的以成败论英雄的观念发挥到极致。

毋庸置疑，当需要资金的非法集资者能够通过各种方法度过金融危机，偿还所借的高额回报借款时，相信也不会有刑事案件的发生。反之，当非法集资的企业无法度过金融危机，相关债主紧逼上门时，刑法的介入也就势在必行。刑法应当是全民保护的法律，不能因人的性别差别、地位高低、名声大小、种族差异或者健康与残疾的不同而有保护的不同，同样也不应当因人或企业成功或者失败的差别而有差别地保护，这是刑法应当坚持并奉行的基本准则。

二、集资诈骗中的骗与被骗的相对性思考

据报道，吴英集资诈骗案所集资金约7.8亿，所集资的对象却仅有11人，其中有不少人本身是非法吸收公众存款的犯罪者。例如，吴英案中借款给吴英最多的林卫平是义乌有名的资金掮客，一人就将其非法吸收的公众存款向吴英放贷4.7亿元，超过吴英总集资的一半。案发时吴英未归还的林卫平的借款是3.2亿元，而法院最终认定吴英"集资诈骗"的金额不过3.8亿元。也就是说，在吴英这3.8亿元的集资诈骗数额中，属于诈骗林卫平一人的钱款就达3.2亿元。林卫平最终被东阳市法院以非法吸收公众存款罪判处有期徒刑六年。吴英诈骗一个犯非法吸收公众存款罪者的资金即达3.2亿元这一现实，无疑就集资诈骗罪的客观方面给我们提出了以下需要思考的问题：

问题之一，向非法吸收公众存款犯罪者集资，是否还有骗与被骗的相对

方，是否还符合集资诈骗罪的诈骗特性。这一问题也是近年来集资诈骗案中诉辩双方的争议焦点之一。

集资诈骗中的骗与被骗，也就是行骗方与被骗方。集资诈骗来源于传统的诈骗，其犯罪构成的基础也同样来自于传统诈骗的犯罪构成，只是诈骗方式不同而已。任何一个集资诈骗都应当存在行骗与被骗这样两个相对的方面，如果缺少其中之一，则很难想象还有集资诈骗犯罪的存在。一般而言，集资诈骗的事由无非是项目的开发或者建设需要资金，根据刑法及其司法解释的相关规定，集资诈骗的行骗一方应当具有虚构投资项目、集资用途，或者隐瞒实际集资用途真相的欺骗行为，从而获取被集资者的信任，"自愿"交付财物给集资者。此种行骗与被骗在传统的集资诈骗中相当分明，上世纪90年代初期发生在无锡的邓斌非法集资案，即为此种双方对应关系的最好写照。

但是在吴英集资诈骗案中，这种骗与被骗已经相当模糊。从集资者的角度看，能够从非法吸收公众存款者这些专门从事资金的生意人处集资数千万甚至数亿元，集资者并不需要以虚构投资项目的方法获得集资资金，其能够吸引这些资金的最大吸引力是高额回报。我们看到，近年来发生在民营经济发达地区的非法集资案，许多资金拥有者或者本身靠吸存方式获得大量资金的人员专注于以钱生钱、以钱赚钱的经营活动。在一些企业扩大经营规模急需资金时，就会有大量的社会资金蜂拥而至，包括民营资金，包括吸存资金，甚至包括银行资金。而当企业形成规模时，大量的高利贷者的资金和非法吸收存款的资金更是争先恐后地出借给这样的企业。之所以会有如此之多的资金汇聚到那里，并不是集资者有多大的行骗能力，也不是集资者资金投入的项目以及该项目本身所具有的潜在营利能力，而是借款的高额回报。可以说，向非法吸收公众存款者集资，集资者根本不需要用虚构投资项目，或者隐瞒集资用途的方法来获取资金，易言之，对此类人员的集资，集资者无需实施行骗行为。

同样，从被集资者角度看，被集资者也没有被骗。在上世纪90年代的非法集资案件中，我们都能够从一个非法集资案看到几十甚至数百个直接被骗者，许多人因为参与集资，把有限家产投入集资中，最终导致家财尽失。而在今天的集资诈骗案件中，却很难看到有如此之多的直接受骗者。在吴英案件中，被集资的对象多属于非法吸收公众存款的人员，也就是专事资金生意的人员。以非法吸收公众存款者为集资对象的非法集资案件的基础都是一个层叠的借贷塔，从较低回报的借贷转向中高回报的借贷，从中高回报的借贷最终向最高回报的借贷转变。普通民众的钱款被以高于银行利息的非法吸收存款者吸存，而非法吸存者又把所吸存的钱款转到回报更高的所谓集资诈骗者手里。这些专事资金生意的人，并不在乎集资者的投资项目，也不在乎投资的收益有多少，实际上只在乎集资者能够给予多少高额的利息。事实上，如此大量的资金被吴英集资过去，岂是一般的虚构投资项目所能够骗得了的？因此如果把这些非法吸收公众存款的犯罪人视为吴英集资诈骗案的被骗人，那么刑法的正义性是真的要打个大大的问号了。

问题之二，向高利贷或者非法吸收存款者集资，其被骗者是否可以包括被吸收存款背后的普通百姓。也就是说，行骗与被骗是否仅限于直接的相对方，还是可以包括间接的被骗者。在吴英案中，有不少观点针对被集资的多是非法吸收存款的人，故质疑吴英是否存在诈骗行为。为此有观点认为，像林卫平那样的非法吸收存款人的4.7亿元资金来源于数量甚多的普通百姓，也就是说这些被非法吸收存款的普通百姓是本案的被骗人。这种说法无疑在刑法上提出了有关间接行骗和间接受骗是否成立的问题。

应当肯定，骗与被骗总是相对的，并且是直接的，间接诈骗是不可能存在的。因为无论何种诈骗总是发生在行骗人和被骗人之间，行骗人通过虚构事实、隐瞒真相的方法使被害人上当受骗，"自愿"交付财物给行骗人。在这种相对的交互关系中，既有行骗人对被骗人的行为（虚构和隐瞒事实），又有被骗人对行骗人的行为（接受欺骗，交付财物）。因此要形成这种交互关系的诈骗，必须具备几个条件：其一，行骗人与被骗人有过接触，这是骗与被骗得以形成的基础；其二，行骗人向被骗人直接行骗，即虚构事实、隐瞒真相，使被骗人相信行骗人所说为真；其三，被骗人在对行骗人的谎言信以为真后，将财物"主动"交付给行骗人。

尽管现代诈骗方式多样，但仍然无法改变诈骗所固有的骗与被骗的交互关系。如电信诈骗，可能改变传统的面对面的骗与被骗，但即便没有面对面的接触，至少也有如电信诈骗中的言语接触。再如类似票据诈骗那样的三角诈骗，可能产生被骗人与被害人的分离，但是骗与被骗的双方还是相对存在的。间接的诈骗因为缺乏骗与被骗的直接的交互关系，也就意味着行为人不可能对之实施行骗行为，没有直接的行骗对象，也就没有直接的被骗人。在吴英案件中所产生的向非法吸收存款者的集资，吴英作为行骗人一方，对非法吸收公众存款者背后的普通百姓既没有直接接触，更无法直接对之实施欺骗行为。同样，这些被非法吸收存款的普通百姓因为没有与行骗人接触，当然也不可能受到行骗者的欺骗，故而也不可能将他们的钱款因信以为真而直接交付给行骗人。因此间接诈骗的观点缺乏诈骗所必须具有的交互关系基础，在理论和实践中都是不能成立的。如果否认这一点，则将使实践中的诈骗无限延伸，骗银行的钱就是骗我们无数在银行存款的人的钱，骗公司从银行借来的钱款，也就是骗银行的钱款。

三、集资诈骗中是否存在被害人的思考

在非法吸收公众存款者为被集资对象的集资诈骗案中还有没有被害人，这个问题也是值得研究的问题。因为如果确定被集资者为被害人，则刑事司法的活动本身应当负有查封犯罪人相关财产，并将财产返还被害人的义务和责任。甚至在刑事诉讼中，由被害人的身份所决定，被集资者可以依法参加诉讼，行使刑诉法赋予的许多诉讼权利，包括自己或者聘请律师参加庭审，主张对犯罪人进行刑罚处罚，要求返还财产等。笔者认为，在以非法吸收存款者为集资对象的集资诈骗犯罪中，不可能存在被害人。所谓被害人，也就是被犯罪行为直接侵害的人，可能是其人身被侵害，也可能是其财产被侵害。集资诈骗的客体包括国家金融管理秩序和公私财产的所有权，能够由此产生的侵害无非是对金融管理秩序的侵害和对公私财产所有权的侵害。金融管理秩序是抽象的，对之侵害不可能产生具体实在的被害人。公私财产的所有权是具体的，对之侵害可以产生具体的被害人。在集资诈骗犯罪中，所能够存在的只能是财产所有权被侵害的被害人。然而在以非法吸收存款者为对象的集资中，这些非法吸收公众存款者本身也是违法行为者，尤其是非法吸收公众存款者的行为本身还应当受到刑法的惩处，如吴英案中的林卫平，既作为违法犯罪者，同时又成为被害人，这在理论上也是难以想象的。

一般看来，在以非法吸收公众存款者为对象的集资诈骗案中，被害人可能是非法吸收公众存款者背后的普通百姓，真正受到财产损失的是这些将家财参与非法吸收存款的普通百姓，所以，这些人员应当成为此类集资诈骗案的被害人。应当看到，这一结论忽视了一个最基本的概念，那就是犯罪行为与被害人之间必须具有直接对应性。被害人是被犯罪行为侵害的人身或者财产的直接受害者，超出直接对应范围的受害人不能成为刑事案件的被害人，如犯罪人盗窃正在使用中的架空电线，直接使国家电线财产受损，间接也使广大民众因断电而受损害。其中国家电线的管理者是该案的被害人，其他间接受断电之害的民众不可能成为该案被害人。如果这种间接受害者也作为破坏通讯设施案的被害人，相信没有哪一个司法机关能够接受这样的被害人群。非法吸收存款者背后的普通百姓，违反法律参与非法存款活动，本身是

否能够成为被害人就值得考虑。即使能够成为被害人，也只能是非法吸收存款案的被害人，而不可能成为集资诈骗案的被害人，因为他们不可能成为集资诈骗案的直接被害人，至多是集资诈骗案的间接受害者而已。

[**结论性观点**]

总而言之，从社会角度而言，吴英集资诈骗案的发生与国际金融危机的影响有关，与我国金融体制的长期垄断有关，更与刑法全面保护的缺失和偏向性有关，这些因素所产生的责任不应由集资者承担。因此即便吴英构成集资诈骗罪，对其适用死刑也是不适当的。从刑法适用角度而言，对非法吸收公众存款者的集资，不存在骗与被骗的问题，当然也不符合集资诈骗罪的构成要件。对此种非法吸收公众存款者的集资，难以适用集资诈骗罪的法律规定。至于非法吸收公众存款者背后的存款人，因为缺乏与集资者的交互关系，不能成为集资诈骗罪的直接被骗人和直接被害人。当然，如果从维稳的角度把这些人员作为案件被害人，则是另一个非刑法层面考虑的问题。

操纵证券市场罪的认定

——以汪建中案为主要视角

黎 肠*

[基本案情]

被告人汪建中是北京首放投资顾问有限公司法定代表人,被指控在 2007 年 1 月至 2008 年 5 月期间,利用其控制的证券投资咨询机构向公众推荐证券的特殊地位和影响,使用本人及他人名义开立多个证券账户,采取先行买入相关证券,后利用公司名义在"新浪网"、"搜狐网"、《上海证券报》、《证券时报》等媒体上对外推荐该先行买入的相关证券,人为影响证券交易价格,并于上述信息公开后马上卖出该持有的证券,非法获取个人利益。经查明,首放公司公开推荐股票的内容发布后,相关 38 只股票交易量在整体上出现了较为明显的上涨:个股开盘价、当日均价明显提高;集合竞价成交量、开盘后 1 小时成交量成倍放大;全天成交量大幅增长;当日换手率明显上升;参与买入账户明显增多;新增买入账户成倍增加。被告人人为影响或意图影响证券交易价格以牟取巨额私利,

---

* 清华大学法学院博士研究生。

扰乱正常的市场交易秩序，侵害公众投资者的利益的行为违反了证券法第七十七条第一款第（四）项"以其他手段操纵证券市场"的规定，构成证券法第二百零三条所述的"操纵证券市场"行为。按照证券法第二百零三条的规定，对被告人已采取的行政处罚包括没收、罚款总额为 2.51 亿元人民币，撤销首放公司的证券投资咨询业务资格。

根据《最高人民检察院、公安部关于经济犯罪追诉标准的规定》①，操纵证券交易价格非法获利 50 万元以上的情形属于情节严重。人民法院认定汪建中通过 55 次操纵证券市场的行为，非法获利数额高达 1.25 亿余元，属于情节特别严重。被告人实施操纵证券市场行为的主观故意明显，其通过短线交易模式买卖证券的行为，属于刑法第一百八十二条操纵证券市场罪所禁止的行为，侵犯了国家对证券交易的管理制度，破坏了证券交易市场的公平、公正、公开的原则，人为地影响证券价格，使证券价格不能真实反映市场的供求关系，从而对广大投资者产生误导，致使盲目跟进，损害了投资者的合法权益，具有严重的社会危害性。被告人汪建中犯操纵证券市场罪，判处有期徒刑七年及罚金约人民币 1.25 亿元。②

[折射出的问题]

被告人对于其通过短线交易模式买卖证券的行为，符合证券法第七十七条第一款第（四）项的"以其他手段操纵证券市场"之行为，需承担行政责任以及接受行政处罚的事实，没有提出异议。然而，对于检察机关的刑事指控，被告方提出了两个方面的辩护理由：第一，被告人的行为属于证券法第七十七条第一款第（四）项的"以其他手段操纵证券市场"之行为，但不属于刑法规定的操纵证券市场罪的行为，所以不符合刑法第一百八十二条规定的操纵证券市场罪的行为要件；第二，"情节严重"是操纵证券市场罪的成立条件，而被告人对"情节严重"并不具有主观故意，因此，不构成操纵证券市场罪。

被告人提出的两个辩护理由，成为认定操纵证券市场罪的两个重要问题：其一，如何确定刑法第一百八十二条第一款第（四）项所规定的行为范围，亦即证券法第七十七条第一款第（四）项的"以其他手段操纵证

---

① 已被《最高人民检察院、公安部关于公安机关管辖的刑事案件立案追诉标准的规定（二）》（2010 年 5 月 7 日）废止。（编者注）
② ［2010］北京市一中刑初字第 1902 号刑事判决书。

市场"之行为,是否均属于刑法第一百八十二条所规定的操纵证券市场的行为;其二,成立操纵证券市场罪以情节严重为前提,那么,是否要求行为人认识到自己的行为情节严重。本文就这两个问题展开讨论。

[理论分析]

一、客观行为的分析

刑法第一百八十二条第一款规定:"有下列情形之一,操纵证券、期货交易市场,情节严重的,处五年以下有期徒刑或者拘役,并处或者单处罚金;情节特别严重的,处五年以上十年以下有期徒刑,并处罚金:(一)单独或者合谋,集中资金优势、持股或者持仓优势或者利用信息优势联合或者连续买卖,操纵证券、期货交易价格或者证券、期货交易量的;(二)与他人串通,以事先约定的时间、价格和方式相互进行证券、期货交易,影响证券、期货交易价格或者证券、期货交易量的;(三)在自己实际控制的账户之间进行证券交易,或者以自己为交易对象,自买自卖期货合约,影响证券、期货交易价格或者证券、期货交易量的;(四)以其他方法操纵证券、期货交易市场的。"不难看出,汪建中的行为是否属于"以其他方法操纵证券交易市场",是本案的关键问题之一。

《证券市场操纵行为认定指引(试行)》第三十条规定:"抢帽子交易操纵"属于证券法第七十七条第一款第(四)项所指的其他操纵证券市场的手段。第三十五条对"抢帽子交易操纵"的定义如下:"证券公司、证券咨询机构、专业中介机构及其工作人员,买卖或者持有相关证券,并对该证券或者其发行人、上市公司公开做出评价、预测或者投资建议,以便通过期待的市场波动取得经济利益的行为。"被告人汪建中利用北京首放投资顾问有限公司法定代表人的特殊地位,向公众推荐证券,诱导公众在不了解事实真相的情况下作出投资决定,导致证券交易价格以及交易量发生非正常波动,被告人借此期待的市场波动非法取得经济利益。由此可见,被告人的行为符合《证券市场操纵行为认定指引(试行)》规定的"抢帽子交易操纵"的行为方式。

问题是,刑法第一百八十二条第一款第(四)项所规定的"以其他方法操纵证券交易市场"的行为,是否包括"抢帽子交易操纵"?这需要根据同类解释规则以及行为的实质得出结论。

其一,刑法第一百八十二条第一款第(一)项所规定的是狭义的操纵证券交易价格或者交易量的行为，第（二）项与第（三）项规定的是影响证券交易价格或者交易量的行为。在此意义上说，"操纵"与"影响"是两个程度不同的概念。那么，第（四）项规定的"操纵证券交易市场"是否包括影响证券交易价格或者交易量的行为？本文持肯定意见。从刑法第一百八十二条第一款的表述就可以清楚地看出，在刑法第一百八十二条第一款中，项前的"操纵证券交易市场"与第（四）项的"以其他方法操纵证券交易市场"是指广义的操纵行为，包括了影响证券交易价格与交易量的行为。一方面，该款所规定的"下列情形"包括了影响交易价格与交易量的行为，既然如此，其项前所称的"操纵证券交易市场"当然包括了影响交易价格与交易量的行为。另一方面，第（四）项"以其他方法操纵证券交易市场"的规定，清楚表明了前三项所规定的都是操纵证券市场的行为。所以，凡是人为影响证券交易价格或者交易量的行为，即使没有达到狭义的操纵程度，从实质上说都属于刑法第一百八十二条所规定的操纵证券交易市场的行为。被告人汪建中采取先行买入相关证券，后利用公司名义在媒体上对外推荐该先行买入的相关证券，人为影响了证券交易价格，当然属于刑法第一百八十二条第一款所规定的广义的操纵证券市场的行为。

其二，刑法第一百八十二条第一款第（一）项所规定的操纵证券交易价格或者交易量的行为，其方法表现为利用资金等优势；第（二）项与第（三）项规定的是影响证券交易价格或者交易量的行为，则表现为欺骗方法，亦即制造某种证券交易价格上涨或者交易量大的假象，从而使其他人也购买该证券，进而影响证券交易价格或者交易量。在这种场合，其他人并不知道行为人之间基于串通而相互进行证券交易，或者自我交易，因而具有欺骗性。这种欺骗性，导致其他人不知情，进而使得行为人处于优势地位。根据刑法第一百八十二条第一款前三项列举的行为方法和同类解释规则，其他利用各种优势或者采用欺骗性方法影响证券交易市场的行为，都属于第（四）项规定的"以其他方法操纵证券交易市场"的行为。在汪建中案中，被告人一方面利用投资咨询机构的特殊地位和影响，推荐证券，影响投资者；另一方面隐瞒自己先行买入相关证券的事实，既具有欺骗性，也使自己处于优势地位；并且客观上影响了证券交易价格与交易量。不难看出，被告人汪建中的行为完全符合第（四）项的形式与实质要求。概言之，利用"抢帽子交易操纵"手段影响证券交易市场的行为，属于刑法第一百八十二条第一款第（四）项规定的"以其他方法操纵证券交易市场"的行为。

和大多数西方国家不同，我国将证券犯罪规定在刑法中，而没有直接在证券法中规定犯罪与刑罚。但是，刑法中关于证券犯罪的规定，与证券法所禁止的行为具有对应性。换言之，刑法中有关证券犯罪的规定，是相对于证券法某些条文而特别设立的刑事责任。例如，刑法第一百八十二条规定的操纵证券市场罪的构成要件与证券法第七十七条所禁止的操纵证券市场行为的外延完全相同，只是表述略有不同。① 刑法第一百八十二条第一款第（四）项所规定的其他操纵证券市场的行为，在与证券法第七十七条规定的其他操纵证券市场的行为，外延上也完全一致。既然《证券市场操纵行为认定指引（试行）》第三十五条规定"抢帽子交易操纵"属于操纵证券市场行为，那么，该行为同样属于刑法第一百八十二条第一款第（四）项规定的操纵证券市场的行为。

众所周知，国外刑法典、单行刑法与附属刑法对于犯罪构成要件的规定没有量的标准。例如，国外刑法对盗窃、诈骗等财产犯罪构成要件的规定没有数额起点。再如，国外附属刑法对于经济犯罪构成要件的规定，没有情节严重的要求。正因为如此，国外的证券法等经济法律，可以直接规定"违反本法第 XX 条的，处 XX 刑"。我国严格控制犯罪的处罚范围，对犯罪构成要件的规定一般都有量的标准。所以，就经济犯罪、行政犯罪而言，刑法一般是在分则条文中描述相应经济法律、行政法律所禁止的行为（许多条文的描述与经济法律、行政法律完全相同），然后添加数额较大或者与情节严重的规定。在这种场合，显然只是对情节严重要求不同，而不意味着行为的外延不同。刑法第一百八十二条关于操纵证券市场罪的规定正是如此。

二、情节严重的认定

如上所述，我国刑法在操纵证券市场罪的基本要素的基础上增加了"情节严重"这一规定，使司法人员能够根据经济发展的不同时期所相对应的不同的经济市场秩序，对"情节严重"作出与时并进的合理解释，使某些行为在这种特定的经济市场秩序中的违法性能够达到科处刑罚的程度，从

---

① 证券法第七十七条第一款规定："禁止任何人以下列手段操纵证券市场：（一）单独或者通过合谋，集中资金优势、持股优势或者利用信息优势联合或者连续买卖，操纵证券交易价格或者证券交易量；（二）与他人串通，以事先约定的时间、价格和方式相互进行证券交易，影响证券交易价格或者证券交易量；（三）在自己实际控制的账户之间进行证券交易，影响证券交易价格或者证券交易量；（四）以其他手段操纵证券市场。"

而更能有效地维护我国社会主义经济市场管理秩序。详言之，如果刑法分则对法定犯的条文规定，对罪状仅作一般性的基本描述，并不足以使行为的违法性达到科处刑罚的程度，因此，就在这些条文中增加某个要素如"情节严重"，才能使客观构成要件所象征和表述的违法性达到值得科处刑罚的程度。例如，一般操纵证券市场的行为，违反了证券法的规定，具有法益侵害性，但还没有达到科处刑罚的程度，因此，刑法在操纵证券市场罪的条文中，增加了"情节严重"的要素。这是因为在实践中，有许多侵害法益的行为，在一般情况下违法性没有达到值得科处刑罚的程度，但又无法预先设定某些要素，可以作为判断行为的违法性能够达到值得科处刑罚的程度，或者无法在条文中简短表述一些可以作为判断行为的违法性能够达到值得科处刑罚的程度的要素。因此，刑法条文作了一个整体性的规定，"情节严重"就以犯罪论处。①

刑法规定成立操纵证券市场罪以"情节严重"为要件，而违反证券法的操纵证券市场行为不以"情节严重"为前提，因此，决定被告人行为的罪与非罪，即被告人的行为是违反了证券法还是违反了刑法，取决于被告人的行为是否属于刑法规定的"情节严重"。作为对犯罪之整体评价要素的"情节严重"，是对法益侵害性严重的客观事实评价。2010年5月7日，《最高人民检察院、公安部关于公安机关管辖的刑事案件立案追诉标准的规定（二）》以例举的描述模式，规定了成立本罪的"情节严重"之八种情形："（一）单独或者合谋，持有或者实际控制证券的流通股份数达到该证券的实际流通股份总量百分之三十以上，且在该证券连续二十个交易日内联合或者连续买卖股份数累计达到该证券同期总成交量百分之三十以上的；（二）单独或者合谋，持有或者实际控制期货合约的数量超过期货交易所业务规则限定的持仓量百分之五十以上，且在该期货合约连续二十个交易日内联合或者连续买卖期货合约数累计达到该期货合约同期总成交量百分之三十以上的；（三）与他人串通，以事先约定的时间、价格和方式相互进行证券或者期货合约交易，且在该证券或者期货合约连续二十个交易日内成交量累计达到该证券或者期货合约同期总成交量百分之二十以上的；（四）在自己实际控制的账户之间进行证券交易，或者以自己为交易对象，自买自卖期货合约，且在该证券或者期货合约连续二十个交易日内成交量累计达到该证券或者期货合约同期总成交量百分之二十以上的；（五）单独或者合谋，当日连

---

① 张明楷：《犯罪构成体系与构成要件要素》，北京大学出版社2011年版，第239页。

续申报买入或者卖出同一证券、期货合约并在成交前撤回申报，撤回申报量占当日该种证券总申报量或者该种期货合约总申报量百分之五十以上的；（六）上市公司及其董事、监事、高级管理人员、实际控制人、控股股东或者其他关联人单独或者合谋，利用信息优势，操纵该公司证券交易价格或者证券交易量的；（七）证券公司、证券投资咨询机构、专业中介机构或者从业人员，违背有关从业禁止的规定，买卖或者持有相关证券，通过对证券或者其发行人、上市公司公开作出评价、预测或者投资建议，在该证券的交易中谋取利益，情节严重的；（八）其他情节严重的情形。"

由此可见，"情节严重"不但包含了客观行为的情节，而且包括结果内容，但仅限于客观违法方面的情节。诚然，在刑法理论上，一般认为"情节严重"还包括动机卑鄙等主观方面的情节严重，[1] 但是，犯罪的实体是违法与责任，违法与责任不是相加关系，而是阶层关系或者限制关系。"由于行为人只应对能够归责于他的违法行为及其结果承担责任，所以，应当得出以下两个结论：其一，如果行为本身的违法性没有达到值得科处刑罚的程度，那么，即便其主观上再值得谴责，也不应当认定为犯罪……其二，责任是对违法行为及其结果的责任，它必须与违法行为及其结果相关联，并无在内容上独立于违法性之外的责任。例如，单纯的动机卑鄙，无论如何都是不能作为定罪根据的。对情节严重当然也只能如此理解。亦即，因为只有当行为人对客观的侵害法益的严重情节具有非难可能性时，才能将该严重情节归责于他。既然如此，就不存在一种单纯的主观方面的情节严重，因而情节严重的情形。质言之，作为构成要件要素的情节严重中的情节，是表明客观的法益侵害的情节。"[2] 退一步说，即使在其他相关犯罪中，情节严重包括主观恶性等情节，但按照上述立案追诉标准的规定，在操纵证券市场罪中，情节严重仅限于客观行为、结果等表明客观违法的情节严重。

纵观被告人汪建中55次操纵证券市场的行为，在其公开推荐股票的内容发布后，相关38只股票交易量在整体上出现了较为明显的上涨：个股开盘价、当日均价明显提高；集合竞价成交量、开盘后1小时成交量成倍放大；全天成交量大幅增长；当日换手率明显上升；参与买入账户明显增多；新增买入账户成倍增加。可见，被告人的操纵行为在客观上已造成了影响证

---

[1] 陈兴良：《规范刑法学》（上册），中国人民大学出版社2008年版，第192、197页。
[2] 张明楷：《犯罪构成体系与构成要件要素》，北京大学出版社2010年版，第242~243页。

券交易价格以及交易量之结果,属于情节严重。

根据责任主义原则,被告人只有在对客观的违法事实具有非难可能性时,才需要对该客观的违法事实承担责任。操纵证券市场罪属于故意犯罪。在本案中,可以肯定的是,被告人对操纵证券市场的基本行为与结果具有故意。然而,要认定被告人对操纵证券市场罪的"情节严重"之客观要素具有相应的故意,亦即,认定被告人认识到自己操纵证券市场的行为情节严重,是相当困难的。问题是,如果不能证明被告人认识到自己操纵证券市场的行为情节严重,能否认定为操纵证券市场罪?本文持肯定意见,亦即,操纵证券市场罪中的情节严重,虽然是表明违法性的客观要素,但属于客观的超过要素,不需要行为人对之有认识,只需要有认识的可能性。没有疑问的是,司法机关可以根据被告人是北京首放投资顾问有限公司法定代表人,具备丰富的证券市场专业知识这些特定事实,得出被告人对自己公开推荐证券的行为会造成操纵证券市场罪中"情节严重"的结果,具备了认识的可能性这一结论。所以,需要讨论的是,操纵证券市场罪中的"情节严重"是否为客观的超过要素?

犯罪构成是成立犯罪所必须具备的一切主客观要件的总和,如果行为符合犯罪构成就成立犯罪,因此,行为符合犯罪构成是认定犯罪的唯一依据。换言之,符合犯罪的客观构成要件,就表明行为具备了违法性,如果存在与之相对应的故意内容,就成立故意犯罪。然而,针对某些犯罪,为了适当限制处罚范围,刑法分则在条款中对某个或某些客观因素作出了强调或增加。因此,构成这些犯罪,其客观构成要件除了需要具备一般客观要素,还需要具备所强调或增加的客观要素,即以增加违法程度来达到控制处罚范围的目的。但是,这些强调或增加的客观要素,并无与之相对应的故意内容,但如果认定为过失犯罪也不合适。① 要解决我国刑法分则这一客观存在之问题,如果依靠刑事政策或在犯罪构成体系之外寻找处罚根据,不但会不适当地扩大刑法的处罚范围,而且也会从本质上违背责任原则,从而违背罪刑相适应原则。因此,刑法分则有关构成犯罪的问题,都应该在犯罪构成体系内寻求法理依据。客观的超过要素之概念,就是以维护责任原则为前提,以罪刑相适应原则为基础,在犯罪构成体系内寻求法理依据,对刑法分则中这一特定问题给予合理解释。

根据张明楷教授的观点,判断客观的超过要素的方法和标准主要有五个

---

① 张明楷:《"客观的超过要素"概念之提倡》,载《法学研究》1999年第3期。

方面：第一，客观要素虽然是成立犯罪不可缺少的要件，但刑法所规定的行为本身就是违法的，具有一定程度的社会危害性，刑法只是为了控制处罚范围，才要求具有该客观要素，即该客观要素必须具有限制处罚范围的性质。第二，该客观要素在犯罪构成中不是唯一的客观要件要素，而是诸多客观要件要素之一。如果该客观要素在犯罪构成中是唯一的客观要件要素，就不是客观的超过要素。第三，如果将某种犯罪的危害结果确定为客观的超过要素，该犯罪的法定刑必须较低，明显轻于对危害结果具有故意心理的犯罪。第四，将该客观要素确定为客观的超过要素时，不影响行为人主观故意的完整内容。第五，该犯罪事实上只要求对客观的超过要素具有认识的可能性，但又不能肯定该犯罪是过失犯罪，或肯定该犯罪为过失犯罪并不符合过失的观念。①

联系汪建中案，主张操纵证券市场罪的"情节严重"是客观的超过要素的理由如下：

第一，根据刑法第一百八十二条规定："操纵证券、期货交易市场，情节严重的，处……"。被告人55次通过短线交易模式买卖证券的故意行为，符合刑法第一百八十二条规定的操纵证券市场罪的故意行为。因此，被告人所实施的行为本身就是违法行为，具有一定程度的社会危害性。刑法为了控制处罚范围，在操纵证券市场罪中增加了"情节严重"这一规定。可见，"情节严重"符合客观的超过要素之具有一定程度的社会危害性和具有限制处罚范围的性质之判断标准。

第二，"情节严重"在操纵证券市场罪中不是唯一的客观构成要件要素，只是对行为的整体评价要素。换言之，"情节严重"是以行为人实施了操纵证券市场的行为以及发生相应的危害结果为前提的。情节严重与否，并不影响行为是否属于操纵证券市场行为的认定。

第三，被告人不仅对自己55次短线交易模式买卖证券的行为具有认识，而且对扰乱正常市场交易秩序（影响证券交易价格、交易量）与侵害公众投资者利益的结果，具有希望或者放任，所以，被告人的故意内容已经具备了刑法第十四条所要求的认识因素与意志因素。换言之，将操纵证券市场罪中的情节严重作为客观的超过要素，对被告人主观故意的完整内容，不造成任何影响。

第四，如前所述，鉴于被告人身为北京首放投资顾问有限公司法定代表

---

① 张明楷：《刑法分则的解释原理》，中国人民大学出版社2011年版，第489页。

人，具有向公众推荐证券的特殊地位，对投资者的投资倾向具有相当大的影响力等客观事实，可以认定，被告人对自己人为影响或意图影响证券交易价格的行为，会导致"情节严重"结果，具备了认识的可能性。因此，将操纵证券市场罪中的"情节严重"确定为客观的超过要素，不会违反责任主义原则。

第五，操纵证券市场罪是故意犯罪，但是，如果要求行为人对"情节严重"有认识，必然不当缩小本罪的处罚范围；反之，如果认为对"情节严重"不需要有认识，进而将本罪认定为过失犯罪，则会不当缩小处罚范围。为了避免这两种不当现象，可取的办法便是将"情节严重"这一要素作为客观的超过要素。

第六，作为区分罪与非罪标准之一的"情节严重"，是由司法机关判断的，而不是由行为人判断的，特别是"严重"与否的判断，不可能由行为人得出结论，否则，在以"情节严重"为前提的犯罪中，只要行为人认为自己的行为情节不严重，就不成立犯罪，这显然行不通。

[结论性观点]

证券法第七十七条第一款第（四）项规定的"以其他手段操纵证券市场"的行为，和刑法第一百八十二条第一款第（四）项规定的"以其他方法操纵证券……市场"之行为，在外延上是完全相同的，只不过前者进一步要求"情节严重"。被告人汪建中55次通过短线交易模式买卖证券的行为，构成证券法第七十七条第一款第（四）项规定的"以其他手段操纵证券市场"的违法行为，当然也构成刑法第一百八十二条规定的操纵证券市场罪之犯罪行为。操纵证券市场罪的"情节严重"是客观的超过要素。因此，只要本案客观上达到了情节严重的要求，即使被告人汪建中没有认识到其行为的情节严重，也不影响对其故意的判断，进而不影响其行为成立操纵证券市场罪。

不让赌场成为"洗钱天堂"
——评蓝甫赌博洗钱案

戴书晖*

[基本案情]

蓝甫,前厦门市副市长,1999年因涉远华走私案而被调查。1999年12月20日,蓝甫出逃澳大利亚,2000年1月21日归案。2001年4月,蓝甫因受贿505.7万元被厦门市中级人民法院依法判处死刑,缓期两年执行。

为了将索取、收受赖昌星等人的500多万元"黑钱"洗成"白钱",蓝甫想到了赌博。当司法人员问起蓝甫其巨额不明财产和其在境外违纪参赌的情况时,蓝甫称几年间,他通过赌博赚到的钱多达65万美元外加33万港币。蓝甫称其逢赌必赢:"1993年9月,在马来西亚参赌:大赢39万马币,后换成13万美元,带回国交给岳父;1996年2月,又到马来西亚参赌:大赢十几万马币;1997年3月,去美国考察,在拉斯维加斯参赌,赢了近5万美元;厦门和澳门首航开航仪式,到澳门参赌:大赢340多万港币,后换成43万美元交给岳父;1997年去香港,在公海

---

* 上海市普陀区人民检察院检察员。

上的一条赌船上参赌：赢了13万港币；1998年下半年，两次到澳门赌博：赢20多万元港币……"这样蓝甫就把其受贿的"黑钱"顺理成章地变成了"白钱"。赌博充其量只能算是他严重的违纪行为，受贿的钱有了正当的来由，这样自然就洗脱受贿罪名。然而一些已经到案、曾经陪同蓝甫参赌的人，他们的供述却与蓝甫的"交代"大相径庭。厦门某机关工作人员供称，他三次陪蓝甫到澳门赌博，蓝甫一次未赢。另一位公司经理供称，1998年他两次陪蓝甫在澳门和澳大利亚赌博，蓝甫将别人提供的赌资全部输掉。曾为蓝甫提供过赌博筹码的两位港商也供称，他们曾陪蓝甫到澳门赌博，并为他提供赌资，没想到蓝甫全部输掉，铩羽而归……

[折射出的问题]

2006年6月29日出台的刑法修正案（六）在刑法修正案（三）的基础上又增加了三类洗钱罪的上游犯罪：贪污贿赂犯罪、破坏金融管理秩序罪和金融诈骗罪。在刑法修正案（六）出台前后，该案的定性有什么变化，利用赌博（或博彩）进行洗钱如何界定，境外赌博的司法管辖问题，对于这些问题，可以在分析本案的过程中得到启发。

[理论分析]

一、刑法修正案（六）出台前后该案定性的变化

在刑法修正案（六）出台前，洗钱罪是通过刑法第一百九十一条和刑法修正案（三）予以具体规定的，那时的洗钱罪是指掩饰、隐瞒毒品犯罪、黑社会性质的组织犯罪、恐怖活动犯罪、走私犯罪的违法所得及其产生的收益的来源和性质，进行洗钱的行为。所以对于蓝甫案，虽然犯罪人确实存在将"黑钱"洗成"白钱"的事实，但根据当时的刑法和刑法修正案，由于受贿罪并不是洗钱罪的上游犯罪，所以蓝甫利用赌博试图掩盖其受贿赃款的来源的行为只能看作是他为了逃避受贿罪而做的一个过程性行为。最终厦门市中级人民法院仅以受贿罪对蓝甫定罪量刑。

2006年6月29日出台的刑法修正案（六）在刑法修正案（三）的基础上又增加了三类洗钱罪的上游犯罪：贪污贿赂犯罪、破坏金融管理秩序罪和金融诈骗罪。所以根据刑法修正案（六），行为人如果明知是贪污贿赂所得及其产生的收益而以一定方式隐瞒、掩饰犯罪所得及其收益的来源和性质的则定性为洗钱罪。在蓝甫案中，蓝甫明知是其受贿所得的赃钱，企图通过赌

博掩盖赃款的性质，多次出境参赌，通过将其所谓"逢堵必赢"的赌资筹码兑换成现金，顺利地将"黑钱"洗成"白钱"。蓝甫着力渲染的赌战风云，不过是为自己洗钱开脱的一种说辞而已。两害相权取其轻，尽管参赌同样是违纪行为，但如果能够以此为黑金找到来由，洗脱自己要杀头的受贿罪名，违纪也就无足轻重了。所以如果该案放在现时，就不是简单地定为受贿罪了，就应该单独考虑到蓝甫洗钱犯罪行为了。

刑法修正案（六）将贪污贿赂犯罪也列入洗钱罪的上游犯罪是有利于防止腐败资金外流的。贪污、受贿等腐败案件不断上升，日益猖獗，其中一个很重要的原因就是对反洗钱的打击力度不够。加大对洗钱打击的力度，是对贪污贿赂犯罪的控制和遏制，是从下游堵截遏制上游犯罪的有力措施。从蓝甫案中可以看到，犯罪人是如何通过赌博将受贿的赃款变成所谓的赌博赢来的钱，掩盖受贿的事实。如果不是有人证明蓝甫在赌场并没有"百战百胜"，蓝甫很有可能就将"黑钱"洗成"白钱"，在调查时最多以参赌违纪来处理。原因就在于，以前并没有把贪污贿赂罪归为洗钱罪的上游犯罪，所以蓝甫有了用赌博来洗受贿所得的赃钱是违纪行为，还不构成洗钱罪，不用承担刑事责任的想法，而且可以很好地掩盖其受贿事实。由此可见，将贪污贿赂罪列入洗钱罪的上游犯罪范围内，最现实的意义就是对贪污受贿等腐败行为的有效威慑以及有效地防止资金外流。

二、利用赌博或博彩进行洗钱的界定

2009年11月11日实施的《最高人民法院关于审理洗钱等刑事案件具体应用法律若干问题的解释》第二条第（五）项就明确规定，"通过赌博方式，协助将犯罪所得及其收益转换为赌博收益的"，可以认定为刑法第一百九十一条第一款第（五）项规定的"以其他方法掩饰、隐瞒犯罪所得及其收益的来源和性质"。该司法解释就从侧面认定了赌博也可以成为洗钱的一种方式。

在正常情况下，国家工作人员尤其是官员都是受过一定教育的，智商也应该不低。从官员成长的轨迹和环境，以及他们所受到的教育和环境影响，都不足以使他们一下子从高官蜕变成赌徒。为何蓝甫比职业赌徒还红眼，上百万的去参赌，毫不心疼，难道真的是因为他是赌场上的"常胜将军"？唯一的解释就是钱的驱使，而且要是干净的钱，能让他不用受刑事追究可以胆大放心地使用的钱。从表面上无法看出蓝甫是怎么通过赌博洗钱的，正如陪他参赌的官员所说，蓝甫在赌场上基本是输的，那输了还有什么钱可洗？这就必须揭开赌博的面纱,看到洗钱的真正内幕——如果是高手,他拿着1000万筹码进场,输掉100万后离场,要求赌场把剩下的900万打进他的账户,他已经为将来可能的追查设置了障碍。因此,人们只注意到这些人在不停地输钱,但相对于标准洗钱模式中的大量损耗,赌场洗钱的风险常常会被认为是可以接受的。实际上在澳门赌场的贵宾房,有意行贿的老板们要与他请到赌台前的政府官员暗通款曲,就会不经意地将一枚价值100万港币的筹码放入官员的筹码堆中,这枚筹码不过一块饼干大小,赌博结束后筹码就可以变现,变成干净的钱,不再是受贿的赃款;而且动作隐蔽到整个行贿过程只有他们两人心知肚明,即便将来引出祸事被行贿者反咬一口,这笔钱的来龙去脉也是无据可查。而对于高官自己是如何携带赌本至境外参赌的问题,一般高官自身是不会携带巨额现金的,而是通过另一个洗钱工具——"地下钱庄",将洗钱者的人民币按当日外汇黑市价算出支付的外币数量,直接兑换,如果接受洗钱者兑换及转存境外的委托,即通知境外合伙人,由后者从境外的银行账户中支付外汇到洗钱者指定的账户上。同时在国外,赌博场所虽然受到严格控制,但仍可合法营业。洗钱者也可以用大量小额现钞的黑钱购买赌博筹码,在小赌一番后立即将筹码兑换成大钞。另外,洗钱者也可以将黑钱存入赌场账户内,在赌场逗留几天后,离开时,要求赌场开立支票,随后再兑换成其他货币。

与现实生活中赌场相比,如今网上赌场已经成为洗钱的安全天堂。赌博网站总部大多设在有"逃税天堂"之称的加勒比地区。许多网站根本没有受到政府部门监管,也不遵守国际赌场的游戏规则,它们甚至不会查问客户的身份资料。许多犯罪集团把钱款打进这些赌博网站开设的账户后,一般先象征性地赌上一两次,然后就通知网站"我不想再玩了",要求网站把自己户头里的钱以网站名义开出一张支票退回来。于是,一笔笔数额巨大的"黑钱"便轻而易举地"洗白"了。初步估算,每年通过数百个赌博网站清洗的"黑钱"数额大约在6000亿至15000亿美元之间。

由此可见,利用赌博进行洗钱已成为犯罪分子常用的手段,尤其是近年来国内很多贪官利用出境赌博进行洗钱犯罪活动逃避刑事追究。下面就国家工作人员境外赌博引发的问题进行讨论分析。

三、境外赌博的司法管辖问题

在蓝甫案中,蓝甫就是利用出境赌博妄图将受贿之钱洗成干净的钱,最终以受贿罪对其定罪量刑的,有人就质疑为什么不对其再定一个赌博罪实行数罪并罚呢？

　　刑法第三百零三条虽然规定有赌博罪，但具体规定是"以营利为目的，聚众赌博、开设赌场或以赌博为业的"方可定为赌博罪。国家工作人员一般很难从以赌博为业这一方面认定赌博罪，因为从行为特征看，国家工作人员因其具有正当合法的职业难以认定其以赌博为业。在蓝甫案中，蓝甫仅称其只是为了娱乐而参赌，在境外澳门、美国等地赌博是合法的。首先，涉及的一个问题就是对于在境外赌博行为我们国家是否具有司法管辖权。第一，根据各个国家社会政治情况和历史传统习惯的差异，在解决刑事管辖权范围的问题上所主张的原则主要有以下几种：属地原则、属人原则、保护原则和普遍原则。现在大多数国家的刑法均采用的是以属地原则为基础，兼采其他原则的做法，我国也不例外。笔者认为，境外赌博犯罪不适用刑法的属地管辖原则，而只能适用属人管辖原则。根据刑法第七条第一款的规定，中华人民共和国公民在中华人民共和国领域外犯本法规定之罪，适用本法，但是按本法规定的最高刑为三年以下有期徒刑的，可以不予追究。赌博罪属于法定最高刑三年以下的犯罪，因此从法定刑的上限来看，刑法对境外赌博犯罪一般是没有空间管辖效力的。但此处规定的"不予追究"，刑法中的限定词是"可以"，这表明不予追究只是一种倾向性，但不是绝对不予追究，法律仍保留追究的可能性。第二，根据刑法第七条第二款的规定，国家工作人员和军人在中国领域外犯本法规定之罪，适用本法。这也就是说，对于国家工作人员和军人在境外从事的赌博相关犯罪，不论法律规定的刑罚上限是多少，均应当接受我国法律的管辖。同时，最高人民法院、最高人民检察院于 2005 年 5 月 11 日联合公布了《关于办理赌博刑事案件具体应用法律若干问题的解释》（以下称为《解释》）对于具有国家工作人员身份赌博的，还应当依照刑法规定从重处罚。

　　在肯定了我国对国内官员的境外赌博活动有司法管辖权后，赌博罪是否构成？正如前面所说的，我国赌博罪有三种情形：聚众赌博、开设赌场或以赌博为业，且以营利目的为前提。在蓝甫案中，蓝甫显然不属于聚众赌博、开设赌场，那么对于是否以"赌博为业"，蓝甫称其只是出境赌博娱乐，而且从客观事实上也很难去认定一个副市长处于要职而以赌博为业，不符合赌博罪的构成要件，不构成赌博罪。

　　但对于国家工作人员在境外赌博犯罪过程中，实施了我国刑法规定的其他犯罪的，依照刑法相关规定处理。《解释》第七条规定："通过赌博或者为国家工作人员赌博提供资金的形式实施行贿、受贿行为，构成犯罪的，依照刑法关于贿赂犯罪的规定定罪处罚。"所以对于蓝甫案，当时法院以受贿罪对其进行定罪量刑是完全正确的，而不是以受贿罪和赌博罪进行数罪并罚。

四、洗钱罪上游犯罪和洗钱罪的关系

具体到本案的分析，刑法修正案（六）将受贿罪作为洗钱罪的上游犯罪之一，对此的明确规定是，明知是受贿所得及其产生的收益而通过提供资金账户，协助将财产转化为现金、金融票证或有价证券的，通过转账或者其他结算方式协助资金转移的，协助将资金汇往境外的或以其他方法掩饰、隐瞒犯罪所得及其收益的性质和来源的行为构成洗钱罪。

1. 在洗钱罪的认定上，受贿罪作为其上游犯罪是否必须先经过审判？理论界有肯定和否定两种观点。笔者倾向于反对的观点，即对于受贿罪或者其他法定的上游犯罪无须先经过审判定罪再来认定是否构成洗钱罪。理由如下：如果要求洗钱罪的成立必须以违法所得及其产生的收益行为已经经过审判并构成犯罪为前提，将使关于洗钱的刑法规范缺乏可操作性，刑法关于洗钱罪的规定形同虚设。因为许多的洗钱行为都发生在上游犯罪行为接受审判之前。正如蓝甫案中蓝甫是先通过赌博进行洗钱犯罪活动的，在查清他赌博的事实情况后才进一步佐证了其是利用赌博洗钱来掩盖其受贿行为的。因此，洗钱罪的成立与否，并不以上游犯罪是否经过审判为前提，只要行为人有掩饰、隐瞒违法所得及其产生的收益的行为，即使洗钱当时，上游犯罪没有进入刑事程序，行为人的行为也可以成立洗钱罪。推及到本案，在行为人洗钱行为的认定上并不以受贿罪的判定为前提。

2. "明知"的具体含义。世界上第一个国际反洗钱刑法规范《联合国禁毒公约》规定的清洗毒脏罪是故意犯罪，其明知包括"确知"和"应知"即"事实明知"和"推定明知"。对我国洗钱罪中的"明知"也应分两个层面来讨论，即"明确知道"和"应当知道"。（1）"明知"自然包括"明确知道"。但明确知道的范围也是有限定的，不能要求无限扩大到对上游犯罪犯罪事实的全部内容。因为上游犯罪很多可能是他人所为，除非是与他人事前通谋，否则不可能对特定犯罪全部具体内容了解得一清二楚。具体到蓝甫案中，蓝甫也不一定对赖昌星等人行贿的过程十分清楚。如果要求洗钱者对上游犯罪的犯罪事实都要全部了解才能定洗钱罪，那将会放纵很多的洗钱者。（2）"应当知道"是指行为人根据其所处的环境、时间，实施行为的性质、状况及其自身的素质、知识水平等客观事实推断他对某些事实是知道的，是"从被告已经实施的违禁行为的事实中，推断出被告是自觉犯罪或是具有犯罪意图"。① 正如前面所说，在很多贪官利用赌博洗钱的过程中，很多行贿者只用一个小动作将饼干大小却价值不菲的筹码扔进贪官的赌资筹码中，等到赌博结束筹码兑现，贪官很自然就将受贿的钱变成正当干净的钱了。如果否定"明知"包括"应当知道"，无疑就给了贪官逃避刑事责任的借口，以一句"我不知道他给我行贿"就搪塞了。

3. 洗钱罪与上游犯罪之间的关系。洗钱行为与上游犯罪，即取得"黑钱、脏钱"的行为有一定的联系又有严格的区别。有一定的联系，是指没有先前的"黑钱、脏钱"就没有后期的洗钱；两者的严格区别在于，先前取得"黑钱、脏钱"的违法犯罪行为，和后期的洗钱行为之间不存在主观上的通谋，在客观上也不是一个有机的整体。② 具体到本案中，蓝甫通过赌博将巨额受贿"黑钱"洗成"白钱"，应该将该行为从受贿行为中单独列出，在刑法修正案（六）出台后，对于此类案件就应该以受贿罪和洗钱罪进行分别定罪，实行数罪并罚。

[结论性观点]

现在，在很多国家和地区赌博是合法的，都设有合法的赌场，如澳门、美国的拉斯维加斯以及泰国曼谷的云顶赌场都是赫赫有名的。那么，对于官员出境赌博该如何处理呢？我国在打击赌博方面还是很坚决的，很多省市对于官员出境赌博都有严厉的明文规定，如沈阳市和西藏自治区颁布的"禁赌令"：凡领导干部参与赌博的，一经发现，一律免职。但我们更应该看到的是，不应光从党纪方面来处理官员出境参赌行为，应该从深层次考虑其出境参赌是否有其他的犯罪行为，是否利用赌博来洗钱等等。

从蓝甫案中我们看到了利用赌博进行洗钱已成为犯罪分子常用的手段，尤其是近年来国内很多贪官利用出境赌博进行洗钱犯罪活动逃避刑事追究。然而正所谓"魔高一尺，道高一丈"，犯罪分子虽然利用出境赌博将贪污受贿"黑钱"洗成"白钱"，但是随着刑法修正案（六）对洗钱罪上游犯罪的扩大，就不再放纵那些利用境外赌博洗钱的贪官，司法实践中将该行为从受贿行为中单独列出，对于此类案件就应该以受贿罪和洗钱罪进行分别定罪，实行数罪并罚。

当今，党和国家在大力推行反贪污腐败工作，刑法修正案（六）将

---

① 刘涛：《论我国洗钱罪的再修订》，载《上海高等专科学校学报》2007年第2期。
② 刘宪权主编：《刑法学》，上海人民出版社2005年版，第512页。

贪污贿赂罪纳入到洗钱罪的上游犯罪无疑是大大地推进该项工作的开展，在具体处理贪官利用境外赌博洗钱的案件时，既要很好地把握洗钱罪和贪污受贿等罪名的认定与处理，也要从源头上禁止官员至境外赌博，两者相结合才能有效地防止犯罪分子利用赌博进行洗钱犯罪活动，遏制腐败资金的外流。

刑事法判解研究

死刑案件中被害方拒绝接受赔偿对加害人量刑的影响
——由药家鑫案索赔风波引发的思考

曾 扬[*]

[基本案情]

2010年10月20日23时许，被告人药家鑫驾驶红色雪佛兰小轿车从西安长安返回西安的途中，在行驶至西北大学长安校区外西北角学府大道时，撞上前方同向骑电动车行进的张妙。之后药家鑫下车查看，发现张妙倒地呻吟，因害怕张妙看到并记住其车牌号后会找麻烦，药家鑫于是产生杀人灭口的念头。遂转身从车内取出一把尖刀，向倒地的被害人张妙连捅数刀，致张妙当场死亡。杀人后，被告人药家鑫驾车逃离现场，当车行至郭杜十字路口时再次将两情侣撞伤，在其逃逸时被附近群众抓获，后被公安机关释放。2010年10月23日，被告人药家鑫在其父母陪同下到公安机关投案。经法医鉴定：死者张妙系胸部锐器刺创致主动脉、上腔静脉破裂大出血而死亡。

本案由西安市中级人民法院于2011年4月22日作出

---

* 北京师范大学刑事法律科学研究院2010级刑法专业硕士研究生。

一审判决，认定被告人药家鑫犯故意杀人罪，判处其死刑，剥夺政治权利终身。同时判处被告人药家鑫向被害人家属支付民事赔偿款共计45498.5元。一审判决宣告后，被害人家属明确表示拒绝接受被告方的民事赔偿，同时放弃关于民事诉讼的上诉权。而被告人不服一审刑事判决，提起上诉。在二审判决宣告前，药家鑫父母曾明确表示向被害人家属赠与20万元（这20万元虽然形式上不具有民事赔偿或刑事和解的特征，但实质上起到的作用是与上述两者相同的），但被害方仍然不予接受。最终陕西省高级人民法院于2011年5月20日对本案作出二审判决，裁定驳回上诉，维持原判。经最高人民法院核准，药家鑫于2011年6月7日被执行死刑。

[引发的死刑适用问题]

药家鑫被执行死刑，可以说该案已经落下帷幕，但是2012年2月8日上演的被害人家属当面向药家鑫父母索要赠款并发生肢体冲突的闹剧，再次将该案拉回公众的视线。值得注意的是，在这次索赔风波中，舆论不再如从前一样几乎一边倒地倾向受害方，而是多了一些客观、理性的思考。今天回过头来认真审视药案的始末，个中问题值得我们深思。仅就索赔闹剧的上演，不禁使我们联想到如果当初被害方接受了民事赔偿（或赠款），是否就意味着药家鑫就不会被判处死刑立即执行呢？抑或说法院是否在很大程度上，是因为受害方拒绝接受赔偿而判处被告人死刑立即执行呢？将这一问题归结到刑法理论层面上来就可以转化为：死刑案件中被害方拒绝接受赔偿这一酌定量刑情节对加害人量刑的影响。① 这是深深隐藏在死刑案件判决背后的重要问题，也是本文意在探讨的重点。

[理论分析]

之前有学者已经就民事赔偿与死刑裁量的关系进行了系统的论证，尤其是在被害方接受民事赔偿的情形下对死刑案件的裁量的影响，从适用的案件

---

① 文中所指的"民事赔偿"既包括刑事附带民事诉讼中法院判决的民事赔偿，也包括司法实践中的双方达成刑事和解所确定的赔偿。然而，在药家鑫案索赔风波中，受害方其实索要的是药家鑫父母赠与受害方的20万元钱款，因为本案一审结束后，受害方曾发表声明称接受法院一审刑事部分的判决，不再上诉，但同时也放弃接受法院一审判决所确定的4.5万余元的民事赔偿。此外，本案当事人双方未曾进行刑事和解，所以这20万元也不宜认定为刑事和解确定的赔偿数额。尽管如此，并不影响本文将该案作为案例样本进行分析。

范围，民事赔偿情节的分量，案发后加害人认罪悔罪的态度等多方面进行了详细的论证。① 也有学者通过对死刑案件进行分类，将其划分为加害人应该被判处死刑的案件和可杀可不杀的案件，然后综合考量各种量刑情节，最后实现民事赔偿与死刑适用的平衡。② 正是得益于上述学者研究论证的启发，笔者将死刑案件中被害方拒绝接受赔偿这一酌定量刑情节予以抽离，对其进行单独研究。因为在司法实践中，接受民事赔偿往往对死刑裁量起着重要的作用，而如何看待被害方拒绝接受赔偿这一情节对死刑裁量的影响，则需要具体情况具体分析。

一、刑事案件中的民事赔偿概述

刑法第三十六条第一款规定："由于犯罪行为而使被害人遭受经济损失的，对犯罪分子除依法给予刑事处罚外，并应根据情况判处赔偿经济损失。"由此可见，民事赔偿是犯罪分子应该履行的一项法定义务。尽管如此，该义务的履行通常会给犯罪人带来积极的影响：对于犯罪人积极主动对受害方进行赔偿的，法院一般会酌情从宽处罚。尤其是随着近年来"刑事和解"的广泛开展，民事赔偿这一情节在刑罚裁量中的作用日趋明显。

（一）民事赔偿影响刑事责任的规范根据

1. 法律

新修改的刑事诉讼法将刑事和解制度予以明确化、规范化，从而为民事赔偿影响刑事责任提供了法律依据。该法第二百七十七条规定："下列公诉案件，犯罪嫌疑人、被告人真诚悔罪，通过向被害人赔偿损失、赔礼道歉等方式获得被害人谅解，被害人自愿和解的，双方当事人可以和解：（一）因民间纠纷引起，涉嫌刑法分则第四章、第五章规定的犯罪案件，可能判处三年有期徒刑以下刑罚的；（二）除渎职犯罪以外的可能判处七年有期徒刑以下刑罚的过失犯罪案件。犯罪嫌疑人、被告人在五年以内曾经故意犯罪的，不适用本章规定的程序。"第二百七十八条规定："双方当事人和解的，公安机关、人民检察院、人民法院应当听取当事人和其他有关人员的意见，对

---

① 参见赵秉志、彭新林：《论民事赔偿与死刑的限制适用》，载《中国法学》2010年第5期。
② 参见方文军：《民事赔偿与死刑适用的平衡规则探微》，载《法律适用》2007年第2期。

和解的自愿性、合法性进行审查,并主持制作和解协议书。"第二百七十九条规定:"对于达成和解协议的案件,公安机关可以向人民检察院提出从宽处理的建议。人民检察院可以向人民法院提出从宽处罚的建议;对于犯罪情节轻微,不需要判处刑罚的,可以作出不起诉的决定。人民法院可以依法对被告人从宽处罚。"从上述规定可以看出,尽管刑事诉讼法对适用刑事和解的案件范围作了一定的限制,但是刑事和解的正当性却不容置疑。而赔偿损失作为刑事和解的主要形式之一,其对加害人刑事责任的影响也是不言而喻的。

2. 司法解释等

2000年12月最高人民法院颁布的《关于刑事附带民事诉讼范围问题的规定》第四条规定:"被告人已经赔偿被害人物质损失的,人民法院可以作为量刑情节予以考虑。"2006年1月最高人民法院颁布的《关于审理未成年人刑事案件具体应用法律若干问题的解释》第十九条第二款规定:"被告人对被害人物质损失的赔偿情况,可以作为量刑情节予以考虑。"同时,2010年2月最高人民法院出台的《关于贯彻宽严相济刑事政策的若干意见》第二十三条也明确指出:"被告人案发后对被害人积极进行赔偿,并认罪、悔罪的,依法可以作为酌定量刑情节予以考虑。"以上司法解释及司法文件为民事赔偿影响刑事责任提供了重要的规范性依据。

(二)民事赔偿在量刑情节中的角色定位

民事赔偿影响刑事责任既有法律规定又有司法解释作根据,但是它是如何具体影响刑事责任的呢?这就涉及民事赔偿在量刑情节中的角色定位,即民事赔偿究竟属于法定量刑情节还是酌定量刑情节?是属于可以型还是应当型量刑情节?属于从宽情节还是从严情节?对这些问题的回答需要具体情况具体分析。

首先,根据新修改的刑事诉讼法第二百七十七、二百七十八、二百七十九条之规定,刑事和解作为法定量刑情节可以在某些特定的轻微刑事案件中影响加害人的刑事责任。法定量刑情节,是指刑法明文规定在量刑时应当予以考虑的情节,例如,犯罪中止、自首、防卫过当等。值得注意的是,此处所指的"刑法"应理解为广义上的刑法,即刑事法律。在此含义下,当然包括刑事诉讼法,因此其规定的量刑时应当予以考虑的情节,无疑也是法定量刑情节。与其相对的是酌定量刑情节,酌定量刑情节是指刑法未作明文规定,根据刑事立法精神与有关刑事政策,由人民法院从审判经验中总结出来的，在量刑时需要酌情考虑的情节。例如，犯罪手段、犯罪结果、赔偿情况、认罪悔罪等情节。因此，在司法实践中对于除刑事诉讼法第二百七十七条规定以外的刑事案件，一般将刑事和解作为酌定量刑情节，需要综合案件其他情节，对被告人裁量刑罚。其次，根据上述刑事诉讼法第二百七十九条和相关司法解释与司法文件的规定来看，民事赔偿都是作为可以型量刑情节来加以规定的。可以型情节是与应当型情节相对的，是指在量刑时可以考虑也可以不考虑的从宽或者从严处罚情节。因此，在司法实践中，法官应该结合犯罪行为，综合考量各种量刑情节，具体情况具体分析，实现民事赔偿与刑事责任的平衡。最后，还涉及另一种分类，即从宽情节与从严情节，前者是指对犯罪人的量刑产生从宽或从轻处罚的情节，后者是指对犯罪人的量刑产生从严或者不利影响的情节，即从重处罚情节。而民事赔偿作为一种量刑情节是具有两面性的，即由被害方接受民事赔偿和被害方拒绝接受民事赔偿两种情形构成。在司法实践中，被害方接受赔偿不仅在轻微案件甚至于许多死刑案件中，往往都会被作为从宽情节影响被告人的刑事责任。因为犯罪人基于真诚认罪悔罪而给予被害方的民事赔偿，不仅象征着犯罪人人身危险性的降低甚至消除，也在一定程度上弥补了受害方的损失，恢复了被破坏的社会秩序，理应使犯罪人得到从宽处罚。而作为民事赔偿的另一面：被害方拒绝接受民事赔偿这一情形，应该在何种程度上影响犯罪人的刑事责任，则是法官需要仔细斟酌的问题。尤其在死刑案件中，由于案情错综复杂，社会影响巨大，各种量刑情节同向、逆向竞合，在此情形下，被害方拒绝接受民事赔偿这一情节究竟会对最终的死刑裁量产生何种程度的影响，则是一个十分考量法官智慧的问题，需要法官立足案件本身，结合刑法理论与法治现状，努力实现法律效果和社会效果的统一。因此，下文意在就该问题作进一步的分析、论证。

二、被害方拒绝接受赔偿与死刑适用的关系探究

据有关数据统计，2007年~2008年，重庆市人民检察院办理的死刑二审上诉案件中，因被告人方赔偿而改判的案件，占死刑二审上诉改判案件的57.89%。其中，2008年因被告人方赔偿而改判的死刑案件比2007年上升75%，赔偿金额也有较大幅度的提高。① 尽管该统计数据来自地方检察院，

---

① 参见于天敏等：《因被告人方赔偿而改判的死刑案件情况分析》，载《人民检察》2009年第8期。

不能代表全国，但从近年来披露的多起死刑案件因达成刑事和解而不适用死刑立即执行的案件来看，民事赔偿在限制死刑立即执行的适用方面发挥了极其重要的作用。例如，北京大学学生安然故意杀人案，双方家长就民事赔偿部分达成调解，犯罪人父母赔偿死者父母40万元，受害方自愿撤诉。最后，北京市第一中级人民法院对该案的刑事部分作出判决，被告人安然一审被判处死刑，缓期二年执行。法院判决书中表明："安然故意杀人罪名成立，根据本案的具体情节，判处死刑但可不立即执行。"虽然一审判决书中并未载明不判处其死刑立即执行的具体理由，但我们仍然不能忽视当事双方达成了赔偿协议，被害方接受了民事赔偿，才使得被告人免于一死的这一事实。再如，浙江方强威故意杀人案，尽管被告人具有累犯这一法定从重处罚情节，但由于其真诚认罪悔罪，积极赔偿被害方损失并取得被害方的谅解，最终二审改判为死刑缓期执行。

针对刑事和解在死刑案件中大量运用并影响死刑裁量的现象，引发了"花钱买命"的争论。支持者和反正者各执一词，支持者认为，刑事和解适用于死刑案件是有其正当性的，当事双方达成刑事和解，一方面代表了被告人人身危险性的降低，另一方面弥补了受害方的物质损失，有利于刑罚目的的实现和社会关系的恢复，所以在被告人真诚认罪悔罪并赔偿损失的情况下，应该鼓励实行刑事和解。反对者则认为，死刑案件实行刑事和解违反罪刑法定和适用刑法人人平等的原则，其仅是富人的一项特权，严重违背法律正义，无异于"花钱买命"。同时，反对者还认为，死刑案件实行刑事和解与我国国民素有的"杀人偿命"的报应观念相左，极大地破坏了民众心中的司法公正的愿景，使得刑罚一般预防目的难以实现。梁根林教授专门撰文列举了十个理由，批判对死刑案件实行刑事和解的做法。[①] 论者引用了四则死刑案例，对其适用刑事和解的正当性加以批判。这四则案例都属于被告人所犯"罪行极其严重"，依法应当判处死刑，又无其他法定或酌定从轻处罚情节，一审法院依法判处被告人死刑立即执行，而二审法院仅因被告人的认罪、道歉特别是赔偿而改判死缓的情形。但也有学者从实现社会价值与法律价值的统一，贯彻"宽严相济"刑事政策与"保留死刑、严格控制与慎重适用死刑"的死刑政策以及符合世界发展趋势等方面，对死刑案件实行刑事和解的正当性进行了论证。[②]

---

① 参见梁根林：《死刑案件被刑事和解的十大证伪》，载《法学》2010年第4期。
② 参见游伟等：《死刑案刑事和解之感性与理性》，载《东方法学》2009年第3期。

事实上，以民事赔偿为主要表现形式的刑事和解作为世界范围内的一项司法实践，其适用案件的范围在不断扩大。"不管是美国、英国等英美法系国家，还是德国等大陆法系国家，包括严重暴力犯罪在内的重罪案件都开始逐步纳入刑事和解的视野。特别是德国，刑事和解在立法上构成一种普适性的量刑事由，成为减轻或免除处罚的依据。"① 但是，在我国，针对死刑案件实行刑事和解的实践为何会产生如上述学者间的针锋相对的观点呢？笔者认为原因主要在于：上述两方对刑事和解适用于死刑案件的范围的界定不统一，即支持方认为死刑案件适用刑事和解是综合考量全部情节后的结果，对于那些"罪行极其严重，依法应当判处死刑立即执行"的案件不适用刑事和解。而反对方则把那些"罪行极其严重，依法应当判处死刑立即执行"而被刑事和解的案件当作批判的靶子，因此两方必然会得出对立的结论。诚如有学者所言："作为一个酌定量刑情节，加害人与被害人的和解能否影响死刑判决取决于司法机关结合全案对加害人人身危险性的综合考量。在罪行本身严重、情节恶劣、手段残忍的情况下，和解不代表死缓，不和解也不代表死刑立即执行。"② 因此，应当理性对待司法实践中死刑案件适用刑事和解的现象，不论最终是否达成刑事和解，都要严格遵循适用死刑所必须达到的标准，切不能以是否达成和解作为刑罚裁量的最终标准。要杜绝对于达成赔偿协议的就从宽处罚，对于拒绝接受赔偿的就从严处罚的这一情形的发生，否则就会严重背离设立刑事和解制度的良好初衷，不仅会招致"花钱买命"的恶果，甚至会平白葬送犯罪人的性命。尤其是对于被害方拒绝接受民事赔偿（或者说不能达成刑事和解）的情形，应该认真审视案件本身，准确衡量这一情节对于被告人刑事责任的影响程度，对不同死刑案件予以具体分析，结合刑法理论和司法实践，作出最终裁判。笔者认为，死刑案件中被害方拒绝接受民事赔偿这一情节对死刑裁量的影响程度根据案件本身的情形可以分为两种：一是拒绝接受赔偿对应当判处死刑立即执行案件的影响，二是拒绝接受赔偿对可杀可不杀的死刑案件的影响。

（一）拒绝接受赔偿对应当判处死刑立即执行案件的影响

刑法第四十八条第一款前半段规定："死刑只适用于罪行极其严重的犯

---

① 游伟等：《死刑案刑事和解之感性与理性》，载《东方法学》2009年第3期。
② 王志祥、张伟珂：《死刑案件中刑事和解的正当性探究》，载《北方法学》2011年第4期。

罪分子"。① 该规定取代了1979年刑法中"死刑只适用于罪大恶极的犯罪分子"的表述，而对于如何理解"罪行极其严重"涉及死刑适用标准的统一化问题，理论上主要有三种分析方法：（1）主客观统一分析法，即从主观恶性和客观危害两个方面从严把握。（2）宏观分析与具体分析相结合的方法，即将刑法总则中"罪行极其严重"的抽象规定与刑法分则对各犯罪的具体规定相综合作出分析。（3）分析归纳法，即对不同地区、不同时期、不同性质的犯罪行为以及同种性质的不同个案、共同犯罪中的不同共犯的罪行进行比较后，把社会危害最严重的认定为"罪行极其严重"。② 笔者认为，上述第一种观点将犯罪分子的人身危险性排除在量刑情节之外，未能全面体现出犯罪的本质，③ 有不妥之处。而第二种观点有一定道理，但缺乏具体的认定标准，不利于司法实践的具体操作。第三种观点最为具体，但对个案进行归纳比较的任务异常艰巨，短时间内无法付诸于实践。所以笔者认为较可行的方法是对上述第一种观点进行补充，将犯罪分子人身危险性作为与主观恶性及客观危害相并列的量刑情节，方可构成完整的死刑适用标准。

据此分析，达到适用死刑立即执行标准的案件应该同时具备以下各要素：（1）已然犯罪的客观危害极大。具体到各个量刑情节主要包括犯罪手段极其残忍、犯罪后果极其严重、犯罪对象比较特殊等。关于客观危害极大的具体表现形式，有学者通过采集近几年来《最高人民法院公报》公布的上百例死刑案件，进行统计分析后得出以下结论④：第一，如果被告人采取分尸抛尸的手段时，一般都会从重处罚，适用死刑立即执行。在这百例案件中，共有23名被告人具有分尸抛尸的情节，其中适用死缓的有7人，适用死刑立即执行的有16人，在判处死缓的7人中，有2人因为认罪态度好予以从轻处罚。第二，如果被告人的犯罪行为致使二人以上伤亡时，一般从重处罚，适用死刑立即执行。在这百例死刑案件中，共有5例案件产生了二人以上的伤亡结果，结果无一例外都被判处死刑立即执行。（2）犯罪分子主

---

① 这里论述的"死刑"案件仅指应判处死刑立即执行的案件。
② 参见赵秉志：《罪刑总论问题》，北京大学出版社2010年版，第265～266页。
③ 也有学者认为犯罪分子的人身危险性包含于主观恶性之中，所以不必单列出来。但笔者认为客观危害和主观恶性是相对于已然之罪来讲的，犯罪分子的人身危险性则是相对于未然之罪来讲的，它主要体现的是一种再犯可能，所以有必要将其与客观危害和主观恶性相并列进行探讨。
④ 参见张敏、王非：《故意杀人罪死刑适用标准实证研究——以百例死刑案件为视角》，载《广西政法管理干部学院学报》2008年第3期。

观恶性极大，主要表现为犯罪动机恶劣，积极策划预谋犯罪、犯意坚决等情形。同样来自该学者的统计数据表明，尽管犯罪动机恶劣作为一个从重处罚的情节，但是单凭自身是无法导致死刑立即执行的适用的，只有同时具备其他从重处罚情节时，才有可能对犯罪分子适用死刑立即执行。（3）犯罪分子的人身危险性极大，主要表现在犯罪分子强烈、顽固地对抗社会，犯罪后毫无认罪悔罪的意向，仍然有较大的再犯可能性。如果犯罪分子能够真诚认罪、悔罪，则表明其人身危险性有所降低，有对其加以改造的可能性。在此情形下，不应认定其具有极大的人身危险性。在该学者所统计的百例案件中，共有4名被告人具有认罪悔罪并赔偿或部分赔偿被害方的损失这一情节，他们都无一例外地被判处了死缓，并且在这些案件中，被告人都不具有从轻情节，甚至有些被告人还具有从重处罚的情节。

　　如果同时具备了上述各要素，则足以表明犯罪分子所犯罪行极其严重，并且人身危险性极大，理应判处死刑立即执行。因为从刑罚目的角度来看，只有对这类犯罪分子判处死刑立即执行才能彻底预防犯罪的再次发生，维护社会秩序。正如贝卡里亚所言："不应当适用死刑，除非存在着具有某种积极必要性的情况，在社会的和平状态中并且在正常的司法管理条件下，我们很难发现这种积极必要性，只有在一种情况下才会出现此必要性，即某个犯罪人阴谋颠覆国家，尽管受到监禁并严加看管，却仍能够通过所继续保持的内外联系而重新侵扰社会，并且陷社会于危难。"对除上述情形以外的犯罪人不得判处死刑，"首先是因为死刑是不必要的，因而是不公正的；其次是因为死刑不如终身刑有效，如果这种终身刑具备有效和持续的公开性；第三是因为死刑是不可补救的。"① 从并合主义的刑罚目的观来看，贝卡里亚对应该判处死刑的案件的界定范围应该说是无懈可击的。联系我国司法实践，贝氏的观点也为我们区分死刑立即执行和"可杀可不杀"的案件树立了一个明确的标准。在应该判处死刑立即执行的案件中，不论当事双方是否达成刑事和解都不会影响到对犯罪人的死刑裁量，因为犯罪人的犯罪行为的社会危害性和其人身危险性极大，已经完全满足了对其适用死刑立即执行的条件。值得注意的是，在司法实践中可能出现这样一种情形：犯罪分子所犯罪行极其严重，且犯罪分子并无真诚悔罪的意愿，其仍然具有极大的人身危险性，但是为了挽回犯罪人的性命，犯罪人或其家属主动赔偿或者部分赔偿被

---

① ［意］贝卡里亚：《贝卡里亚刑事意见书6篇》，黄风译，北京大学出版社2010年版，第18~20页。

害方的损失，以求法院不判处其死刑立即执行。针对这种情形，法院依然应该对犯罪人判处死刑立即执行，而不论受害方是拒绝或者接受犯罪方的赔偿。依据还是在于犯罪人完全达到了适用死刑立即执行的标准，其他情节都不能影响对犯罪人适用死刑。综上，对于所犯罪行极其严重，依法应当判处死刑立即执行的案件来说，被害方拒绝或者接受赔偿对于犯罪人的刑罚裁量不产生影响，这主要是由刑罚目的所决定的。

（二）拒绝接受赔偿对可杀可不杀的死刑案件的影响

如上所述，如果犯罪分子所犯罪行极其严重并且人身危险性极大则理应判处死刑立即执行，该类案件属于应该杀的范畴。与此相对的是，如果犯罪人的罪行严重，但不具有特别恶劣的情节，犯罪分子的人身危险性不大，则该类案件应该属于不可杀的范畴。例如，故意杀人采用一般的手段，犯罪动机与目的一般，被害人有一定的过错，仅造成一人死亡的后果等情形，按照罪责刑相适应原则和死刑的适用标准来看，是不会适用死刑的（包括死缓）。因为死刑的适用必须达到所犯"罪行极其严重"（包括客观危害与主观恶性）和人身危险性极大的双重标准。在考察"罪行极其严重"这一标准时，应该将其理解为犯有"极其严重的罪行"且具有该种犯罪最严重情节的人。即使是极其严重的犯罪，如果不具有最严重情节，也不应该判处死刑（包括死缓）。[①] 因此，上述案件直接被排除在死刑案件范围之外，成为不可杀的案件。而介于应当杀和不可杀之间的则是可杀可不杀的案件，相较于前两者，该类案件在死刑裁量中是最具难度和争议的。"可杀可不杀的，不杀"是建国初期毛泽东同志就镇压反革命问题提出来的一项死刑政策，对于我国当前的司法实践仍有重要指导意义。笔者认为，它在功能上等同于我国刑法特有的死刑缓期执行制度，根据1997年刑法第四十八条第一款后半段的规定，"对于应当判处死刑的犯罪分子，如果不是必须立即执行的，可以判处死刑同时宣告缓期二年执行。"尽管死刑缓期执行制度在本质上仍然属于死刑的一种方式，但是它又截然不同于死刑立即执行。在二年考验期满后，如果犯罪人符合条件，则被减为无期徒刑。从这个意义上讲，笔者认为，对于某些"罪行极其严重"的犯罪分子判处死缓，实际上就是践行"可杀可不杀的，不杀"这一死刑政策。但是，如何判定"可杀可不杀"，则缺乏明确的标准，刑法以及各司法解释中都没有作出明确的规定。尽管如

[①] 参见赵秉志：《死刑改革探索》，法律出版社2006年版，第35页。

此，在司法实践中，最高司法机关非常重视死刑缓期执行制度的作用，在具体司法解释中巧妙而灵活地采用"一般不应判处死刑立即执行"、"一般应予从轻处罚，可不判处死刑立即执行"等措辞，引导死缓制度积极适用。同时，针对各地司法机关对死刑缓期执行制度适用不平衡和适用较少的情况，最高司法机关十分注重充分运用死刑缓期执行制度，强调并总结归纳对犯罪人适用死刑缓期执行的一般情况，研究针对各种具体类型犯罪适用死刑缓期执行的具体条件。① 最高司法机关的上述努力是十分有益的尝试，对于统一死刑适用标准，合理引导民意，保障人权具有重要的意义，但这又是一项极其繁重的工程，在短时间内不易得出普适的条件。然而，"可杀可不杀"的案件不断出现并由于不同法院的不同处理结果而招致公众的强烈关注。因此，笔者认为有必要对当前存在于司法实践中的具有典型性的"可杀可不杀"的案件特征进行归纳总结，尽量统一量刑标准，以求实现最大程度上的司法公正。

什么样的案件是"可杀可不杀"的案件呢？笔者认为，尽管"可杀可不杀的，不杀"这一死刑政策，对于当前我国控制和减少死刑适用具有重要意义，但不可否认"可杀可不杀的"这一概念提法本身就具有矛盾之处。因为如上文所述，基于理想化的考量，从刑罚目的出发（此处指报应主义与预防主义并合且以预防为主的刑罚观），死刑案件仅应存在应该杀和不可杀这两种情形。如果严格遵循上述界分，"可杀可不杀的"最终都应划为不可杀的行列。但是，现实的复杂性与理论的理想化总是处于矛盾之中，两者必须要进行一定程度上的融合，才能使得理论能够应用于实践，同时使实践能够指导理论不断前行。因此，有必要正视现实，将现实问题同刑法理论密切联系，以求得对复杂问题的最佳解决之道。笔者认为，之所以"可杀可不杀的"案件很难处理，主要是因为此类案件中涉及量刑情节竞合的问题，尤其是量刑情节逆向竞合。因此，有必要对各种影响死刑裁量的情节予以归纳、分析，结合刑罚裁量的基本理论，明确各情节在影响犯罪人刑事责任的程度上应有的分量，才能使得"可杀可不杀的"案件的处理有一个相对明

---

① 参见《最高人民法院院长肖扬在全国法院刑事审判高级法官培训班上的讲话》以及最高人民法院副院长姜兴长在全国法院刑事审判高级法官培训班上所做的报告：《以社会主义法治理念为指导，坚持依法审理刑事案件，保证刑事案件尤其是死刑案件的办案质量》，载最高人民法院政治部、刑四庭、刑五庭、国家法官学院编：《刑事审判法官培训讲义》，第4、15页。

确的标准。司法实践中经常出现这样的情形：犯罪分子所犯罪行极其严重，但同时又存在其他从宽处罚情节。对于这种情况，法官进行裁量刑罚时需要结合案件本身，对各个量刑情节——进行考量。同时，因为没有明确的法律规定作为量刑依据，而这类案件往往又会产生特别大的社会影响，所以法官在进行裁量刑罚时，往往会综合考量各种因素，例如刑事政策、社会治安状况、民意以及刑罚目的等各方面对量刑的影响，衡量各种价值冲突，最终作出一个妥善的判决。而如何平衡各量刑情节逆向竞合时分别对死刑裁量作用的大小就成为具体的、现实的难题摆在法官面前，也考验着法官的智慧。有学者通过对近几年《最高人民法院公报》上公布的百例死刑案件进行实证分析，归纳出了影响死刑适用的 11 种量刑情节（既包括法定量刑情节，也包括酌定量刑情节），并根据它们对于死刑案件具体影响力的不同，按由大到小的顺序划分为三个层次：第一层次是法定量刑情节，包括自首、立功和累犯；第二层次是酌定量刑情节中作用较大的或者实践中公认的应该予以从轻处罚的情节，主要有被害人有明显过错、赔偿或者补偿被害人、二人以上伤亡结果、分尸抛尸的；第三层次是酌定量刑情节中对死刑适用所起作用较小的情节，主要有认罪态度、犯罪人与被害人的相互关系、一时激愤和动机卑劣四项情节。① 值得注意的是，上述前两个层次的量刑情节对于死刑适用的作用和影响力在司法实践中其实差别不大，只是由于第一层次属于法定量刑情节，第二层次属于酌定量刑情节，两者的表现形式不一样，所以才会被划分为不同层次。

　　鉴于司法实践中最经常出现的量刑情节逆向竞合的情形，笔者意欲选取特定的几个量刑情节，包括犯罪手段极其残忍、自首、民事赔偿（包括受害方拒绝和接受两种情形），并就其应该如何影响死刑裁量作一简单的分析。首先，应该考量犯罪手段极其残忍这一从严量刑情节。因为这不仅是司法实践中的惯例，而且也是犯罪的本质之一社会危害性的题中应有之义。犯罪手段极其恶劣不仅说明了犯罪造成的客观危害严重，也反映出犯罪人的主观恶性极大，是在量刑时应该首先予以考量的因素。量刑阶段主要考量的对象是已然之罪，因为它体现的是具体的社会危害性，虽然量刑也应该考量犯罪人的人身危险性，这是由犯罪本质二元论所决定的，但是应该把社会危害性放在首要地位。在行刑阶段应该通过考察犯罪人的行刑表现，重新估量犯

---

① 参见张敏、王非：《故意杀人罪死刑适用标准实证研究——以百例死刑案件为视角》，载《广西政法管理干部学院学报》2008 年第 3 期。

罪人的人身危险性再决定是否予以减刑或者假释。但是，死刑的不可恢复性这一特殊属性要求法官在裁量死刑案件时，不应该一味地把社会危害性放在最主要的位置，而是应将犯罪人的人身危险性在整个量刑中的作用适当扩大，给犯罪人改过的机会。这是由以预防为主的刑罚目的观所决定的。"刑，期于无刑"① 便是对犯罪与刑罚之间关系的完美写照。其次，应该考量自首在死刑案件刑罚裁量中的作用。基于真诚认罪悔罪前提下的自首，一方面标志着犯罪人人身危险性的降低，另一方面使得国家节约了司法成本、提高了办案效率。因此，对于犯罪后因认罪悔罪而进行自首的犯罪分子从宽处罚是有合理根据的。从刑法修正案（八）将"坦白从宽"法定化便可得知：既然坦白都能从宽处罚，那么具有自首情节就应在很大程度上影响对犯罪人的刑罚裁量。这一例证再一次为以预防为主的并合主义刑罚目的观增添了有力支持。最后，应该正确看待民事赔偿（或刑事和解）对死刑案件刑罚裁量的影响。基于恢复性正义而开展的刑事和解以弥补被害人受到的损坏，恢复被犯罪人破坏的社会关系，为犯罪者回归社会、平抑社会冲突为主旨，它的首要价值在于被害恢复，其次是加害恢复。尽管刑事和解的核心价值理念是被害人保护的思想，迥异于经典表述"犯罪是孤立的个人反对统治关系的斗争"，但不能因此而认为刑事和解完全摆脱了公权力的束缚，可以任由当事双方决定。毕竟国家是出于对刑事被害人更加人道的关怀而出让一小部分权力给予当事双方，但刑事和解协议最终还是需要公权力的审查、认可和监督。根据新修改的刑事诉讼法第二百七十八、二百七十九条的规定便可得知，刑事和解只是特定范围内和程度上的私力救济模式，其最终的法律效力仍由公权力决定。因此，对死刑案件中不论当事双方是否达成刑事和解，都需要公权力机关作最后的审查决定。因为死刑案件人命关天，公权力机关不可能也不应该将生杀予夺的大权交予当事双方。在"可杀可不杀的"案件中，不论是从刑目的还是从司法实践来看，对于双方达成刑事和解的，一般应予从宽处罚。而对于犯罪人真诚认罪悔罪，积极赔偿被害方损失但被害方拒绝接受赔偿，只求判处犯罪人死刑的情形，司法机关尤其应慎重对待。司法机关应该及时从恢复性司法正义中抽出身来，立足于犯罪本质和刑罚目的，结合犯罪人的行为的社会危害性和人身危险性决定对其适用的刑罚。此种情形下，不应该过分考虑被害方的请求，因为死刑案件中尽管加害人和被害方因加害人的犯罪行为而产生了个人利益的冲突，但是国家与犯

---

① 《虞书·大禹谟》。

人之间的冲突仍然是主要矛盾，所以必须要由代表国家的公权力机关来解决这个冲突。否则，就可能导致社会司法公正的泯灭和刑罚目的的落空。

综上所述，在社会危害性特别严重的死刑案件中（这里主要是指具备上文论述的犯罪手段极其残忍这一从严情节的死刑案件），如果犯罪人有基于真诚认罪悔罪而自首、积极赔偿或部分赔偿被害方的损失，即使被害方拒绝接受赔偿，法官也应该慎重适用死刑立即执行。基于真诚认罪悔罪而进行的自首和赔偿说明了犯罪人的人身危险性的降低甚至消除，从而有利于刑罚特殊预防目的的实现。特殊预防的目的已经实现，那么一般预防的目的是否会因为没有满足"公众意愿"而得不到实现呢？笔者认为答案是否定的，首先，从理性上讲，民意要适当考虑，但绝不能盲从，法官不仅需要聆听民意中的合理声音，作为职业法律人，他们更应该肩负起引导民意循着理性方向发展之职责。尽管在我国当前法治环境不甚乐观和国民法律意识、观念还有待提高的前提下，让法官引导民意任重而道远，但是依然不能让其阻止法律人运用自己的知识、智慧和胆魄不断向前的脚步。"实证研究表明，如果社会公众能够获得完整、准确的信息，他们对于刑事司法系统的反应力度能够表示理解，在具体的案件中，也会给出与法官相近的量刑结果，甚至比法官更加仁慈。"① 其次，民众不会因为某些案件特殊情节的存在而没有判处被告人死刑就会铤而走险，以身试法，挑战法律的极限。因此，担心一般预防的目的能否实现大可不必。

上文论述了在犯罪手段极其恶劣的情况下，被告人又有自首、赔偿等从宽处罚情节时，应该如何裁量刑罚的问题，总的原则就是结合犯罪本质二元论，一一考量各量刑情节对死刑裁量的作用，慎重适用死刑立即执行。但是，如果在其他条件不变，存在被害方拒绝接受赔偿这一情节时，法官应该如何处理各量刑情节的逆向竞合，似乎更有难度，因为法官不仅面临来自舆论的压力，更有被害方的直接要求。面对此种情形，依然要结合案件本身，综合考量犯罪行为的社会危害性和犯罪人的人身危险性，结合刑事政策和刑罚目的，正确合理地引导民意，对于确实可以不判处死刑立即执行的不能单纯因为被害方拒绝接受民事赔偿而判处被告人死刑立即执行。

---

① 转引自周振杰：《刑事法治视野中的民意分析》，知识产权出版社 2008 年版，第 217 页。

三、药家鑫案中被害方拒绝接受赔偿对死刑裁量的影响

通过认真检讨本案，应避免再次出现类似的情形，即死刑案件中，被害方以拒绝接受被告方的民事赔偿为条件，只求法院判处被告人死刑立即执行。在这种情况下，法官应该如何平衡被告人的认罪悔罪所代表的人身危险性的降低和被害方坚决要求从严惩处的矛盾，尤其是在民意也站在被害方这一边的情形下，关键还是要综合整个案件的各种情节，将犯罪行为的社会危害性和犯罪分子的人身危险性进行统一考量，严格遵循适用死刑所达到的标准，且不可罔顾案件本身和行为人的表现而一味顺从民意，作出不公正的判决。

对该案进行分析，可以发现本案中既有从宽处罚情节又有从严处罚情节，前者主要包括被告人药家鑫在公安机关未对其采取任何强制措施的情况下，于作案后第四天在父母的陪同下到公安机关投案，并如实供述了犯罪事实，其行为依法构成自首；药家鑫真诚认罪悔罪，他和父母愿意赔偿附带民事诉讼原告人的经济损失。后者主要指犯罪人犯罪动机卑劣，犯罪手段极其残忍，这也是法院在判决书中突出强调的一项从严处罚情节。笔者援引该案的一审判决书中的部分表述"被告人药家鑫作案后虽有自首情节并当庭认罪，但纵观本案，药家鑫在开车将被害人张妙撞伤后，不但不施救，反而因怕被害人看见其车牌号而杀人灭口，犯罪动机极其卑劣，主观恶性极深；被告人药家鑫持尖刀在被害人前胸、后背等部位连捅数刀，致被害人当场死亡，犯罪手段特别残忍，情节特别恶劣，罪行极其严重；被告人药家鑫仅因一般的交通事故就杀人灭口，丧失人性，人身危险性极大，依法仍应严惩，故药家鑫的辩护律师所提对药家鑫从轻处罚的辩护意见不予采纳。"由此可以看出法院认为药家鑫的犯罪动机极其卑劣，犯罪手段特别残忍，其行为的社会危害性相当严重，同时反映出药家鑫丧失人性，人身危害性极大，已经达到了罪行极其严重的程度。另外，本案还有一个特别情节即被害方拒绝接受药家鑫及其父母的赔偿，只求法院判处药家鑫死刑立即执行。而这一情节对该案的死刑裁量所起的作用也可以从一审判决书中略知一二，一审判决书表明"药家鑫及其父母虽愿意赔偿附带民事诉讼原告人的经济损失，但附带民事诉讼原告人不接受药家鑫父母以期获得对药家鑫从轻处罚的赔偿，故不能以此为由对药家鑫从轻处罚。"结合上述判决理由，判处药家鑫死刑立即执行。由上述判决可知，一审法院之所以判处药家鑫死刑立即执行是因为药家鑫犯罪动机卑劣、手段极其恶劣，同时由于被害方拒绝接受犯罪方的赔

偿，所以不得对其从轻处罚，尽管药家鑫有自首情节，也仍不足以因此对其从宽处罚。然而一审判决是否合理，笔者认为还有值得推敲之处。

首先，药家鑫案之所以引起大家如此多的关注，主要原因在于其犯罪动机的不可理解和犯罪手段的残忍，这两项都超出了公众的道德底线，激发了公众的恻隐之心。法院的判决结果首先也是依据这两项从严处罚情节作出的。此外，也绝对不能忽视被害方拒绝接受赔偿对该案判决结果的影响，因为法院在判决书中已经载明：因被害方拒绝接受赔偿而不得以被告方自愿赔偿为由对被告人进行从轻处罚。显然，拒绝接受赔偿在本案的量刑中起到了重要的作用。以至于把自首这一法定从轻处罚情节对量刑的作用都抵销了。试想，如果当初被害方接受了被告方的赔偿，也许本案的结果会是另一种情形。因为从死刑案件进行刑事和解的实例来看，犯罪动机和犯罪手段比药案更加恶劣的也有，但是由于被告方真诚认罪悔罪，积极赔偿被害方的损失，得到被害方的谅解，法院大多都会判处被告人死刑缓期执行。那么究竟是什么原因导致了出现此案与其他死刑案件的一死一生的天壤之别的结果呢？笔者认为，在民意怂恿下被害方拒绝接受民事赔偿是使法院最终对药家鑫判处死刑立即执行的最主要因素。一方面，由于该案件信息披露得不全面、不及时，使得广大民众大肆猜测、杜撰案件实情，误导了许多言论，许多网友公然表示极力支持被害方不接受药家赔偿并立即在网上发起为被害方捐款的倡议，获得广泛支持；另一方面，法院迫于民众的压力，旨在获取公众认同，因而忽视了对犯罪人行为本身的认定和其人身危险性的考量，以至于在判决书中作出药家鑫"丧失人性，人身危险性极大"的不妥表述。因为已然之罪只能说明犯罪的社会危害性的大小，而不能评判犯罪人的人身危险性的大小。从药家鑫案发后自首并认罪悔罪，主动赔偿受害方的损失来看，显然不能再认定其人身危险性极大。

其次，对于判处死刑立即执行不仅需要达到罪行极其严重的程度，而且应具备该种犯罪最严重的情节。那么什么是最严重的情节，这里存在着对比的问题。贝卡里亚在论述死刑的无效性时曾指出："虽然所有人都赞同把死刑的适用限定于最严重和最凶残的犯罪，但是，由于死刑是瞬间发生的事情，因而很难让它与犯罪的数量和凶残程度相对称，显然，一次谋杀犯罪无论多么野蛮，难道就不可能另有歹徒实施更加野蛮并且次数更多的谋杀犯罪吗。因而，死刑不是那么有效。采用同样的刑罚惩处更加严重和数量更多的犯罪，这将造成弊端。"① 贝卡里亚的论述充分有理，虽然死刑具有无效性，但在基于各种因素保留死刑的情境下，依然应该统一死刑适用标准，将死刑适用于具备最严重情节的犯罪。如何避免死刑滥用，首先应该对最严重情节与一般情节进行界分，不能把前者理解为一般的情节或是较一般情节恶劣的情节。例如，采用分尸抛尸的手段、连环作案杀死数人的情形、残杀毫无抵抗能力的婴儿等特殊群体的，这样的案件可以被归为具有最严重的情节。如果没有其他从宽处罚情节的，法官可以对行为人适用死刑立即执行。但是在药案中，如何评判其杀人动机和杀人手段的恶劣性，其行为是否具备了该类犯罪最严重的情节这一条件，应该还有讨论之处，对比之后的李昌奎案似乎可以得出结论。

分析至此，药家鑫案中所表明的犯罪人的行为的社会危害性（客观危害和主观恶性）和人身危险性果真已经达到适用死刑立即执行的标准了吗？笔者不以为然，那么在类似的存在多个量刑情节逆向竞合的死刑案件中，被害方拒绝接受赔偿究竟应该对犯罪人的刑罚裁量产生何种程度上的影响呢？笔者认为，需要立足案件本身，结合犯罪本质和刑罚目的来决定对犯罪人判处何种刑罚，不得因被害方拒绝接受赔偿而罔顾案件本身和犯罪人的人身危险性的降低，一味顺从受害方的要求而选择对犯罪人进行从严处罚。

[结论归纳]

死刑案件向来都是公众关注的焦点，在宽严相济刑事政策的指引下，如何裁量死刑案件，实现当宽则宽，当严则严，宽严相济，则更加需要法律人的智慧和胆识。尤其随着近几年来司法实践中死刑案件进行刑事和解的开展，民事赔偿成为一个重要的影响死刑适用的量刑情节。被害方接受民事赔偿而限制死刑立即执行适用的案件不胜枚举，成为司法实践中默认的影响死刑适用的酌定量刑情节，对于限制死刑适用，恢复被破坏的社会关系起着重要的作用。那么是否我们就应该特别注重民事赔偿这一酌定量刑情节，只要接受赔偿的就一律从宽，只要拒绝接受赔偿的就一律从严呢？答案当然是否定的。如前文所述，如何正确衡量死刑案件中被害方拒绝接受民事赔偿对被告人刑罚裁量的影响，仍然需要综合案件全部情节予以考量。对于所犯罪行极其严重，人身危险性极大的犯罪分子，不论被害方是接受或者拒绝接受赔

---

① ［意］贝卡里亚：《贝卡里亚刑事意见书6篇》，黄风译，北京大学出版社2010年版，第23～24页。

偿，都应该对其适用死刑立即执行；对于那些"可杀可不杀"的案件，则需要法官综合考量各项情节，以已然之罪体现的社会危害性为考量基准，同时提升犯罪分子的人身危险性在死刑裁量中的地位，处理好各量刑情节逆向竞合时的问题，切不可把被害方拒绝接受赔偿这一情节作为判处犯罪分子死刑立即执行的重要根据。

■ 刑事法判解研究

再犯毒品犯罪从重与数罪并罚竞合的司法运用
——李靖贩卖、运输毒品案①

常秀娇*

[**基本案情**]

被告人李靖，男，1953年6月11日出生，初中文化，无业。1988年12月27日因犯盗窃罪被判处有期徒刑十四年，1989年3月因病监外执行；1991年11月9日因犯贩卖毒品罪被判处有期徒刑十五年，与前罪尚未执行完毕的刑罚并罚，决定执行有期徒刑二十年，1995年6月因病监外执行。

2005年3月2日凌晨4时许，当被告人李靖携带海洛因从贵阳市返回西安市莲湖区自强西路光学测量仪器厂家属院门口时，被公安人员抓获。公安人员当场从其身上

---

① 本案来源：《中国刑事审判指导案例》；案例编号：[第392号]。
* 北京师范大学刑事法律科学研究院博士研究生。

查获海洛因175.5克。

西安市中级人民法院认为，被告人李靖因贩卖毒品罪判过刑，在前罪刑罚监外执行期间贩卖、运输海洛因175.5克，系毒品犯罪的再犯，应依法从重处罚；李靖又系前罪刑罚执行完毕以前重新犯罪，应当数罪并罚。故依照刑法第三百四十七条第二款、第三百五十六条、第七十一条、第六十九条、第五十七条第一款的规定判决被告人李靖犯贩卖、运输毒品罪，判处死刑，剥夺政治权利终身，并处没收个人全部财产；与前罪未执行完的刑期八年零十个月十三天合并，决定执行死刑，剥夺政治权利终身，并处没收个人全部财产。

宣判后，李靖不服，提出上诉称，原判量刑过重。陕西省高级人民法院经审理认为，原判认定事实清楚，证据确实、充分，定罪准确，量刑适当，审判程序合法。裁定驳回上诉，维持原判。

陕西省高级人民法院依法将本案报请最高人民法院核准。最高人民法院经复核后认为，被告人李靖从贵州省贵阳市采购海洛因运输到陕西省西安市贩卖的行为，已构成贩卖、运输毒品罪。贩卖、运输毒品数量大，应依法惩处。被告人李靖在前罪刑罚执行完毕以前又犯罪，依法应当数罪并罚，一审判决和二审裁定认定的事实清楚，证据确实、充分，定罪准确，审判程序合法。但根据本案的具体情节，对其判处死刑，可不立即执行。依照刑事诉讼法第一百九十九条和《最高人民法院关于执行〈中华人民共和国刑事诉讼法〉若干问题的解释》第二百八十五条第三项，刑法第三百四十七条第二款、第四十八条第一款、第五十七条第一款、第七十一条、第六十九条和第五十九条第一款的规定，判决如下：

1. 撤销西安市中级人民法院刑事判决和陕西省高级人民法院刑事裁定中对被告人李靖的量刑部分。

2. 被告人李靖犯贩卖、运输毒品罪，判处死刑，缓期二年执行，剥夺政治权利终身，并处没收个人全部财产；与前罪未执行完毕的刑罚并罚，决定执行死刑，缓期二年执行，剥夺政治权利终身，并处没收个人全部财产。

[疑难之处]

本案在定罪方面并无争议，而争议点在量刑部分。本案是可能判处死刑立即执行的案件，因此，在量刑情节的考量方面应格外谨慎，因为不同量刑情节的认定可能会直接影响对于被告人李靖是否适用死刑立即执行的结论。被告人李靖是"三进宫"，并且均是在刑罚判决之后尚未执行完毕之前的因病监外执行期间再犯新罪，此种情况下应根据刑法第七十一条按照"先减后并"的原则数罪并罚，但由于被告人第二次犯罪和第三次犯罪符合刑法第三百五十六条关于"再犯毒品犯罪从重处罚"的规定，那么，两法条之间是并行适用关系，还是存在竞合关系需选择适用？如果是后者，那么在竞合的情况下应如何选择？西安市中级人民法院的一审判决中援引了刑法第三百五十六条，并在法院认定事实部分指出被告人李靖系毒品犯罪的再犯，但在最高人民法院的判决中并未提及。本案中，被告人李靖是完全符合刑法第三百五十六条规定情形的，但最高人民法院未选择适用该条文的原因何在？

[理论分析]

一、"再犯毒品犯罪从重处罚"的定性与解读

（一）"再犯毒品犯罪从重处罚"的定性

刑法第三百五十六条规定："因走私、贩卖、运输、制造、非法持有毒品罪被判过刑，又犯本节规定之罪的，从重处罚。"这是我国刑法关于"再犯毒品犯罪从重处罚"的规定，围绕该条文的定性问题，学界探讨得比较热烈，主要有毒品犯罪特别累犯说、再犯说和常习犯说，笔者认为以上三种学说均有其立论依据，但都存在明显不足之处。[①] 没有必要引入再犯理论和常习犯理论来进一步造成刑法理论上的混乱复杂，而就我国刑法现有理论便能够解释第三百五十六条的性质问题：犯罪人罪前表现是酌定量刑情节的重要内容，对于再次犯罪的犯罪人可以酌定从重处罚。鉴于我国严厉打击毒品犯罪的立法精神，毒品犯罪中再次犯罪的情况比较普遍等原因，立法者制定了第三百五十六条，将酌定量刑情节给予法定化。刑法第三百五十六条只是刑法分则规定的众多法定从重情节之一。

（二）刑法第三百五十六条的文理解释

从语义上分析，再犯毒品犯罪从重情节的适用条件应作如下限定：（1）前后罪是特定的。前罪限于刑法第三百四十七条规定的走私、贩卖、运输、制造毒品行为和第三百四十八条规定的非法持有毒品行为；后罪限于刑法第

[①] 参见拙文《再犯毒品犯罪情节的定性与司法适用》，载《河南警察学院学报》2012年第2期。

六章"走私、贩卖、运输、制造毒品罪"一节中的任何一罪。（2）行为人因前罪被判过刑。而条文并没有对被判处的刑罚种类进行限定，既包括被判处主刑，也包括被判处附加刑，既包括被判处实刑，也包括被判处缓刑。可见，我国刑法规定的一般累犯制度在适用条件上有时间限制，而再犯毒品犯罪情节就再犯前后罪没有时间间隔的限制，既可以是刑罚执行过程中，也可以是刑罚执行完毕或者赦免之后，还可以是缓刑或者假释的考验期限内。

在适用主体上，为一般主体。司法适用中关于单位犯罪能否适用第三百五十六条规定的问题值得注意。毒品犯罪中，刑法第三百四十七条（走私、贩卖、运输、制造毒品罪）、第三百五十条（走私制毒物品罪）和第三百五十五条（非法提供麻醉药品、精神药品罪）都规定了单位犯罪。那么，当单位犯走私、贩卖、运输、制造毒品罪而被判处罚金刑，又犯第三百四十七条、第三百五十条、第三百五十五条规定之罪而被判处罚金的，完全符合刑法第三百五十六条的规定，理应适用该条款，对单位从重处罚。本案中虽不涉及单位再犯毒品犯罪的问题，因此由此产生的相关问题不作详述。但随着我国社会经济生活的复杂、刑罚结构的调整以及罚金刑执行方式的多元化等，学者应关注单位犯罪中刑法第三百五十六条与第七十一条竞合的问题。

二、刑法第三百五十六条与数罪并罚的竞合

根据对刑法第三百五十六条的文理解释，可知刑法第七十一条规定的数罪并罚与第三百五十六条可能发生交叉重叠。如果行为人因犯走私、贩卖、运输、制造毒品罪或非法持有毒品罪而被判处刑罚，在判决宣告以后，刑罚执行完毕以前，又犯刑法分则第六章第七节规定任何之罪的，符合刑法第三百五十六条的规定，同时符合刑法第七十一条规定的数罪并罚的条件。

本案即是"再犯毒品犯罪从重处罚"情节与"先并后减"的数罪并罚交叉重叠的典型例证。一方面，被告人李靖于1991年11月9日因犯贩卖毒品罪被判处有期徒刑十五年，并于1995年6月因病监外执行，在刑罚执行过程中的监外执行期间，即2005年3月2日又犯贩卖、运输毒品罪，符合刑法第三百五十六条的规定；另一方面，被告人李靖属于在刑罚判决之后，刑罚执行期间再犯新罪，符合刑法第七十一条的规定。而两个法条得以适用的根据都是"被告人李靖再次犯罪"的案件事实，那么，当两者交叉重叠时，应如何适用呢？实务界和学界都存有分歧，主要有以下两种观点：（1）同时适用刑法第七十一条和第三百五十六条的规定。持这种观点的学者认为，刑法第七十一条规定的数罪并罚原则采用"先减后并"的方法，刑法

第三百五十六条是"从重处罚"。"先减后并"的方法只有并罚的后果,而没有从重的情节,即在此情况下,行为人的行为既满足刑法第七十一条的规定,又符合第三百五十六的条件,因此两个条文可以同时适用。① 对犯罪人数罪按照"先减后并"并罚的同时,对新罪从重处罚。② (2)适用刑法第七十一条的规定。持此种观点的学者认为,刑法第七十一条确立的"先减后并"的刑期计算方法事实上已经体现了从重处罚的立法精神,如果对行为人以刑法第三百五十六条规定从重处罚,似有重复从重处罚之嫌。③

笔者认为,要回答如何选择的疑问,首先应明确两个问题的答案。第一,刑法第七十一条规定的并罚方式是否体现了"从重处罚"的精神;第二,即使刑法第七十一条只是并罚的结果,没有从重的情节,那么同时适用第七十一条和第三百五十六条是否是对同一犯罪事实的重复评价。

(一)"先减后并"并罚方式是否体现了"从重处罚"的精神

持"同时适用"观点的学者认为刑法第七十一条只是提供了一种计算方法,没有体现从重的精神。但笔者认为这种观点很难成立,理由有三:

1. 从立法设计上看,刑法之所以规定对于在刑罚执行期间又犯新罪的犯罪人采用第七十一条规定的并罚方法,而不是第七十条规定的方法,是考虑到犯罪人在经历了侦查、羁押、起诉和审判等司法程序后,又再次实施犯罪,与发现漏罪只是对逃避刑罚具有侥幸心理相比,具有更大的主观恶性和人身危险性。因此,立法者对于新罪和漏罪规定了不同的计算方法,这种区别对待的目的就是按照刑法七十一条从重处罚。

2. 从适用效果上看,在前罪与后罪确定刑罚完全相同的情况下,仅仅是因为采取的"数罪并罚"计算方法不同,会造成被告人实际执行刑期的不同,而从计算的结果上看,采取"先减后并"的方法要比"先并后减"的方法导致实际执行的刑期更长,至少是相等。举例说明,如被告人甲因前罪被判处十年有期徒刑,刑罚执行三年后,又有需判处十五年有期徒刑的后

---

① 参见杨新京、张继玫:《论毒品犯罪累犯》,载《检察实践》2002 年第 6 期;周茜:《谈毒品累犯的构成条件》,载《律师世界》2003 年第 9 期。

② 参见徐茂荣、乐业:《毒品再犯相关问题研究》,载《东华理工学院学报》(社会科学版)2007 年第 6 期。

③ 参见彭峰:《我国特别再犯制度及其立法完善》,载《湖北大学学报》(哲学社会科学版)2006 年第 3 期。

罪，并罚的幅度空间为"顶格"判处，那么，如果后罪为漏罪，则采取"先并后减"的方法，十年有期徒刑与十四年有期徒刑并罚，应判处十年以上二十五年以下，考虑到总和刑期不满三十五年的数罪并罚不能超过二十年，所以应判处二十年有期徒刑，减去已经执行的三年，最长仍需服刑十七年，实际执行最长刑期为二十年；如果后罪为新罪，则采取"先减后并"的方法，原判十年有期徒刑减去已经执行的三年有期徒刑为七年有期徒刑，七年有期徒刑与十四年有期徒刑并罚，应判处七年以上二十一年以下，考虑到总和刑期不满三十五年的数罪并罚不能超过二十年，所以应判处二十年有期徒刑，则最长仍需服刑二十年，实际执行最长刑期为二十三年。

3. 从学界通说上看，大部分学者和权威著作①，亦基本认为按照刑法第七十一条规定的方法并罚往往比按照刑法第七十条并罚要重一些。如有论者指出，服刑犯在服刑期间，不思悔改，继续实施危害社会的犯罪行为，表明期主观恶性深、人身危险性大。我国现行刑法虽然没有规定对新犯之罪从重处罚，但在数罪并罚的方法上与判决宣告以前犯数罪的有着明显的区别，即采取"先减后并"的方法，这种方法与"先并后减"的方法相比，表现出明显的从严精神。因为按此方法，服刑人实际执行刑罚的最低期限可能比"先并后减"实际执行刑罚的最低期限高，或者至少相等。而且按此方法，服刑人实际执行的刑罚，有期徒刑、拘役、管制的刑期可能分别超过数罪并罚的法定最高刑期。②

综上可以断定，采取"先减后并"并罚方式一定程度上体现了"从重处罚"的精神，那么刑法上对被告人再犯新罪评价后，而选择适用第七十一条这种更重的并罚方法，而排除相对较轻的"先并后减"的方法，如果同时适用刑法第三百五十六条对再犯新罪从重处罚，是否构成刑法意义上的重复评价呢？

---

① 余剑主编：《刑法总则》，法律出版社2000年版，第498页；马克昌主编：《刑罚通论》，武汉大学出版社1999年版，第480页；于志刚：《关于"刑罚执行完毕"之内涵的思考——以累犯与数罪并罚制度的适用为视角》，载《法学杂志》2009年第7期。
② 马克昌主编：《刑罚通论》，武汉大学出版社1999年版，第480页。

(二) 同时适用第七十一条和第三百五十六条是否为对同一犯罪事实的重复评价

禁止重复评价原则（Verbotder Doppel verwertung）是刑法理论中的重要原则，特别是在讨论罪数问题时，该原则贯穿界分、评价罪数理论的始终。禁止重复评价理念最早来源于古罗马，乌尔比安在《论告示》一文中指出：数个针对同一事实相竞合的诉讼，尤其是刑事诉讼，相互吸收。① 由此可见，该原则从诞生之日就反映了古朴的正义观念，强调一罪一罚。17、18 世纪的启蒙思想家出于对自由、平等、正义等价值的追求，再次强调现代刑法中的禁止重复评价原则，最终使得其在世界各国的立法中得以广泛确立，很多国家更是将其作为宪法原则，如美国、日本和德国等等，② 当然有的国家也将其规定于刑事法当中。无论规定于根本法中还是刑事部门法中，该原则的要旨都是保护公民的合法权益。

所谓禁止重复评价，是指在定罪量刑时，禁止对同一犯罪事实予以二次或者二次以上的刑法评价。③ 禁止重复评价，既包括对同一事实整体的重复评价，也包括对同一事实部分要素的重复评价；既包括加重责任的重复评价，也包括减轻责任的重复评价；既包括定罪中的重复评价，也包括量刑中的重复评价。具体言之，包括三项内容④：（1）某一事实或其中的部分要素已经被评价为一个犯罪的事实依据后，不能再作为另一犯罪的事实依据；（2）某种加重或者减轻的事实情节已经作为构成要件要素予以评价后，不能再作为量刑情节使用；（3）在某种严重情节已经作为法定刑升格的条件予以评价时，不能再作为在升格的法定刑内从重量刑的根据，反之亦然。禁止重复评价既是定罪原则，也是量刑原则，该原则在定罪与量刑中所发挥的作用稍有不同。其一，在定罪上，如上文第一项和第二项内容，被刑法评价的标准为某一犯罪事实经刑法评价后会导致被告人刑事责任的有无，即只要

---

① 陈兴良：《禁止重复评价研究》，载《法学论丛》1996 年第 3 期，转引自王越飞：《经济犯罪控制论——以司法为视角》，中央文献出版社 2008 年版，第 262 页。
② 美国宪法修正案第 5 条规定："任何人不得因同一犯罪而两次受生命或者健康的危险"。日本宪法 39 条规定："对同一犯罪不得重复追究刑事责任"。德国宪法第 103 条第 3 项规定："任何人不得因违反刑法之一行为而受多次处罚"。
③ 吴学斌：《刑法适用方法的基本准则——构成要件符合性判断研究》，中国人民公安大学出版社 2008 年版，第 176 页。
④ 刘士心：《竞合犯研究》，中国检察出版社 2005 年版，第 66 页。

基于犯罪事实而导致犯罪人某一犯罪行为刑事责任的产生或消灭，则属于已经被刑法评价，不能再因该犯罪事实产生其他犯罪刑事责任有无的变动。其二，由于我国宪法和刑法都没有规定该原则，该原则在定罪过程中的指导作用相对有限，犯罪事实对构成要件的符合性以及罪数并罚的划分，仍以法定为依据。而该原则在量刑方面应发挥积极作用，作为重要的量刑理念。上述第三项内容是在量刑意义上考虑的，但不够全面，是否被刑法评价的标准不仅仅是法定刑的升格或者降格，这是评价标准中非常重要的表现形式，但不是唯一的内容。笔者认为，被刑法评价的标准应为某一犯罪事实经刑法评价后会导致被告人承担的刑事责任加重或减轻，无论是否导致法定刑的升降，只要导致刑事责任承担程度的变化即可，这符合罪责刑相适应原则。

那么，对于"犯罪人再犯毒品犯罪"这一案件事实同时适用刑法第七十一条和第三百五十六条是否有违禁止重复评价原则呢？关键是看基于该事实适用刑法第七十一条后，是否导致被告人承担刑事责任的增减，如果回答是肯定的，那么再适用刑法第三百五十六条同样导致刑事责任的变化，则是对"犯罪人再犯毒品犯罪"事实的重复评价。尤其是当刑法评价的为"从重"、"从严"的趋势时，这种重复评价是损害被告人权益的，无论导致这种侵害的原因是立法技术、经验不足还是司法实践无意为之，均是不被允许的。在立法暂时无法改变的情况下，应通过司法操作避免重复评价的发生。

[结论归纳]

刑法第三百五十六条不是现存的特别累犯制度，也不是将存的再犯制度，只是一个法定从重情节。这个从重情节与刑法第七十一条存在竞合关系，在适用法律时，一方面，应把握严厉打击毒品犯罪的立法精神；另一方面，不能对这一精神僵化理解，对于毒品犯罪再次犯罪人苛以过于严格的处罚，这也符合我国宽严相济的基本刑事政策。因犯罪人再犯毒品犯罪而采用刑法第七十一条规定的并罚方法，已经体现了刑事责任承担上的"从重"、"从严"精神，而无论事实上是否致使宣告刑的增多或减少，在适用刑法第七十一条本身就是刑法上的评价，如果同时适用刑法第三百五十六条对"再犯毒品犯罪从重处罚"，则是刑法上双重"从重评价"，则对犯罪人过于严苛，侵害其合法权益，有违禁止重复评价原则和刑法公正。本案中，被告人李靖是完全符合刑法第三百五十六条规定的，但最高人民法院未选择适用该条文正是出于这层因素的考虑。笔者赞同司法实践中的这种做法，这是在立法暂时无法改变的情况下，在不违背刑法基本理论的前提下，司法上的更正与变通。但遗憾的是，最高人民法院于 2008 年 11 月印发的《全国部分法院审理毒品犯罪案件工作座谈会纪要》第八项专门规定了"毒品再犯问题"，其指出，"因走私、贩卖、运输、制造、非法持有毒品罪被判刑的犯罪分子，在缓刑、假释或者暂予监外执行期间又犯刑法分则第六章第七节规定的犯罪的，应当在对其所犯新的毒品犯罪适用刑法第三百五十六条从重处罚的规定确定刑罚后，再依法数罪并罚。"该司法解释忽视了司法实践中对于避免重复评价和法律适用逻辑一致性的努力，只考虑到了司法操作上的便捷，是不可取的。笔者认为，因走私、贩卖、运输、制造、非法持有毒品罪被判刑的犯罪分子，在缓刑、假释或者暂予监外执行期间又犯刑法分则第六章第七节规定的犯罪的，应当在对其所犯新的毒品犯罪依照刑法第七十一条数罪并罚，排除刑法第三百五十六条的适用，做到罚当其罪。

热点案件透视

非法证据排除规则中的证明责任分配
——以章国锡受贿案为视角

王　顿[*]　邢晓晨[**]

[基本案情及裁判结果]

犯罪嫌疑人章国锡，汉族，大学文化，曾任宁波市东钱湖区建设局建设工程项目经办人、前期办公室主任及建设局局长助理，因涉嫌受贿罪于2010年8月5日被逮捕。2011年3月底，浙江省宁波市鄞州区人民检察院起诉指控犯罪嫌疑人章国锡受贿76000元。一审庭审中，被告人的辩护律师提出辩护意见认为，检方开始控制被告人时无任何合法手续，是非法的。被告人当庭抗辩曾遭受侦查机关的刑讯逼供、变相逼供。辩方提供了包含非法取证的时间、地点、人员、方式等内容的《看守所日记》等证据材料。辩护律师多次要求出示全程录音录像，要求侦查人员出庭接受质询，遗憾的是控方没有出示全程录音录像，侦查人员也没有出庭。最终，宁波鄞州区人民法院援引《最高人民法院、最高人民检察院、公安部、国家安全

---

[*]　北京师范大学刑事法律科学研究院硕士研究生，英国救助儿童会未成年人司法项目顾问助理。

[**]　河南省新乡市人民检察院法律政策研究室干部。

部、司法部关于办理刑事案件排除非法证据若干问题的规定》（以下简称《规定》），认为检察机关提交的证据不足以证明其在审判前获取被告人有罪供述的合法性，将其中 70000 元的指控予以排除，最终只认定 6000 元，判决如下：1. 被告人章国锡犯受贿罪，免予刑事处罚；2. 责令被告人章国锡退缴违法所得 6000 元，上缴国库。

[裁判要旨]

程序方面，因控方不能提交东钱湖区纪委找章国锡谈话笔录或其他证据，据此认为侦查机关的前期侦查行为存在瑕疵；因控方未按《规定》提交全程审讯录音予以当庭质证，在被告人、辩护人多次申请侦查人员出庭接受询问后，亦不安排侦查人员出庭，据此依照《规定》：对被告人审判前供述的合法性，公诉人不提供证据予以证明，或者已提供的证据不够确实、充分的，该供述不能作为定案的证据。故主审法官认定侦查机关涉嫌非法取证的被告人章国锡的审前供述不能作为定案的依据，依法予以排除，并最终据此作出免予刑事处罚的判决。

实体方面，对于起诉书指控的章国锡收受现金 30000 元、银行卡 4000 元的事实，因仅有行贿人的证词，且该证词前后矛盾，有没有其他证据印证，故均不能予以认定；对于章国锡获得的出借注册监理工程师证书的报酬 36000 元不符合权钱交易本质，不构成受贿；对于自认的 6000 元，鉴于刚到达犯罪起刑点且被告有自首情节，根据犯罪的事实、犯罪的性质、情节和对社会危害程度，可免予刑事处罚。

[蕴含的理论问题]

本案原本是一起再普通不过的职务犯罪案件，却因为主审法官在一审判决中将控方提供的被告人审前的有罪供述予以排除，而在经媒体报道后，迅速引发社会舆论和法学界的高度关注，被誉为 2010 年 7 月 "两个证据规定"[①] 颁布实施以来 "全国首例非法证据排除案"。据本案判决可知，因公诉方不能提供全程录音录像，侦查人员不能出庭作证，使得侦查阶段的取证合法性无法得到证实，导致审前供述被认定为非法证据予以排除，最终被告

---

① 《最高人民法院、最高人民检察院、公安部、国家安全部、司法部关于办理刑事案件排除非法证据若干问题的规定》及《最高人民法院、最高人民检察院、公安部、国家安全部、司法部关于办理死刑案件审查判断证据若干问题的规定》。

免予刑事处罚。

2012 年刑事诉讼法在吸收《规定》的基础上，最终确立了我国的非法证据排除体系。在侦查人员非法取证的证明责任分配上，亦基本沿用了《规定》中举证责任倒置的内容。随着新刑事诉讼法中非法证据排除规则体系的确立，明晰非法证据排除的证明责任具体如何分配、分配规则存在哪些问题以及如何解决，成为亟须探讨的问题。

[分析]

一、非法证据排除规则的证明责任分配

（一）国内的争论

在非法证据排除规则的适用过程中，有关非法证据的证明责任分配问题，属于一个存在较大争议的问题。中国法学界和司法界对此问题的讨论曾经主要围绕非自愿供述的排除问题展开。我国检察机关和法院坚持认为，应当采行"谁主张，谁举证"的原则来分配证明责任。按照"谁主张，谁举证"的原则，谁申请排除非法证据，谁承担证明责任来证明存在非法取证行为。[1]检察机关和法院的观点立足于民事诉讼的举证责任分配理论，认为"谁主张，谁举证"是最为公平的一种举证责任分配方式，非法证据排除规则应适用此种分配方式，只有在证明被告人是否构成犯罪这一问题上，才应贯彻无罪推定的理念，由检察官来承担被告人有罪的证明责任。相反，辩护律师、部分法官和法学界普遍认为，由被告人承担存在非法证据的证明责任既不现实也不公平，故主张贯彻行政诉讼中证明责任的分配理念，非法证据排除规则的证明责任应当倒置。如果被告人主张存在刑讯逼供、暴力、威胁等违法取证行为，则应由控方承担证明责任来证明侦查程序合法、不存在违法侦查行为。

（二）国外的实践

在证据法理论上，有关非法证据的证明责任的分配问题并没有形成一个公认的观点。大陆法国家对实体性裁判和程序性裁判都确立了职权主义的诉讼构造，强调法官在调查侦查人员非法取证行为方面的主导作用。控辩双方

---

[1] 陈瑞华：《非法证据排除规则的理论解读》，载《证据科学》2010 年第 5 期。

在非法证据的证明方面起到辅助或从属的作用。提出排除申请的一方最多承担形式上的证明责任，而实质的证明责任则由法官承担。例如在德国，对于侦查人员采取刑事诉讼法典所明文禁止的非法取证行为的，法官不得将非法取得的被告人供述采用为证据。即便被告人本人没有提出异议，甚至表示同意法院采纳该项证据，法院也应将其强制排除。① 在意大利，侦查人员通过违反法律禁令所获得的证据不得使用，包括被告人在内的利害关系人可以向法院提出排除非法证据的申请，法院也可以依据职权主动排除某一非法证据。②

英美证据法则建立了较为系统的证明责任分配规则。基本的原则是，对于被告人庭外供述的自愿性问题，公诉方应当承担证明责任；而对于被告人供述以外的其他证据，包括被告人在内的申请方承担证明责任。例如在英国，在强制性排除的场合，控方律师负有证明侦查行为合法性的责任，也就是证明侦查人员没有采取强迫等非法取证手段获取被告人供述，否则，法官就可以将该项供述予以排除。对于这一点，控方律师需要证明到排除合理怀疑的最高标准。但在适用自由裁量排除的场合，申请排除非法证据的被告人，只有证明某一非法证据一旦被法官采纳，将导致诉讼的公正性受到不利的影响，法官才会作出排除非法证据的裁决。否则，法官将确认该证据的可采性。③ 而在美国，如果被告人以供述系属非自愿取得为由提出排除证据的动议，则公诉方承担证明该供述为自愿供述的责任；被告人对于法官批准的搜查、扣押行为，认为警察存在违法行为的，需要承担证明责任，但对于那些由警察实施的无证搜查行为，公诉方则需要承担证明搜查、扣押行为合法性的责任。并且，公诉方所进行的证明通常只须达到优势证据的程度。④

（三）新刑事诉讼法和两个证据规定确立的证明责任分配规则

新刑事诉讼法以及两个证据规定在吸收英美证据法的基础上，根据非法证据表现形式的不同，形成了独特的证明责任分配规则。

对于未到庭证人的书面证言、未到庭被害人的书面陈述，控辩双方对其取证的合法性都可以提出异议，但证明责任要由"举证方"——也就是向

---

① 陈瑞华：《比较刑事诉讼法》，中国人民大学出版社2010年版，第184页。
② 同上，第212页。
③ 同上，第47页。
④ 同上，第126页。

法庭提出采纳该项证据的一方承担。很显然，在书面证言、被害人陈述的合法性问题上，新刑事诉讼法和两个证据规定并没有采取英美证据法中的"谁主张，谁举证"原则，没有将证明责任赋予申请排除非法证据的一方，而是要求在一方对证据合法性提出异议的情况下，由调查取证和提出该证据的一方承担证明责任。这显然属于一种制度上的创新。

对于侦查人员违法获取的被告人供述，确立了"两步式的证明责任分配规则"。① 新刑事诉讼法第五十六条第二款规定："当事人及其辩护人、诉讼代理人有权申请人民法院对以非法方法收集的证据依法予以排除。申请排除以非法方法收集的证据的，应当提供相关线索或者材料。"可见，在法庭初步审查阶段，被告方向法官提出排除非法证据的申请，由法官进行判断是否启动非法证据排除程序。此时，被告人及其辩护人有义务向法庭提出相关的线索或材料，以证明"涉嫌非法取证的人员、时间、地点、方式、内容等"的相关事实和信息。假如被告方不能提出任何相关证据或者线索，法庭也没有对被告人供述取得的合法性产生疑问的，那么，法庭将拒绝受理被告方的申请，不启动非法证据排除程序。之所以作这样的规定，一方面，可以防止程序申请权的滥用，避免被告人及其辩护人任意启动对证据合法性调查的申请程序；另一方面，也是为了明确证据合法性争议的焦点所在，从而使法庭更有针对性地对证据合法性问题进行调查，提高诉讼效率。② 同时，有助于引导被告方提前做好调查收集证据的准备，以便有效地行使诉权，从而成功地说服法院排除非法证据。当然，为了避免使被告方受到不公平的对待，司法解释也对这种证明确立了较低的证明标准，要求被告人及其辩护人必须提供线索或者证据，具体说来，被告方只要证明供述取得的合法性"有疑问"，就足以达到说服法庭受理的程度了。

新刑事诉讼法第五十七条第一款规定："在对证据收集的合法性进行法庭调查的过程中，人民检察院应当对证据收集的合法性加以证明。"可见，在法庭对被告人供述取得的合法性产生疑问后，法庭即应启动正式的程序性裁判程序，此时对被告人审判前供述的合法性证明责任，由控方承担。本案中，正是在辩方称侦查人员有刑讯逼供、变相逼供情节并提供了包含非法取证的时间、地点、人员、方式等内容的《看守所日记》等证据材料的情形

---

① 陈瑞华：《非法证据排除规则的中国模式》，载《中国法学》2010 年第 6 期。
② 宋英辉、王贞会：《我国非法证据排除规则及其适用》，载《法学杂志》2010 年第 7 期。

下，作为控方的检察机关，因为没有出示全程录音录像，没有提请侦查人员出庭作证，而不能提供确实、充分的证据证明审前供述系合法取得，最终指控未被法院支持，承担了举证不能的不利后果。现代刑事诉讼中，由控方承担非法证据的证明责任证明国家行为的合法性，是追求司法理性和价值权衡的必然要求。一方面，作为国家的追诉机关，检察机关的追诉行为直接牵涉到公民的基本权利。这就要求，检察机关在发动针对私人的刑事追诉时必须十分地谨慎，要保证所提出的证据是合法的。当证据的合法性存在争议时，由检察机关承担证据系合法取得的证明责任，显然体现了司法理性的内在要求。另一方面，在刑事诉讼中，被追诉方一般不具备有效收集证据的能力和手段，由其承担证据非法的证明责任，不仅增加了被追诉方在诉讼中的负担，也有悖于程序公正原则的要求。相对于被追诉方而言，检察机关借助公权力对私人发动刑事追诉，在取证资源上有着天然优势，由其承担证据合法性的证明责任，同样是价值权衡的基本考虑。①

二、公诉方承担证明责任的方式

按照新刑事诉讼法和两个证据规定的要求，公诉方承担证明责任的主要方式是提供证据材料和通知相关人员出庭作证。

为证明侦查行为的合法性，公诉方应当向法庭提供两种证据材料：一是侦查人员所做的讯问笔录，二是原始的讯问过程录音录像资料。公诉方提供这两种证据材料的目的，在于向法庭展示侦查人员讯问被告人的全部过程，以便核实这种讯问程序是否存在刑讯逼供等非法取证的行为。正因为如此，公诉方向法庭提供的应当是全部讯问笔录，所提请法庭播放的应当是原始的全程录音录像，而不应是经过剪辑的录音录像，更不能是原始录音录像的复制件。本案中，辩护律师多次要求控方出示讯问时的全程录音录像，但控方始终未予出示，此举导致控方无法充分证明侦查人员的庭前供述系合法取得，供述被作为非法证据予以排除。

为证明讯问活动的合法性，公诉方还可以提请侦查人员出庭作证。长期以来，侦查人员拒绝出庭作证的问题，一直是困扰中国刑事司法制度的一个严重问题。过去，遇有被告方诉称侦查行为存在违法问题、要求排除非法证据的情形，法庭要么拒不审理，要么责令公诉人"调查核实"，而公诉人则

---

① 宋英辉、王贞会：《我国非法证据排除规则及其适用》，载《法学杂志》2010年第7期。

最多向法庭提交一份由侦查机关起草的"情况说明",法庭凭此说明便否定了侦查人员的非法取证问题。而据新刑事诉讼法第五十七条第二款:"现有证据材料不能证明证据收集的合法性的,人民检察院可以提请人民法院通知有关侦查人员或者其他人员出庭说明情况;人民法院可以通知有关侦查人员或者其他人员出庭说明情况。有关侦查人员或者其他人员也可以要求出庭说明情况。经人民法院通知,有关人员应当出庭。"可以说,侦查人员出庭作证制度的确立,是新刑事诉讼法所取得的又一重大制度创新。

本案中,在辩护律师多次要求侦查人员出庭接受询问的情况下,控方并未能安排侦查人员出庭,这也是法庭认定取证合法性不能得到证实而最终予以排除的重要依据。可见,侦查人员出庭,对于控辩双方都具有重要意义。法庭一旦启动正式的程序性裁判程序,就意味着侦查行为的合法性成为法庭审理的对象,负责调查取证的侦查人员事实上处于"程序上的被告"的地位。此时,在侦查人员不出庭的情况下,法庭无法对侦查行为的合法性进行有效的程序审查。这是因为,侦查人员不出庭作证,其提供的书面"情况说明"难以受到有效的质证和辩论,法庭对其真伪虚实无法查证清楚;被告人无法与侦查人员进行当庭对质,辩护人也无法对其进行当庭盘问,而最多对侦查行为的合法性提出一些质疑;法庭很难根据被告方的质疑以及公诉方提供的"情况说明",对侦查行为的合法性作出准确无误的裁判,而不能遽然采取排除控方证据的举动。① 在某种程度上,侦查人员出庭作证是维系程序性裁判机制正常运转的制度基础,侦查人员出庭作证对于程序性裁判的重要性,就像行政官员出庭应诉对于行政诉讼的重要性一样。

三、证明责任分配规则存在的问题

目前,检察机关证明取证合法性的机制尚不健全。新刑事诉讼法第五十七条和《规定》第七条、第十一条均将证明侦查机关取证行为合法性的证明责任赋予检察机关。目前,我国的诉讼模式正在由传统模式向现代化的模式转变,侦查中心主义的格局仍然没有改变,侦查主导诉讼的现状仍在持续。因此,在侦查中心主义的模式下,侦查活动具有相当程度的秘密性与封闭性,加之检察机关提前介入侦查活动以形成有效的监督引导机制尚未全面建立起来,检察机关往往只能通过事后审查、书面阅卷等方式来评判侦查机关的诉讼活动是否符合法律规定。检察机关不仅无法同步、迅速地发现侦查

---

① 陈瑞华:《非法证据排除规则的中国模式》,载《中国法学》2010年第6期。

机关进行刑讯逼供的行为并及时予以制止，而且不能及时地将侦查活动是否合法的相关证据材料固定、保存下来。同时，侦查机关自身出具的取证行为合法的证明材料以及侦查人员出庭证明自己没有刑讯逼供的证言，其客观性和证明力不强，无法有效证实侦查取证行为的合法性。①

由于检察机关承担审前取证行为合法性的证明责任，因此庭审过程中往往需要提交诸如讯问活动的全程录音录像等证据材料。新刑事诉讼法第一百二十一条规定："侦查人员在讯问犯罪嫌疑人的时候，可以对讯问过程进行录音或者录像；对于可能判处无期徒刑、死刑的案件或者其他重大犯罪案件，应当对讯问过程进行录音或者录像。录音或者录像应当全程进行，保持完整性。"新刑事诉讼法对全程录音录像分情况作了明确的规定，这是督促侦查人员严守取证合法底线的有力保证。而且鉴于司法实践中，侦查人员出庭作证时，多数情况下不会主动承认实施了非法取证行为，庭审过程中常常出现控辩双方各执一词、难以判断的情形，所以总体而言，录音、录像资料的证明力较之讯问、询问笔录更具有优势。

然而，提供讯问的全程同步录音录像还是存在诸多问题。比如：录音录像内容可能涉及侦查讯问策略、技巧等机密内容，不宜外泄，否则可能被其他犯罪分子掌握，不利于侦查机关侦破案件；全程录音录像需要配备大量的录音录像器材、存储设备，需要专人、专所对录音录像资料进行妥善管理和保存，因此，很多地区尤其是欠发达地区很可能不具备进行全程录音录像的条件；侦查机关提供的讯问录音录像时间与讯问笔录上的时间有时不能一致；有些讯问录音录像的过程并不完整，遗漏阅读、签字等过程，甚至存在刑讯时不录、招供后再录的现象。诸如以上问题，均构成了对检察机关承担证明取证行为合法性责任的挑战，如不妥善处理，势必影响对非法取证行为的甄别、对合法侦查行为的维护。

[结论性思考]

经过对本案中折射出的证明责任理论的分析，结合我国现阶段的立法司法实践，可以看出：在法律层面我国确立的非法证据排除规则体系，包含了独具特色的证明责任分配规则。其中包括犯罪嫌疑人、被告人及其辩护人的初步证明责任，以及公诉机关的严格证明责任，形成了两步走的证明责任分

---

① 徐汉明、赵慧：《非法证据排除规则若干问题研究》，载《人民检察》2011年10月（下）。

配规则，具有一定的创新性。然而。法律的生命不在于颁布，而在于实施。新刑事诉讼法如今正处于试行阶段，在正式施行后的司法实践中，控辩双方能否依照各自所负的证明责任有效地践行非法证据排除程序、实现该制度设计预期达到的目标，能否在解决刑讯逼供、非法取证等问题上发挥积极的作用，还有待实践进一步的检验。与此同时，应当注重培育司法工作人员的现代司法理念，完善非法证据排除规则的制度设计。新制度的实行，必然会经历一个与现有制度不断磨合、在已然基础上进一步改进的过程，出现暂时停滞不前甚至一度搁浅的情况也属正常，这个过程中需要有新的改革举措作为继续前行的动力，为制度的继续实施保驾护航。

网络反腐的利弊分析与规制

——从杨达才事件引出的思考

范庆东*

[事件回放]

2012年8月26日，延安特大车祸致36人死亡，陕西惨烈车祸发生后，新华社拍下的现场图片中一官员在事故现场"傻笑"，这张照片在微博中流传后，迅速引发质疑。网友人肉搜索出图中官员是陕西省安监局局长杨达才，并把他戏称为"微笑局长"。随后，经网友搜索，杨达才被曝光拥有5块名表且价值不菲，"微笑局长"又陷入"名表门"。

为了应对持续的网络关注，8月29日，陕西省安监局局长杨达才对此前在延安车祸现场的微笑照及名表事件做出回应并表示道歉。杨达才称："来到事故现场，看到情况，我们的心情很沉痛，由于事故太过重大，现场气氛其实很压抑，有些基层同志向我介绍情况的时候，都显得特别紧张，有的同志口音比较重，有些话我听不太清楚。我让他们放松些，可能一不留神，神情上有些放松。现在

---

* 北京市人民检察院第一分院反贪局侦查一处检察官，法学硕士。

回想起来，我也很内疚。"杨回应称自己有 5 块名表，且都是靠工资买的，最贵的表仅 3.5 万元。

然而时隔不久，由于网友对手表细节穷追不舍，进一步披露其所戴手表，据媒体消息，截至 8 月 30 日晚，网友搜索的杨达才的名表总数已达 11 块之多，其中高级手表 5 枚，每块价值万元以上，最高达 20~40 万；此外，网友指出那条裤带也要 2000 多。随后，网友又将杨达才佩戴的手镯、眼镜等用照片一一呈现，其中眼镜是疑似价值 13.8 万元的名牌。

杨达才事件的发酵引起了陕西省纪委的重视。2012 年 9 月 22 日，《陕西日报》发布消息：鉴于陕西省安监局党组书记、局长杨达才在"8·26"特别重大道路交通事故现场"笑脸"的不当行为和佩戴多块名表等问题，陕西省纪委高度关注，及时进行了认真调查。调查表明，杨达才存在严重违纪问题，依据有关纪律规定，经省纪委常委会研究并报经省委研究决定：撤销杨达才陕西省第十二届纪委委员、省安监局党组书记、局长职务。对调查中发现的杨达才的其他违纪线索，省纪委正在进一步调查。

对杨达才的最终处理，还在等陕西省纪委的最终调查结果。

[蕴含的理论问题]

杨达才事件给我们提出了以下值得思考的理论问题：
1. 对网络反腐应当如何看待？网络反腐有何利弊？
2. 如何在法治的轨道内开展网络反腐？

[分析]

一、网络反腐[①]的现状

杨达才事件是网络反腐的又一成功案例，虽然现在杨达才是否涉及腐败犯罪还不得而知，但是网络反腐已成为当前民众关注的热点。网络反腐是伴随着我国互联网的快速发展而茁壮成长的。中国互联网中心（CNNIC）发布的《第 30 次中国互联网发展状况报告》称，截至 2012 年 6 月，中国网民

---

① 有官员认为，"网络反腐"并不等于"网络举报"，网络反腐是通过发帖对某人某事进行检举揭发，引起网民共鸣，进而受到职能部门重视，揭露腐败行为。参见李娜：《最高检：网络举报仍然提倡实名》，载《法制日报》2012 年 6 月 14 日。笔者这里的"网络反腐"就是此意，不包括官方主导的网络举报。

数量达到 5.38 亿，互联网普及率为 39.9%，其中手机网民规模达到 3.88 亿，超过台式电脑网民数 3.8 亿。

互联网的普及，使得官方对网络举报逐渐重视起来。2009 年 4 月 23 日，最高人民检察院公布修订后的《人民检察院举报工作规定》，正式将网络举报增加为举报腐败行为的新途径，举报网站的网址为 www.12309.gov.cn，从最高人民检察院的举报网站可以直接链接各省级检察院的举报网站；2009 年 10 月 28 日，中央纪委监察部统一开通了全国纪检监察举报网站 www.12388.gov.cn，从该举报网络可直接链接各省纪检监察网页。

广大民众对网络的依赖也逐渐增加，使得网络逐渐成为民间一种新的反腐渠道而受到民众的关注。据《人民日报》与人民网 2009 年 1 月初的一项民调显示：当被问到"你是否关注网络监督"时，参与调查的网民中有 87.9% 选择"非常关注"，仅有 2.8% 的网友表示"不关注"；当被问到"当你遇到社会不良现象时，是否会选择网络曝光"，93.3% 的网民选择"网络揭发社会不公"；在对网络监督的必要性的判断上，有 50.6% 的网友认为"非常必要，是对传统舆论监督的有力补充"。①

然而，和官方积极的设立网络举报网站不协调的是民众对官方网络举报的不"感冒"。在人民网"网络举报，您一般会选择哪类平台？"的大型网上调查中，15784 名网友参与投票，其中有 53.9% 的选择权威、大众的新闻网站；35.9% 的倾向于一般商业网站，而选择政府公布的举报网站的网友仅占 7.6%。②《中国青年报》曾通过腾讯网对网络举报等问题进行调查，显示公众对有效举报方式的排序依次为，网络曝光 35.8%、传统媒体曝光 31.3%、纪委举报 17.2%、检察院举报 11.4%、上级政府机关举报 3.3%、公安部门举报 0.5%。③ 官方的网络举报之所以出现这种情况，和其普及率不高、举报形式不能互动、举报线索办理不及时等因素相关。官方网络举报的缺陷逼迫广大民众将巨大的热情转向民间的网络反腐，如 2011 年 6 月初，印度一家名为"我行贿了（www.ipaidabribe.com）"的网站因专门搜集各种行贿的故事意外蹿红后，我国在短短几天内也出现了多家类似网站，"我贿赂了网"、"我行贿"和"我行贿了"等网站成为中国网络反腐的一道别样

---

① 袁峰：《官民互动助推网络反腐"蝴蝶效应"》，载《人民论坛》2009 年 8 月。
② 《网络举报平台——权威大众新闻网站成首选》，载人民网 2009 年 8 月 23 日。
③ 叶益武：《"网络举报"缘何颇得人心？》，载《信息化建设》2009 年第 12 期。

风景。

从现实情况看，真正发挥网络反腐功效的仍然是官方主导的反腐网站，民间网络反腐揭发后受到官方关注的案件仍然是少数。现在"我行贿了"等民间反腐网站绝大部分已经消失了，但是广大民众仍通过其他的网络平台，热情高昂的进行着网络反腐。

二、网络反腐的利弊分析

与传统的反腐手段相比，"网络反腐"也是一把双刃剑，它一方面显示出很多方面的优越性，但也存在着诸多的弊端。

通过对网络反腐案件的分析，我们可以看出网络反腐具有以下优势。

首先，反腐主体的广泛性使网络这个平台随时成为揭发、检举、曝光、评析、跟踪贪腐分子和贪腐信息的利剑，同时巨大的人气聚集会形成反腐合力，一件很小的事件或者细节，只要被网民关注，就会形成一股强大的力量，对整个事件形成巨大的推动力。如杨达才事件的导火索最开始只是其本人在某种场合不适宜的微笑，但是某些网民将杨达才的各种名表信息发布到网上之后，立刻成为广大网民关注的焦点，信息逐渐发酵，最后导致官方介入。

其次，由于网络具有连接性、快捷性、互动性、隐蔽性和追踪性的特点，使得网络反腐成本低、效率高、信息交流及时，也有利于对举报人个人的保护。常规渠道的反腐受制于线索举报、受理、审查、线索上报、线索分流、初查、证据搜集等众多环节，程序繁琐，严重地影响了办案的效率，办案成本非常高，也不利于对举报人个人的保护。网络的各种优势克服了常规反腐的缺点，网络的快速运行使反腐信息得以快速传递，众多的民众参与会使贪腐信息迅速聚集、发酵、反馈，从而快速地完成证据的搜集，推进案件的办理，同时网络的匿名性使提供信息的举报人更加的安全。

最后，网络反腐会使官方对案件的办理更为慎重，使得案件的抗干扰能力强，案件结果更为公开、透明，也会对预防贪腐具有巨大的威慑力和警示作用。网民的巨大关注无疑会使官方在查处案件时更为谨慎，以防止由于案件查处不及时、不公正而再次遭受网民的质疑，使政府公信力受损，所以案件的处理结果也会更加的迅速、公开、公正，透明，这对于反腐分子也具有一定的警示和威慑作用。

但是，网络反腐的弊端也是显而易见的。

首先，我国网民虽然在数量上已经很多，但是因为年龄、学历、职业、收入、城乡等因素，使网络反腐主体带有一定的局限性。如中国互联网中心（CNNIC）发布的《第 30 次中国互联网发展状况报告》中称，截止到 2012 年 6 月，网民的年龄结构为：10～19 岁人群占 25.4%，20～29 岁人群占 30.2%，30～39 岁人群占 25.5%；网民的学历结构为：初中学历占 37.5%，高中、中专、技校占 31.7%，大专学历占 10.1%，大学本科以上占 11.5%；网民职业结构显示：学生群体最多，占 28.6%，个体户、自由职业者占据次席，比例为 17.2%，无业、下岗、失业人员处于第三位，比例为 11.1%；收入结构看，月收入 3000 元以上的，只占 26%；城乡结构显示，城镇网民占 72.9%，农村网民占 27.1%。所以，我国网民主要是 40 岁以下、学历层次不高、职业不稳定、收入不高的人群，这对网络反腐势必产生一定的不利影响。

其次，由于网民的法律意识不强、网络反腐激情膨胀、理性不足等因素，会导致不负责任的发布信息，造成反腐信息真伪并存，真实性得不到保障。同时，由于部分网民不负责任的言论，会造成对相关人员人身权、隐私权、名誉权等的侵害，有时甚至错误引导社会舆论，造成严重的社会影响。

再次，海量的网络反腐信息，夹杂着对信息准确性的无法研判，使拥有有限资源的官方无法快速、全面地予以应对，从而使民众对官方的反腐败产生误解，削弱了政府的公信力。从杨达才和其他网络反腐案例来看，网络反腐已经形成一种比较成熟的模式：网友发帖—其他网友顶帖—形成热点—媒体放大—政府介入—真相披露—腐败分子受到惩处。但是信息准确无误、成为热点，并且政府介入其中的毕竟是少数，绝大多数网络反腐信息只是网友情绪的宣泄，在一片喧嚣和混乱中反腐信息被埋没。

最后，网络反腐容易泄密。网络反腐信息对所有人都是公开的，包括被举报人。被举报人知道举报信息后，很可能会毁灭、伪造证据、串供甚至逃跑，使官方介入反腐后取证难度加大，最后导致案件的查处无功而返。

三、网络反腐的法律规制

网络反腐虽然存在着这样或那样的问题，但是从网络反腐发挥的积极作用来看，我们还是应该以积极的态度对待网络反腐，笔者认为，只要对网络作出正确的法律规制，抑制其消极因素的发挥，发掘其积极因素，网络反腐一定会成为常规官方反腐措施的有效补充。

首先，应该制定网络反腐和官方反腐的联动机制，在充分发挥官方惩治腐败的基础上，充分挖掘民间网络反腐资源，构建官方与民间反腐的衔接机制。网络反腐毕竟最终还是要通过官方的介入才会进入正式的法律程序，所以加强官方对网络反腐的介入机制尤其重要。笔者认为，一是应该建立网上信息的监督、审查机制，可以在官方内部设立专门的举报中心，对网络舆情及时的进行监控，如果发现网上的反腐信息，应该及时、客观、公正地对信息进行筛选、审查；二是应建立网上举报线索的启动机制，经审查如果符合启动条件，应该按照程序启动；三是应建立案件查处进程公示制度，及时地将查处结果向社会发布，让广大网民及时知道案件办理的进程。同时，应该加强官方反腐网站的建设，提升官方反腐网站的工作效能，通过采取加强对官方反腐网站的宣传力度、加大网络举报安全性建设、提升举报信息的及时性和互动性等措施，形成官方反腐网站对其他网站的引领作用，促进民间网络反腐的建设。

其次，应该建立完善的政府信息公开机制。完善的信息公开机制，是社会民主程度的重要标志。政府信息公开，一方面可以预防国家公职人员职务犯罪的发生，另一方面可以为广大网民提供充分的监督信息，使网络反腐渠道更为畅通。笔者认为，完备的政府信息公开机制包括机关的职权、工作程序、结果、时限、监督方式等内容。充分的信息公开，也可以有效地降低公民知情权和官员隐私权之间的冲突，有利于提升政府的公信力。

再次，适时地研究对网络反腐的立法，规范网络反腐行为，实现网络反腐有法可依。笔者认为，作为反腐的一种新渠道，到现在为止缺乏相应的法律支撑，这对于惩治腐败是非常不利的。笔者认为，一是应该通过制度设计正确界定知情权与隐私权、社会监督与造谣诽谤、言论自由与人身攻击的界限，真正做到有法可依；二是要制定完善的反腐网站的注册和其他网络平台的发帖监管制度，对于不法网民造谣、诽谤等侵犯他人人身权、名誉权、隐私权的行为进行规定和约束，对于打击报复举报人的加大惩处的力度；最后要建立对网络反腐的奖惩机制，对于提供重大贪腐线索并查证属实的，要加强对举报人和其他相关人员的奖励力度，对于散布虚假消息、恶意中伤他人的，应该依法对其进行相应的惩处，以此来规范和约束网民的各种行为，为网络反腐提供一个真实的信息环境。

翻供后自首的认定
——徐凤抢劫案

冉 容[*]

[基本案情]

被告人徐凤,女,1977年6月16日出生于上海市,汉族,大学文化,吸毒人员,无业。因涉嫌犯抢劫罪于2010年11月7日被羁押,2011年3月2日被逮捕。

上海市虹口区人民检察院指控,2010年10月20日16时许,被告人徐凤携带放有艾司唑仑安眠药的蛋挞至上海市虹口区天宝西路241弄,冒充社区干部送温暖,进入被害人葛兰芬(女,时年80岁)家中与葛兰芬闲聊,诱骗葛兰芬食用其携带的蛋挞。葛兰芬食用后不久即入睡,徐凤趁机取下葛贴身放置的钱包逃逸。包内有人民币3100元和价值人民币2596元的铂金PT900戒指一枚、18K黄金嵌翡翠戒指一枚,以及葛兰芬的身份证、医保卡等财物。同年11月7日,公安机关在现场提取到徐凤的唾液样品,遂通知徐凤到公安机关接受尿样检查,徐凤到公安机关后主动供述了上述事实。公诉机关为指控上述事

---

[*] 最高人民法院刑事审判第一庭法官。

实,提供了被害人葛兰芬的陈述,证人徐根娣、骆秀华、袁贤忠等的证言、现场勘验、检查笔录和扣押物品、文件清单及照片、鉴定结论、检验报告、财物价格鉴定结论,被告人徐凤的供述等证据。

公诉机关认为,被告人徐凤以麻醉方法入户劫取他人财物,应以抢劫罪追究其刑事责任,徐凤有自首情节,应依照刑法第二百六十三条第(一)项和第六十七条第一款的规定,对徐凤定罪处罚。

上海市虹口区人民法院经公开审理后认为,公诉机关指控被告人徐凤使用麻醉方法实施抢劫,只有徐凤的庭前供述,没有其他证据印证,而徐凤在庭审中否认给被害人葛兰芬的蛋挞中预先投放过安眠药,且在作案现场没有提取到安眠药残留物,鉴定中心出具的鉴定结论、检验报告载明,没有从被害人葛兰芬的尿样中检出常见安眠镇静药物成分,故指控徐凤犯抢劫罪的证据不足;但徐凤以非法占有为目的,秘密窃取他人财物,数额较大,其行为构成盗窃罪,且徐凤有自首情节,依照刑法第二百六十四条、第六十七条第一款和第六十四条的规定,判决如下:被告人徐凤犯盗窃罪,判处有期徒刑一年六个月,并处罚金人民币2000元;缴获的赃物、赃款发还被害人。

判决后,虹口区人民检察院提出抗诉,理由是:一审判决没有认定被告人徐凤给被害人葛兰芬食用放有安眠药的蛋挞至葛昏睡,系认定事实错误;认定徐凤的行为不构成抢劫罪,系定性不当,导致量刑畸轻,建议二审法院依照刑法第二百六十三条第(一)项的规定,以抢劫罪判处徐凤十年以上有期徒刑。

被告人徐凤在二审庭审中曾辩解,否认在蛋挞中放过安眠药。其辩护人提出的辩护意见是,检察机关指控徐凤预先在蛋挞中放安眠药的证据不足,所提出的以抢劫罪追究徐凤刑事责任的抗诉理由不能成立,一审法院认定徐凤构成盗窃罪的事实清楚,请求驳回抗诉,维持原判。

上海市第二中级人民法院经公开审理后认为,被告人徐凤以非法占有为目的,采用麻醉方法当场劫取他人财物,其行为已构成抢劫罪。检察机关的抗诉理由成立,对徐凤的辩解及辩护人的辩护意见不予采纳。徐凤的行为还系入户抢劫。徐凤到案后虽然主动如实供述抢劫犯罪事实,但在一审庭审中翻供,并在一审判决前未能如实供述,依法不认定为自首。依照刑事诉讼法第一百八十九条第(三)项,刑法第二百六十三条第(一)项、第五十六条第一款、第五十五条第一款、第六十四条,《最高人民法院关于审理抢劫案件具体应用法律若干问题的解释》第一条和《最高人民法院关于处理自首和立功具体应用法律若干问题的解释》第一条的规定,撤销第一审对被告人徐凤犯盗窃罪的刑事判决，认定被告人徐凤犯抢劫罪，判处有期徒刑十年，剥夺政治权利二年，并处罚金人民币2万元。

[疑难之处]

1. 没有从被害人葛兰芬的尿液中检出安眠药成分，能否认定被告人徐凤在葛兰芬食用的蛋挞中投放过安眠药？

2. 被告人徐凤接到吸毒人员定期尿检的通知后，自行前往公安机关，并主动如实供述其抢劫的犯罪事实，但在一审判决前翻供的，能否认定为自首？

[理论分析]

本案被告人徐凤因其他事由被通知并自行前往公安机关后，即向公安人员如实供述了其在蛋挞中投放安眠药后给被害人葛兰芬食用，待葛入睡后拿走葛财物的事实。侦查人员接到报案后，采集了葛兰芬的尿样送检，但却没有从送检尿样中检出麻醉剂成分。徐凤在一审庭审时翻供，称记不清是否在葛兰芬食用的蛋挞中放过安眠药。这一情节非常关键，如果认定其投放过安眠药，则徐凤的行为系使用麻醉方法劫取他人财物，应认定为抢劫罪；如果不认定其投放安眠药，则徐凤的行为只是乘被害人睡觉之机，拿走被害人财物，应认定为盗窃罪。二罪的性质和刑罚相差甚远。因此，如何审查和采信本案的鉴定结论，如何综合全案证据来认定案件事实，是本案的一个审理重点。该问题在《人民司法》第8期上已有文章作了深入剖析。我们也赞成该文观点，认为虽然鉴定结论证实从被害人葛兰芬尿液中没有检出安眠药成分，但其他证据形成锁链，足以认定徐凤将预先投放安眠药的蛋挞给葛兰芬食用后，将葛的财物拿走的行为，应当认定为抢劫罪。具体理由不再赘述。

本文主要就被告人徐凤在接到吸毒人员定期尿检的通知后，自行到公安机关，即如实供述了以麻醉方法实施抢劫的犯罪事实，但在一审判决前翻供，是否认定为自首的问题展开分析。一审法院将徐凤的上述行为认定为自首，二审法院认为不构成自首。由于对事实认定的截然不同，导致了两级法院在自首认定上也完全相反。我们同意二审的观点。

自首构成的条件有两项：一是要自动投案，二是要如实供述犯罪事实。审查自首是否成立，首先要看行为人是否有自动投案行为，其次要看行为人到案后是否如实供述犯罪事实。下面，我们就本案被告人徐凤的行为是否分别具备上述两个条件予以分析。

一、被告人徐凤的行为不构成自动投案

对于本案被告人徐凤的归案行为，我们可以将其分为两个阶段予以分析：第一阶段是其接到尿检通知后前往公安机关的行为，我们将其称为到案行为；第二阶段是到公安机关后主动如实交代犯罪事实的行为，我们将其称为主动供述行为。

被告人徐凤第一阶段的到案没有体现出其主观上有投案的主动性和自愿性，故该阶段的行为不能认定为自动投案。自动投案，是指犯罪嫌疑人在犯罪后、归案前，出于本人意志而向公安机关、人民检察院、人民法院及其他有关单位和人员承认自己实施了犯罪，并自愿置于上述单位和人员的控制之下，等待法律制裁的行为。自动投案分为两种类型：第一种是典型的自动投案，实践中又称"亲投"；第二种是视为自动投案的情形，实践中常称为"代投"、"陪投"、"托投"、"送投"等十二种情形。

1. 被告人徐凤是接到吸毒人员接受尿检通知后前往公安机关的，其第一阶段的到案行为不是主动、直接向公安机关投案，不构成第一种类型的自动投案，即不构成典型的自动投案

典型的自动投案，是指《最高人民法院关于处理自首和立功应用法律若干问题的解释》（以下简称《解释》）第一条第（一）项规定的"犯罪事实或者犯罪嫌疑人未被司法机关发觉，或者虽被发觉，但犯罪嫌疑人尚未受到讯问、未被采取强制措施时，主动、直接向公安机关、人民检察院或者人民法院投案"，根据上述规定，我们可以看出，认定典型的自动投案应当具备以下三个条件：第一是时间上，行为人的归案时间必须符合法律规定；第二是主观上，行为人的归案必须具有主动性、自愿性；第三是客观上，行为人的归案必须是直接归案，而不是间接归案。

（1）被告人徐凤的到案时间符合典型自动投案的时间条件

从《解释》第一条第（一）项规定看，行为人到案时间必须符合以下三种情形之一，方才构成：第一种是在"犯罪事实未被司法机关发觉"时。犯罪事实未被发觉，是指犯罪后，无人报案；或者虽有人报案，但司法机关不确定犯罪发生的具体时间和地点。第二种是在"犯罪嫌疑人未被司法机关发觉"时。犯罪嫌疑人未被司法机关发觉，一般是指司法机关已经知道有犯罪发生，但未将行为人与该犯罪联系起来，完全不知道行为人就是该案的犯罪嫌疑人；或者司法机关已经发现有犯罪发生，但是没有侦破线索，不能确定具体的犯罪嫌疑人。第三种是在犯罪事实或者犯罪嫌疑人虽被发觉，

但犯罪嫌疑人尚未受到讯问、未被采取强制措施时。这种情形一般是指，犯罪发生后，司法机关已经知道有犯罪发生，并且锁定了具体犯罪嫌疑人，但尚未对该犯罪嫌疑人进行讯问或者未对该犯罪嫌疑的人身自由进行实际控制时，即犯罪嫌疑人的人身还处于自由状态下的情形。需要注意的是，此处的强制措施与刑事诉讼法规定的五种强制措施有较大区别。《刑事审判参考》第 80 期的周元军故意杀人案中，已经明确《解释》第一条第（一）项中的强制措施，是指"司法机关将犯罪嫌疑人作为嫌疑对象对其人身实施的实际控制"，即以犯罪嫌疑人实施投案行为之时，其人身活动是否处于自由自主状态为标准来界定其投案时是否已被采取强制措施。如果其在投案时，司法机关尚未对其人身予以强制或实际控制，其人身活动处于自由自主状态，即使其已被采取刑事诉讼法规定的五种强制措施（即拘留、逮捕、拘传、取保候审和监视居住）之一种，如公安机关对犯罪嫌疑人拘留、逮捕后，犯罪嫌疑人脱逃后又自动到案的，也应当认为犯罪嫌疑人未被采取强制措施。反之，司法机关出于侦查、抓捕策略等原因，不是就地讯问或者事前未办理拘传、拘留等强制措施的法律手续，而是以协助调查的名义或口头传唤等方式将犯罪嫌疑人实际控制，带至司法机关后才变更为刑事诉讼法规定的五种强制措施之一的，由于其到案时，司法机关对其人身已实际控制，故即使其没被采取刑事诉讼法规定的五种之一的强制措施，也不能认定为自动投案。

本案发生后，被害人葛兰芬已报案，公安人员在犯罪现场调取到了被告人徐凤的唾液样品，从而将其确定为犯罪嫌疑人，因此，徐凤到案时，显然不符合"亲投"中"犯罪未被发觉或者犯罪嫌疑人未被发觉"的前两种情形。但徐凤到案时，并未受到讯问，也未被采取强制措施，在接到公安机关让其接受尿检的通知时，其完全可以拒绝前往或者选择潜逃，因此，从时间条件看，其行为是符合"亲投"中的第三种情形的，即"虽被发觉，但尚未受到讯问或者未被采取强制措施时"。那么，徐凤的到案行为是否构成第三种时间情形下的"亲投"呢？答案是否定的，理由在于：

如果犯罪行为人的到案行为发生在上述时间内，但还必须符合"主动、直接向公安机关、人民检察院或者人民法院投案"的条件，即犯罪嫌疑人的到案，必须在主观上体现出有投案的主动性和自愿性；客观上要体现出投案的直接性，即其前往司法机关的直接目的就是为了投案，其投案的直接对象就是公安机关、人民检察院或者人民法院这三个司法机关。

（2）被告人徐凤第一阶段的到案行为主观上没有体现出典型自动投案的主动性和自愿性

犯罪嫌疑人在明知投案后可能会遭受法律惩罚的后果，却在其意志和行为可以自由支配的情况下，自愿选择了这种后果，这足以体现出其主观上愿意认罪悔罪，并接受法律制裁的主观意愿。因此，主动性、自愿性是自动投案的本质特征。实践中，对犯罪嫌疑人是否具有投案的主动性和自愿性，需要根据其客观行为与外在表现综合分析认定。主观意志支配客观行为，客观行为体现主观意志。通常情况下，客观行为与主观意愿是相统一的，犯罪嫌疑人主动自愿认罪的主观意愿会促使其主动到案；同样，主动到案的客观行为也可以反映出犯罪嫌疑人认罪悔罪、自愿接受法律惩罚的主观意愿。

本案中，被告人徐凤去公安机关时，并非是因其主观上有认罪、悔罪而主动所为，而是公安机关在掌握一定证据后，将其确定为犯罪嫌疑人，并以吸毒人员需要定期尿检为名通知其到公安机关接受检测，这是公安机关为防止打草惊蛇的一种正常侦查手段。吸毒人员定期接受尿检，是公安机关管理吸毒人员的一项重要措施，它具有一定的强制性。徐凤吸毒的情况之前已被公安机关掌握，并已被公安机关列入统一管控对象。因此，徐凤接到接受尿检通知后前往公安机关的行为，是履行吸毒人员的应尽义务，在一定程度上是被强制所为，而并非其主动自愿所为。徐凤接到通知后到达公安机关接受尿检前，并不知晓其犯罪事实已经暴露，其自行前往公安机关的目的是为接受尿检，并非是因犯罪后萌生了悔罪心理，也没有接受法律惩罚的意愿。因此，徐凤前往公安机关的行为没有体现出其主观上有投案的主动性和自愿性。

（3）被告人徐凤的到案行为客观上也不具备典型自动投案的直接性

投案的直接性分三层含义，一是指行为人到案的目的就是为了要向司法机关认罪，而非是为了试图打探案情或者为了麻痹司法机关以消除怀疑等；二是指行为人前往到案的直接对象就是公安机关、人民检察院、人民法院这三个机关，以此区别于行为人向其所在单位、城乡基层组织或者其他有关负责人员投案的情况；三是指行为人前往到案的行为必须是自己亲自、直接所为，而非是委托他人或间接所为，以区别于"送投"、"代投"等多种"视为自动投案"的情形。

前面已经论述，被告人徐凤接到尿检通知后去公安机关，在其到达公安机关前，其目的都是为了接受尿检，而非是为了向公安机关认罪，故此，其到案目的不具备直接性。

综上，被告人徐凤到案行为虽然发生在其未受到讯问和被采取强制措施时，但因其到案行为在主观上没有体现出有自动投案的主动性和自愿性，到案目的不具备自动投案的直接性，因而其第一阶段到案的行为不构成典型的自动投案。

2. 本案被告人徐凤第二阶段的如实供述行为不符合自动投案的第二种类型，即不属于"视为自动投案"的十二种情形

根据《解释》第一条第（一）项和《最高人民法院关于处理自首和立功若干具体问题的意见》（以下简称《意见》）第一条第一款的规定，视为自动投案的情形共有十二种，其中七种出自于《解释》，五种出自于《意见》。

《解释》第一条第（一）项规定的七种情形分别如下：（1）犯罪嫌疑人向其所在单位、城乡基层组织或者其他有关负责人员投案的；（2）是犯罪嫌疑人因病、伤或者为了减轻犯罪后果，委托他人先代为投案，或者先以信电投案的；（3）罪行未被司法机关发觉，仅因形迹可疑被有关组织或者司法机关盘问、教育后，主动交代自己的罪行的；（4）犯罪后逃跑，在被通缉、追捕过程中，主动投案的；（5）经查实确已准备去投案，或者正在投案途中，被公安机关捕获的，应当视为自动投案；（6）并非出于犯罪嫌疑人主动，而是经亲友规劝、陪同投案的；（7）公安机关通知犯罪嫌疑人的亲友，或者亲友主动报案后，将犯罪嫌疑人送去投案的，也应当视为自动投案。

本案被告人徐凤的行为显然不属于以上任何一种情形，故不赘析。

《意见》第一条第一款规定的五种情形分别如下：（1）犯罪后主动报案，虽未表明自己是作案人，但没有逃离现场，在司法机关询问时交代自己罪行的；（2）明知他人报案而在现场等待，抓捕时无拒捕行为，供认犯罪事实的；（3）在司法机关未确定犯罪嫌疑人，尚在一般性排查询问时主动交代自己罪行的；（4）因特定违法行为被采取劳动教养、行政拘留、司法拘留、强制隔离戒毒等行政、司法强制措施期间，主动向执行机关交代尚未被掌握的犯罪行为的；（5）其他符合立法本意，应当视为自动投案的情形。

很显然，本案被告人徐凤的行为不属于第一、二种情形，不再赘析。第三种情形强调，犯罪嫌疑人主动交代罪行的行为必须发生在"司法机关未确定犯罪嫌疑人"时，而徐凤在其交代罪行前早已被公安机关锁定为犯罪嫌疑人，其也不符合第三种情形。那么，徐凤的行为是否可以根据第四、五种情形的规定，视为自动投案呢？

第四种情形的规定是："因特定违法行为被采取劳动教养、行政拘留、

司法拘留、强制隔离戒毒等行政、司法强制措施期间，主动向执行机关交代尚未被掌握的犯罪行为的"。该规定强调，行为人主动交代的犯罪行为必须是执行机关尚未掌握的。就本案而言，被害人葛兰芬苏醒后即报案，并向公安机关陈述了犯罪嫌疑人的外貌、年龄等，公安机关又从现场提取到留有行为人徐凤唾液的餐巾纸，现场除了徐凤和葛兰芬的痕迹，无第三人参与作案的痕迹，公安机关遂将徐凤锁定为犯罪嫌疑人，并为了防止打草惊蛇而以吸毒人员需定期尿检为名将徐凤通知到案。很显然，公安机关在给徐凤发出通知时，已经掌握了徐凤的基本犯罪事实。故尽管徐凤到案后即供述主要犯罪事实，因这些犯罪事实之前已被公安机关所掌握，故其不符合第四种情形。

　　第五种情形的规定是："其他符合立法本意，应当视为自动投案的情形"。从该规定的内容来看，其显然属于兜底条款。实践中，对于兜底条款如何理解或把握，一直是一个难题。根据罪刑法定原则，当前的刑法尽量避免兜底条文的出现。但再完备的法律也难包罗万象，因为立法的稳定性和滞后性，往往会将某些与明确规定行为极端类似的行为而遗漏；也可能因为法律语言的高度概括性，而导致实践中对许多具体问题产生分歧意见；同时，又可能因法律规定的前瞻性不够，社会不断发展变化，对于一些新情况新问题，依照公平正义原则应当以法律手段解决，却因法律规定不完备而无法应对。因此，对于个别情况复杂且容易发展变化的罪名，各国刑法也都保留了兜底条款。例如，我国刑法中的非法经营罪的第八种情形，即是针对市场经济不断变化，可能出现的新形态的经济犯罪而保留的兜底条款。尽管有人对该条文的存在提出质疑，但实践证明，该条文的保留确实为打击新形势下不断发展变化的经济型犯罪，保护权利主体的合法财产和权益起了很大作用。同理，自首作为刑法的一项重要制度，也会因时势的发展可能出现新的形态，列举式规定毕竟有限，因此，有必要保留一个兜底条款，以有效地鼓励犯罪分子自首和节约司法资源、降低司法成本。所以，《意见》规定的第五种情形，其存在的必要性显而易见。

　　根据同类解释的规则，兜底条文作为在同一条文中的规定，其行为的价值必须与前面明确列举条文的行为具有"相当性"。具体说来，"相当性"，是指兜底条文与明确条文具有"本质一致性、行为相似性、功效等同性"，一是兜底条文涉及行为的本质特征应当与前面明确列举行为的本质特征具有一致性；二是兜底条文涉及行为的具体情节与前面明确列举行为的具体情节具有相似性；三是兜底条文涉及的行为对社会产生的功效应当与前面明确列举的行为的功效具有等同性。同理，《意见》规定的第五种投案的情形，要视为自动投案，都必须符合以下三个条件：一是该行为必须具备自动投案的主动性和自愿性两个基本特征；二是该行为与典型的自动投案或者与《解释》、《意见》明确列举的前十一种视为自动投案的行为，在具体情节上具有相似性；三是该行为与典型的自动投案或者前十一种视为自动投案具有相同功效。刑法设立自首制度功效有两个，一是鼓励犯罪人认罪悔罪，充分实现刑法对罪犯的惩罚与教育目的；二是节约司法资源，提高司法效率，尽可能地降低办案成本，从而实现刑法经济原则。

前文已经分析，本案被告人徐凤第一阶段的到案行为，并非出于投案的主动、自愿，其第二阶段的如实供述犯罪，也是在其人身自由被公安机关实际控制的前提下才作出的供述，因此，其行为在主动性和自愿性这两个本质属性上，与典型的自动投案和前十一种视为自动投案的行为相比较，不具备"一致性"；其到案后如实供述的情节，与典型的自动投案和前十一种视为自动投案的行为相比较，也不具有"相似性"；徐凤归案前，公安机关已经展开了一定深度的侦查，取得了犯罪嫌疑人留在现场的唾液样本，进行了DNA鉴定，并与吸毒人员DNA样本数据库进行了比对，确定了徐凤系犯罪嫌疑人，因此，徐凤的如实供述并没有为司法机关降低成本，与典型的自动投案和前十一种视为自动投案相比较，在功效上也未达到"等同性"。

综上，本案被告人徐凤的归案行为，既不属于十一种明确的视为投案情形，也不属于兜底条文中规定的"其他应当视为自动投案"的情形。故其在本案中根本没有自动投案的行为，故此不应认定为自首。

二、被告人徐凤在一审庭审时，对主要事实翻供，不属于如实供述犯罪事实

前文已经阐述了本案被告人徐凤的行为不能认定为自动投案，故即使其到案后如实供述了犯罪事实，但不构成自首。

为了进一步说明徐凤的行为不构成自首，我们抛开本案具体情节不论，下文以假设徐凤之前有自动投案行为而展开剖析。即徐凤在自动投案后如实供述，但在一审庭审时，对是否在被害人葛兰芬食用的蛋挞中投放过安眠药这一事实，作出与之前不同供述，是否还认定自首？

自首成立的要件有两个，一是自动投案，二是如实供述犯罪事实。徐凤的行为已经被视为自动投案，但其在一、二审庭审时，对是否在被害人葛兰芬食用的蛋挞中投放过安眠药这一事实，作出与之前不同供述，但在二审最后陈述阶段，又恢复了如实供述，是否还认定自首？

《解释》第一条第（二）项规定："如实供述自己的罪行，是指犯罪嫌疑人自动投案后，如实交代自己的主要犯罪事实……犯罪嫌疑人自动投案并如实供述自己的罪行后又翻供的，不能认定为自首，但在一审判决前又能如实供述的，应当认定为自首。"要正确理解上述规定，必须把握好以下三个概念：一是何为主要犯罪事实，二是何为翻供，三是翻供发生在什么阶段才会影响自首的成立。

（一）关于"主要犯罪事实"的理解

根据《解释》第一条第（二）项规定，"如实供述自己的罪行，是指犯罪嫌疑人自动投案后，如实交代自己的主要犯罪事实"。一般来说，主要犯罪事实是指对犯罪嫌疑人行为性质的认定有决定意义的事实、情节（即定罪事实）以及对量刑有重大影响的事实、情节（即重大量刑事实）。实践中，对是否如实交代定罪事实的争议不大，但对是否如实交代重大量刑事实却屡有争议。其中，重大量刑事实主要是指决定着对犯罪嫌疑人应适用的法定刑档次是否升格或降格的事实、情节，以及在总体危害程度上比其他部分事实、情节更大的事实、情节，即应区分已如实供述与未如实供述部分的严重程度。重大量刑事实，既包括对犯罪嫌疑人加重或从重处罚的事实、情节，如犯罪嫌疑人持枪抢劫了财物后主动投案，交代系采用威胁的方法从被害人手中劫取了财物，未交代持枪抢劫的情节，因法律规定持枪抢劫系决定抢劫罪法定刑档次升格的情节，故该种情况下不能认定犯罪嫌疑人交代了重大量刑事实；也包括对犯罪嫌疑人减轻或从轻处罚的事实、情节，如防卫挑拨的情况，犯罪嫌疑人预谋杀死被害人，故意挑逗被害人对自己实施侵害行为，借机将被害人杀死，事后称自己系防卫过当，该种情况下犯罪嫌疑人隐瞒了其故意杀人的犯罪事实，而虚假供述防卫过当这一从轻情节，也属未如实交代重大量刑事实。

需要注意的是，犯罪嫌疑人对从轻、减轻的事实、情节的虚假供述，与对行为性质的从轻、减轻辩解有实质不同。对行为性质的从轻、减轻辩解，主要是指行为人关于从轻、减轻情节的辩解在事实上是存在或成立的，行为人对该情节的性质以及从轻、减轻幅度提出自己的意见。而对从轻、减轻情节的虚假供述，是指行为人供述的情节不存在或者是无证据证明。具体说来，有以下几种情况：一是虚假供述的从轻、减轻情节已经被证据否定；二是虚假供述的从轻、减轻情节可能存在，但经查其系恶意制造，如前面举例的挑衅性犯意引诱的情况；三是虚假供述的从轻、减轻情节没有证据印证，也无相反证据予以否定。对于上述前两种虚假供述的从轻、减轻情节,可以认定为"未如实交代主要犯罪事实",但对于第三种情况,因为无证据证实供述的从轻、减轻情节是否存在,故从有利于被告人的原则,不能认定其"未如实交代主要犯罪事实"。

本案被告人徐凤给被害人葛兰芬食用的蛋挞中是否预先投放过安眠药,是认定其随后取财行为构成抢劫罪还是盗窃罪的关键定罪事实。因此,其是否如实交代该部分事实,涉及是否认定其"如实交代自己的主要犯罪事实。"

（二）关于翻供的理解

《解释》第一条第（二）项规定:"犯罪嫌疑人自动投案并如实供述自己的罪行后又翻供的,不能认定为自首,但在一审判决前又能如实供述的,应当认定为自首。"那么,何为翻供？

翻供是指行为人就犯罪事实部分,推翻自己的先前供述,作出与先前内容不一致的供述。实践中,翻供有很多种情形,如利己翻供（推翻先前有罪、罪重的供述）、不利己翻供（推翻先前无罪、罪轻的供述）;部分翻供（推翻先前的部分供述）、全部翻供（推翻先前的全部供述）;真实翻供（用真实供述推翻先前虚假的供述）、虚假翻供（用虚假供述推翻先前真实或虚假的供述）。无论何种翻供,均必须是对犯罪客观事实或情节展开,如果行为人对犯罪事实或情节不持异议,仅就自己的行为是否构成犯罪以及构成何种犯罪提出异议,那么,其行为就不是翻供,而是辩解。

从《解释》第一条第（二）项的字面意义看,本项所指的翻供,仅指用虚假的事实供述推翻先前真实的事实供述这一种情形（本文以下所讨论的翻供,也仅针对此种情形展开）。构成该种情形翻供,须具备以下三个条件:（1）先前的供述为真。如果先前为虚假供述,那么后来的翻供无论真假,均不能构成自首。应注意的是,须以生效判决认定的事实来判断先前供述是否属实（如果再审改判的,则以再审后生效判决认定的事实为准）;（2）后面的供述为假。无论后面供述是无罪、罪轻的供述,还是有罪、罪重的供述,只要前面是真,后面为假,则均应认定为本情形的翻供;（3）翻供的内容须涉及主要犯罪事实,即指涉及定罪或重大量刑情节的事实等。概括起来为可表述为:"先前为真,后面为假,内容为主要犯罪事实。"符合上述三个条件的翻供,即可成立本条规定的翻供,对这种行为人,即使其有自动投案,也不能认定为自首。

就本案而言，是否预先在被害人葛兰芬食用的蛋挞中投放过安眠药是本案的定罪事实。被告人徐凤最初一直供述了上述事实，但在一审庭审时翻供，而二审法院结合本案的其他证据，认定了该事实的存在（文章第一部分已对此简析）。所以，可以判定，徐凤最初承认投放过安眠药的供述是真，一审庭审时否认投放过安眠药的供述是假，该部分的供述是主要定罪事实。综上，徐凤在一审庭审时的供述属于《解释》第一条第（二）项翻供。

（三）关于翻供时间的界定

本案被告人徐凤在一审庭审、二审庭审时翻供，但在二审庭审最后陈述阶段又恢复如实供述，是否还是应该认定其作了如实供述呢？这就涉及如何理解《解释》第一条第（二）项规定中的翻供时间了，即翻供发生在什么阶段才会影响自首的成立。

根据《解释》第一条第（二）项"犯罪嫌疑人自动投案并如实供述自己的罪行后又翻供的，不能认定为自首，但在一审判决前又能如实供述的，应当认定为自首"的规定，可以看出，法律对如实供述的时间作了两个截点规定：一是自动投案后作出过如实供述的时间截点，一般为第一次讯问时间。除非因时间所限，第一次讯问未能完成对所有犯罪事实的讯问。这就需要我们认真审查第一次讯问笔录记载的时间与行为人到案时间的间隔。只有这样，才能方便国家追诉犯罪，体现节约司法资源的宗旨和减小行为人人身危险性的目的，实现自首制度的价值。二是如实供述后又翻供的时间截点为一审判决前。此包含三层意思：第一层意思是指，一审判决前的如实供述，纳入是否如实供述的评价，一审判决后的供述不再纳入自首制度中如实供述的评价，但仍可以作为对其认罪态度的评价；第二层意思是指，到案后即如实供述，一审判决前任何阶段翻供，只要在一审判决前又恢复如实供述的，仍可认定为自首制度中的如实供述；第三层意思是指，一审判决前还未重新如实供述的，先前的如实供述以及此后的供述，均不再认定为如实供述。

根据上述时间截点，可以看出，影响自首成立的翻供时间必须是在第一次如实供述后至一审判决前的阶段。如果行为人自动投案，但在第一次供述中没有如实供述，而是在侦查机关通过侦查后才促使行为人供述的，这样的供述既不能体现行为人主观上有认罪悔罪的主动性和自愿性，也没有达到节约司法资源的效果。因此，其最初如果没有如实供述，而是在侦查机关通过侦查后被促使的情况下才供述的，无论其后供述真假，均不能认定其自首；如果其最初供述属实，但在一审判决前的过程中有过虚假翻供，只要其在一审判决前恢复如实供述，不影响其自首的成立；如果其最初供述属实，一审判决前虚假翻供，在一审判决时还未恢复如实供述的，不论其之后的供述真假，均不能认定为自首。

本案被告人徐凤归案后，在侦查、起诉阶段一直如实供述主要犯罪事实，但在一审庭审时，对在被害人葛兰芬食用的蛋挞中是否预先投放过安眠药这一定罪事实翻供，且在一审判决前未恢复如实供述，故不应认定为自首。

[结论性观点]

综上，犯罪嫌疑人被以其他名义通知到案后，即如实供述犯罪事实，但一审判决前翻供的，不认定为自首。本案被告人徐凤既没有自动投案的行为，也没有在一审判决前如实供述自己的主要犯罪事实，尽管其在二审最后陈述阶段恢复了如实供述，仍不能认定其有自首。需要指出的是，二审法院考虑到徐凤曾在侦查阶段如实供述，且退赔了全部赃款赃物，从而酌定对徐凤从轻处罚，符合法律本意以及"宽严相济"的刑事政策。

揭开"土地使用权出让协议书"面纱

——李某非法转让土地使用权案

郭雅婷*

[基本案情及诉讼过程]

被告人李某在担任甲村委会主任（兼村支书）期间，于2001年主持召开了村委会，研究并一致同意向勇力公司出让集体土地使用权，同年10月16日，李某以甲村法定代表人的身份与勇力公司签订了土地出让协议，合同约定：1. 占用土地包干费用每亩合款8万元整，共出让土地约合45亩；2. 签订本合同后，勇力公司须到土地管理部门办理土地流转的相关手续；3. 相关手续齐备后方可建房。随后，勇力公司到乙市国土资源局办理了土地使用权转让批准登记手续，但国土资源局颁发的土地使用权证的土地面积只有23.8亩。勇力公司支付给甲村190万"出让款"。2007年，勇力公司在甲村的土地上建了两栋楼房。根据乙市国土资源局2007年7月25日出具的《关于乙市勇力公司违法占地情况的说明》，勇力公司实际占用35亩，非法占用甲村土地11.2亩。

* 北京师范大学刑事法律科学研究院博士研究生。

2011年5月，被告人李某因涉嫌非法转让土地使用权罪由乙市人民检察院决定逮捕，同年7月，指控被告单位甲村和被告人李以牟利为目的，违反土地管理法规，非法转让11.2亩耕地使用权，情节严重，其行为已触犯刑法第二百二十八条，应当以非法转让土地使用权罪追究其刑事责任。一审判决被告人李某不犯有非法转让土地使用权罪（认定李某犯受贿罪，判处有期徒刑十年）。

[疑难之处]

1. 被告单位甲村村委会是否为非法出让土地使用权罪的适格主体？
2. 被告单位甲村与被告人李某是否构成非法转让土地使用权罪？

[理论分析]

一、村民委员会的法律地位

经济的发展和城市的扩张，使得市场对建设用地的需求量不断加大，国有土地的供应量、价格和效率不能满足建设单位的用地需求。很多用地单位另辟蹊径，将目光投向了农村集体特别是城市近郊农村集体的土地，以前波澜不惊的农村集体土地活跃了起来，村集体为了增加收入，急于为村里的闲置土地寻找出路，"转让"土地的丰厚利益无疑对于村民和村集体具有极大的诱惑力。很多地方政府为了发展本地经济，增加税收，倡导和鼓励村集体出租闲置土地，而且还为村集体和用地企业之间牵线搭桥。村委会对外代表村民，在决定集体所有土地命运的问题上起着举足轻重的作用。

土地管理法第十条规定，"农民集体所有的土地依法属于村农民集体所有的，由村集体经济组织或者村民委员会经营、管理……"，虽然村委会代表村集体管理土地，但集体土地流转是有严格的法律程序的，确权机关是国家的土地管理部门。现实中，很多"转让"了土地的村民委员会主任因漠视法律或是不懂法造成用地单位非法占用集体土地，情节严重的，都被追究了刑事责任。但是，"转让"土地若是集体的意思表示，是否追究村委会的刑事责任呢？本案涉及的一个疑难之处就是村委会是否为非法出让土地使用权罪的适格主体。

刑法第二百二十八条规定，以牟利为目的，违反土地管理法规，非法转让、倒卖土地使用权，情节严重的，处三年以下有期徒刑或者拘役，并处或者单处非法转让、倒卖土地使用权价额百分之五以上百分之二十以下罚金；

情节特别严重的，处三年以上七年以下有期徒刑，并处非法转让、倒卖土地使用权价额百分之五以上百分之二十以下罚金。从该条的规定来看，非法转让土地使用权罪的主体为一般主体，包括自然人和单位。村委会是否属于"单位"的范畴呢？

刑法第三十条规定，公司、企业、事业单位、机关、团体实施的危害社会的行为，法律规定为单位犯罪的，应当负刑事责任。村民委员会组织法第二条规定，村民委员会是村民自我管理、自我教育、自我服务的基层群众性自治组织，实行民主选举、民主决策、民主管理、民主监督。村民委员会办理本村的公共事务和公益事业，调解民间纠纷，协助维护社会治安，向人民政府反映村民的意见、要求和提出建议。村委会是否属于刑法中单位犯罪的主体——公司、企业、事业单位、机关、团体？

学界对此存在分歧：一种观点认为，村委会是刑法中单位犯罪的主体，村民委员会的集体行为如果符合单位犯罪的构成条件及特征，依据刑法罪责刑相适应的原则，应当追究该村民委员会的刑事责任；第二种持相反观点：村民委员会是村民自我管理、自我教育、自我服务的基本群众性自治组织，不属于刑法第三十条规定的"公司、企业、事业单位、机关、团体"中的任何主体之一，依据刑法罪刑法定的原则，不能将村民委员会作为单位犯罪的主体对待。

笔者认为，村民委员会是单位犯罪的主体。2008年最高人民法院、最高人民检察院出台的《关于办理商业贿赂刑事案件适用法律若干问题的意见》第二条规定："刑法第一百六十三条、第一百六十四条规定的'其他单位'，既包括事业单位、社会团体、村民委员会、居民委员会、村民小组等常设性的组织，也包括为组织体育赛事、文艺演出或者其他正当活动而成立的组委会、筹委会、工程承包队等非常设性的组织。"1999年《最高人民法院关于村民小组组长利用职务便利非法占有公共财物行为如何定性问题的批复》规定："对村民小组组长利用职务上的便利，将村民小组集体财产非法占为己有，数额较大的行为，应当依照刑法第二百七十一条第一款的规定，以职务侵占罪定罪处罚。"这里将"村民小组组长"解释为职务侵占罪的主体"其他单位的人员"。上述司法解释都将村委会、村民小组归入"其他单位"的范畴。

但有学者认为，上述司法解释有一个共同点，就是村民委员会或是村民小组是作为被害人的被害单位，而不是犯罪主体，二者的内涵和外延不尽相同，作为被害人的单位，其成立条件、形式要件较之作为犯罪主体的单位宽松,因而范围也较为广泛。①

笔者认为,可以成为被害单位就可以成为犯罪单位,和自然人一样,权利和义务是对等的,其他人或单位可能侵犯某个集体的利益,那么某个集体也可能会为了谋取不正当利益而实施犯罪。某个单位是否单位犯罪的主体关键是看这个单位是否有集体意志,有无独立的行为能力,能否以自己的名义承担责任。我国绝大多数村民委员会有自己的名称、机构和场所,管理村民集体所有的土地,甚至有办企业、运营土地积累的财产,村民委员会完全能形成集体意志,在这种意志的指挥下,具有独立的行为能力,也能以自己的名义享受获益、承担责任。

案例中的甲村村委会就集体商定"出让该村土地",并与勇力公司签订了土地使用权出让协议,此处且不论该协议书的效力,在现实中,作为"现管"的村委会对土地的处置是实实在在的,可以实现的,没有与村委会的协议,勇力公司就不能占地,通过协议,勇力公司占地,村委会和村民得到补偿款,村委会的集体意志虽说不上决定了土地的命运,但至少是影响了相关权利人的权利义务,而且是重要影响。因此,若村民委员会从事的行为客观上侵犯了刑法所保护的社会关系,客观方面表现为经过村民委员会的集体讨论,那么村民委员会就符合单位犯罪对主体的实质要求。

综上,本案中甲村村委会可以成为非法出让土地使用权罪的适格主体。

二、涉案土地的用途是构成非法转让土地使用权罪的重要客观方面要素

(一)非法转让土地使用权罪构成的客观方面要件

非法转让、倒卖土地使用权罪属选择性罪名。行为人实施非法转让土地、倒卖土地犯罪的行为,具体可构成非法转让土地使用权罪、非法倒卖土地使用权罪和非法转让、倒卖土地使用权罪。所谓非法转让土地使用权,是指行为人以牟利为目的,在依法取得土地使用权之后,违反法律规定,将土地使用权转出、让与他人的行为。所谓倒卖土地使用权,则是指违反法律规定,以出售牟利为目的,买入土地使用权后又卖出,且买入和卖出具有一致性和连贯性的行为。(由于我国实行土地国家所有和集体所有,所以土地使

---

① 逄锦温:《〈关于办理商业贿赂刑事案件适用法律若干问题的意见〉的理解与适用》,载《人民司法》2008年第23期。

用权只能来源于国家和集体。国有土地使用权的取得方式有出让和划拨两种，它形成国有土地一级市场，将通过出让和划拨方式取得的国有土地使用权的单位和个人转让给他人的，就形成国有土地二级市场。在二级市场，土地使用权转让是有偿的。集体土地使用权没有一级市场和二级市场之分，但是集体土地一经确权出让后，也可以进入国有土地二级市场，倒卖行为只能发生在二级市场）。本案只涉及非法转让土地使用权罪。

非法转让土地使用权罪的客观方面表现为行为人违反土地管理法规，非法转让土地使用权，情节严重的行为。

1. 违反土地管理法规，这是构成非法转让土地使用权罪的前提条件。2001年全国人大常委会关于刑法第二百二十八条中"违反土地管理法规"解释为：违反土地管理法、森林法、草原法等法律以及有关行政法规中的关于土地管理的规定。这主要是指违反了土地管理法及其实施条例、城市房地产管理法、森林法、草原法、水土保持法、城镇国有土地使用权出让和转让暂行条例等关于土地使用权的有关规定。根据上述法律规定，"土地"包括农用地、林地、草原、荒地、石地以及其他土地等。

2. 实施了非法转让土地使用权的行为。当涉案土地原为国家所有的土地，则当以出让、划拨方式获得国有土地使用权的单位和个人没有依照法律规定的方式转让土地使用权；或当涉案土地原为集体所有的土地，则当符合法律规定的用地者在取得集体土地使用权后非法转让土地使用权，在上述两种情形下，才会发生非法转让土地使用权的犯罪活动。

3. 情节严重。情节严重是构成非法转让土地使用权罪的必备要件。那么，何谓"情节严重"？根据2000年《最高人民法院关于审理破坏土地资源刑事案件具体应用法律若干问题的解释》的有关规定，具有下列情形之一的，属于非法转让、倒卖土地使用权的"情节严重"，以非法转让、倒卖土地使用权罪定罪处罚：

（1）非法转让、倒卖基本农田5亩以上的。（根据土地管理法第三十四条规定，国家实行基本农田保护制度，下列耕地应当根据土地利用总体规则划入基本农田保护区：一是经国务院有关主管部门或者县级以上地方人民政府批准确定的粮、棉、油生产基地内的耕地；二是有良好的水利与水土保持设施的耕地，正在实施改造计划以及可以改造的中、低产田；三是蔬菜生产基地；四是农业科研、教学试验田；五是国务院规定应当划入基本农田保护区的其他耕地。）这里所说的非法转让、倒卖基本农田5亩以上的，就是指非法转让、倒卖上述五种耕地的基本农田5亩以上。

(2) 非法转让、倒卖基本农田以外的耕地 10 亩以上的。这里的"基本农田以外的耕地",是指非法转让、倒卖土地管理法第三十四条规定的五种情形以外的其他耕地。

(3) 非法转让、倒卖其他土地 20 亩以上的。这里的"其他土地",是指除基本农田和其他耕地以外的土地,如荒山、荒地、荒滩等。

(4) 非法获利 50 万元以上的。前三项规定是从不同的土地和不同的数量上来确定"情节严重",从本项规定来看不论何种土地,也不论非法转让、倒卖的数量为多少,行为人只要非法获利达到 50 万元以上的,即达到"情节严重"。

(5) 非法转让、倒卖土地接近上述数量标准并具有其他恶劣情节的。譬如曾因非法转让、倒卖土地使用权受过行政处罚又非法转让、倒卖的或者造成严重后果等等。

上述规定与 2010 年最高人民检察院、公安部印发的《关于公安机关管辖的刑事案件立案追诉标准的规定(二)》第八十条规定对"情节严重"的规定是一致的。

(二) 认定涉案土地性质的证据不足

本案中涉案土地的面积为 11.2 亩,涉案土地的性质直接关系到是否达到该罪"情节严重"的标准。

1. 从现有的证据看,涉案土地的性质不能确定为"耕地"

(1) 现有证据对涉案土地用途的描述互相矛盾。乙市国土资源局丙区分局 2011 年 4 月 28 日出具的证明中认定"勇力公司仓储用地西侧多占用的 11.2 亩土地为耕地"。乙市规划局 2001 年 2 月 15 日审批的勇力公司征用地地形图显示勇力公司占用土地的西侧有部分未利用地。2007 年 10 月 13 日乙市国土资源局发出的《国土资源违法案件行政处罚告知书》中认定:"你公司(勇力公司)西侧占用政府储备用地 11.2 亩,进行项目建设……"被告人当庭辩解称勇力公司所占用土地(包括合法受让和涉案土地)原为铁路小火车站,不具备耕种条件。

可见,对涉案土地的用途是否耕地说法并不一致。根据土地管理法第四条的规定,国家编制土地利用总体规划,规定土地用途,将土地分为农用地、建设用地和未利用地。农用地是指直接用于农业生产的土地,包括耕地、林地、草地、农田水利用地、养殖水面等;建设用地是指建造建筑物、构筑物的土地,包括城乡住宅和公共设施用地、工矿用地、交通水利设施用地、旅游用地、军事设施用地等；未利用地是指农用地和建设用地以外的土地。涉案土地到底是否全部耕地，还是包括部分未利用地。前述证据相互矛盾。

（2）涉案土地的用途是否耕地是本案的重要证据，要确定用途须由土地管理部门实地勘察后确定，该土地是否全部为耕地，耕地面积有多大，四至在哪里，这些都需要明确。乙市国土资源局丙区分局 2011 年 4 月 28 日出具的证明未显示上述内容，且没有实地勘察时间和人员的记录。这份证明显然不足以证明涉案土地为耕地。

2. 涉案土地面积"11.2 亩"这一数字也没有实地勘测记录的佐证

非法转让土地使用权罪属于情节犯，涉案土地的面积大小与被告人是否构成犯罪密切相关。勇力公司实际占用多大面积的土地，应由土地管理部门进行实地勘测，标明四至，出具正式的勘测图和勘测报告。不能是模糊地大概地估计，更不能是推算。

本案中什么时间、什么人去现场勘测不明确。而且证人丁一证言（"我们在查处过程中丙区分局执法大队丁二几个人进行了现场测量，测量出勇力工贸违法占地 11.6 亩。"）与丁二的证言（"勇力工贸违法占地 10 多亩这个数怎么来的？我不清楚。"）更是矛盾。实际上是否有人去测量现有证据无法证明。

因此，就上述证据而言，被告人李某及被告单位甲村的行为不符合非法转让土地使用权罪构成的"情节严重"的要求。

三、本案中"土地使用权出让协议书"的法律性质

（一）在证明土地使用权权属的问题上，甲村与勇力公司签订的协议书是无效的

依照土地管理法的规定，土地权属和用途的变更，都要到土地管理部门办理变更登记手续。根据物权法的规定，我国对土地使用权的变动采取登记要件主义，即土地使用权转让合同的签订并不直接意味着土地使用权的移转，土地使用权的移转以登记为要件，转让合同中的受让人不是在转让合同签订以后，而是在土地使用权依法登记到受让人名下以后方取得土地使用权。

勇力公司与甲村的协议书不具有证明土地使用权转让的法律效力。这一点甲村与勇力公司都很明白，所以才会约定"签订本合同后，勇力公司须

到土地管理部门办理土地流转的相关手续；相关手续齐备后方可建房"。勇力公司在与甲村签订"转让协议书"后，到乙市国土资源局与乙市国土资源局签订国有土地使用权出让合同，在缴纳相关税费之后，办理了国有土地使用权证。至此，勇力可以依法处置其合法取得使用权的土地。

土地使用权转让的出让人不是甲村，当集体所有的土地要转让土地使用权时，该土地的所有权人即变为国家，该土地也即变为国家所有土地。出让人是国家，而不是某个村集体。国土资源管理部门代国家行使出让人的权利。因此，从出让主体角度，甲村没有出让土地使用权的主体资格。

（二）勇力公司非法占用的土地并不是甲村转让的

尽管甲村与勇力公司签订的协议中写明"出让土地约合 45 亩"，但乙市国土资源局批准登记，并颁发土地使用权证的土地只有 23.8 亩。根据乙市国土资源局 2007 年 7 月 25 日出具的《关于乙市勇力公司违法占地情况》，勇力公司实际占用土地 35 亩。因此勇力公司非法占用土地 11.2 亩。

勇力公司非法占用土地并非依据其与甲村的协议书。假若是根据协议书，那么勇力公司还可以占用更多，因为协议书中"出让土地约合 45 亩"。更重要的是，协议书中明确提到"相关手续齐备后方可建房"，由此可以看出甲村对非法占用土地行为的态度是明确的。勇力公司非法占地是其独立意志，与甲村无关。该公司在收到国土资源局的《行政处罚告知书》后，依然一意孤行非法占用土地，并违法建楼，其应承担所有的法律后果。

另外，勇力公司支付给甲村的"土地金额"190 万元，是按 23.8 亩面积支付的，甲村并没有收勇力公司多占的那部分土地的"土地金额"。由此也可以看出勇力公司非法占地的行为与甲村无关。

（三）甲村与勇力公司签订的土地使用权转让协议书的性质是土地使用权转让的补偿协议

从甲村与勇力公司签订的土地使用权转让协议书中可以看出，该协议的行文很不规范。多次使用"出让土地""土地金额"等词，但该协议并不具有出让、转让的效力。其中约定"占用土地包干费用每亩合款 8 万元整"，实质上是土地使用权转让的补偿费用。

这种补偿协议在农村并不鲜见。由于国土资源管理部门返还补偿给被征地村民的补偿款极其有限，很多村集体都会与土地使用权的受让人签订类似的补偿协议。从约定内容及费用分配情况看，该协议书的性质也是补偿协议。勇力公司最终支付了190万元，其中作为青苗补偿费、拆迁建筑物及其他补偿费用的部分已支付给被占地村民个人。因此，甲村与勇力公司签订的土地使用权转让协议书的性质是土地使用权转让的补偿协议，而不是转让土地使用权的合同。

[结论]

综上所述，被告单位甲村村委会虽然可以成为非法转让土地使用权罪的犯罪主体，但是在客观上被告单位甲村及被告人李某的行为不符合非法转让土地使用权罪的构成要件，因此不构成非法转让土地使用权罪。

本案与其他村委会非法转让土地获利的案件有很大不同，甲村在协议书中约定了土地的使用者须到土地管理部门办理相关手续，手续齐备方可建房。这正是农村集体法律意识觉醒的体现。农村集体开始明白土地这种资源，虽然世世代代由村民们耕种，由村集体管理，但是土地的转让不是村集体可以决定的，法律明确规定有确权机关，没有经过确权机关批准的土地转让合同，都是非法的。本案中，甲村正是吸取了众多犯了罪的村委会主任和村集体的教训，不愿再走这样的路，而做出的一种尝试，甲村村委会的本意是要勇力公司按照法律规定办理相关手续，而不是非法转让土地使用权。

此外，笔者还认为，甲村村委会的这种做法在现阶段具有一定的借鉴意义，在农村土地流转的过程中，应当允许用地单位与村集体签订土地使用权补偿协议，以补偿被占地的农民，但补偿协议应有规范的格式和条款，且必须保证用地单位按照法律规定办理相关手续，村委会在这个过程中可以发挥协助监督作用，这样既引导了村委会在土地流转过程中行为，又有效防止犯罪的发生，既保障了被占地村民的利益，又对用地单位受让土地的行为有监督作用。

以销售炒股软件为名骗取股民资金行为的认定
——罗某某等人合同诈骗案

叶小舟*   刘德华**

[基本案情及裁判结果]

2009年7月，被告人罗某某与祝某经商议后成立了某软件开发公司并组织人员通过违法开展股票业务的方式骗取股民资金。在组织人员实施诈骗过程中，罗某某与祝某等人在公司没有开发软件的能力、设备和专业的技术人员的情况下，以4万元的价格，在外购买到所谓的炒股软件，欺骗客户说是其本公司自己研发的炒股软件。另外，罗某某、祝某在互联网上制作了该公司网站，并将虚假的资料、图片、信息放进公司的网站中，进行虚假宣传，欺骗股民。罗某某还制作了注册资金为500万元的虚假工商营业执照，祝某印制了如何欺骗客户所用的"话术单"，由公司业务员（包括公司业务部主任及升级手）按照祝某所教授的"骗术"向客户（股民）打电话，虚假宣称

---

* 四川省成都市龙泉驿区人民检察院检察员。
** 四川省人民检察院检察员。

该公司注册资本为 500 万元，有专业的技术人才和股票分析师，公司在股票业有很好的业绩等，诱骗客户与公司签订合同，以 2000 至 6000 余元不等的价格购买该公司软件，客户被说服后便通过汇款的方式向被告人黄某所开设的个人账户汇款，后通过传真的方式与公司签订软件定制单或软件销售合同。之后，为达到骗取客户更多钱财的目的，该公司升级手按照事先的安排，通过一人饰演多种角色，冒充公司领导、高层人员或证券、股票行业知名人士等方式，进一步虚假宣传公司实力雄厚、有证券、股票专业人才和内幕信息，欺骗客户进行升级，签订合同购买价格更高的股票"软件"。上述嫌疑人以公司名义骗取北京市、山西省、福建省等 30 余省份的 230 名股民签订合同，骗得人民币共计 293.3 万余元。

四川省成都市龙泉驿区人民法院经审理后认为：被告罗某某、祝某等人未经国家有关主管部门批准非法经营股票信息服务，骗取他人财物。同时，上述数人在非法经营过程中，客观上采取了夸大公司注册资金及实力、隐瞒公司没有有资质的股票业从业人员的事实等手段，诱骗被害人签订合同支付价款，从而达到非法占有被害人财物的目的，数额巨大或特别巨大，其行为同时符合合同诈骗罪的构成要件，依法应以其中较重的犯罪即合同诈骗罪定罪处罚。2011 年 8 月 12 日，成都市龙泉驿区人民法院作出如下判决：被告人罗某某犯合同诈骗罪，判处有期徒刑十一年，并处罚金人民币 10 万元；被告人祝某犯合同诈骗罪，判处有期徒刑十年，并处罚金人民币 10 万元。本案其他人涉案人员黄某、刘某某等九人以合同诈骗罪共犯论处，并依其罪行轻重分别被判处有期徒刑三年至一年零五个月不等，并处罚金人民币 5 万至 5 千元不等。

[疑难之处]

该案犯罪嫌疑人在未获得证监会许可的情况下，成立软件开发公司，进行虚假宣传诱骗客户签订软件买卖合同并骗取钱财的基本事实清楚，证据确实充分，但法院在对案件的定性上产生了分歧意见：

第一种意见认为，罗某某、祝某等人的行为构成诈骗罪。在本案中罗某某、祝某两被告人成立软件开发公司的目的即是骗取财物，在手段上则是采取出售炒股软件的名义，国家法律并不禁止软件买卖，所以上述买卖软件的行为并不违反法律，而在实际的经营过程中，业务员通过采取祝某等人提供的话术或者祝某等人在培训时传授的经验，在电话中除了对客户宣传公司的实力等外，同时会宣传公司会有专门的炒股老师带客服炒股、会定期不定期地发布最新的上涨股票的信息等，很多客户在公安机关的询问中都陈述了其购买该软件不是因为相信该软件如何好用，而更看重的是后续的服务；但实质上罗某某、祝某等人成立该公司时并没有获得证监会的许可，其本身也没有专业的股票分析团队和具有相应资质的证券分析师，因此不可能向客户提供股票上涨的消息，即使后续会提供一些信息，这些所谓的信息都是通过公司外聘人员或者网上的公开信息获取，所以可以认为该公司采取这种销售模式名义上是出售软件其实质上是出售获得后续服务的会籍资格。其在不可能提供后续软件信息服务的情况下，虚构了上述事实可以认定为诈骗。而对于出售升级软件部分，升级手通过以一人饰演多种角色，冒充公司领导、高层人员或者证券、股票行业的一些较为知名的人物等方式，进一步进行虚假宣传，使客户相信会有证券行业的专家来带领炒股，使客户付出更大的代价购买实际使用功能差异不大的软件，其实质就是虚构事实的欺骗行为。

第二种意见认为，罗某某、祝某等人的行为构成合同诈骗罪。理由是：罗某某、祝某等人在没有获得证监会的许可，其本身也没有专业的股票分析团队和具有相应资质的证券分析师的情况下，成立软件开发公司，以出售炒股软件的名义招揽客户，虚构公司有专门的炒股老师带客服炒股、会定期不定期地发布最新的上涨股票的信息等事实，骗取客户购买炒股软件和付出更大的代价购买实际使用功能差异不大的软件。业务员在成功销售一单软件后，公司客服中心会通过传真的方式与客户之间签订软件定制单或者软件销售合同，即双方建立了契约关系。被告人罗某某等人在履行合同过程中，骗取他人财物，应当认定为合同诈骗罪。

第三种意见认为，罗某某、祝某等人的行为构成非法经营罪。理由是：该公司并未取得证监会的许可，且公司的所有员工都没有证券业从业资格就从事国家法律法规规定不能从事的证券业务，符合非法经营罪的构成要件。

[理论分析]

随着我国市场经济的不断发展和活跃，合同日益成为经济生活中越来越重要的组成部分。与此同时，利用合同骗取财物的行为也日益增多，不仅侵害了国家、集体、他人的财产所有权，还严重地扰乱了社会市场经济秩序。1997年刑法修订后将合同诈骗罪从诈骗犯罪中单列出来，并置于破坏社会主义市场经济秩序罪一章中，对规范和打击社会市场经济条件下利用合同进行诈骗的违法犯罪活动起到了积极作用。但是，合同诈骗罪与诈骗罪属于法条竞合的关系，在司法实务中还存在模糊认识，易于混淆，如何准确把握两者的界限,成为正确办理此类案件的关键。笔者以本案为基础,着重从犯罪侵犯的客体和对"合同"的理解等方面,对如何准确适用合同诈骗罪和诈骗罪进行探讨。

笔者认为,法院对本案的裁判结果是正确的,但法院并未就该案合同诈骗罪的定性理由进行细致阐述,特别是对目前市场经济条件下合同诈骗罪与诈骗罪的区分以及不适用非法经营罪的理由没有作出明确辨析。

一、本案不宜认定为诈骗罪

(一) 诈骗罪与合同诈骗罪犯罪客体的区分

根据刑法第二百六十六条之规定,诈骗罪是指"诈骗公私财物,数额较大"的犯罪行为,而第二百二十四条规定的合同诈骗罪是指"以非法占有为目的,在签订、履行合同过程中,使用虚构事实、隐瞒真相等欺骗手段,骗取对方当事人财物,数额较大"的犯罪行为。由此可见,合同诈骗罪相对于诈骗罪而言,是诈骗罪的一种特殊形态,二者在理论上是法条竞合的关系,因此在犯罪构成上有许多相似之处:诸如二者都是采取虚构事实、隐瞒真相的欺骗方法;主观上都有非法占有公私财物的故意;都侵犯了他人的财产权,骗取了公私财物等,诸多相似造成了司法实务中界定的困难。然而笔者认为,诈骗罪和合同诈骗罪仍是有区别的,其中最根本、最直接的即是犯罪客体的不同。诈骗罪侵犯的客体是单一客体,即国家、集体、个人合法的财产所有权,[①] 这一点没有争议。合同诈骗罪侵犯的客体是复杂客体,但其具体内容还存在争论,主要有以下几种观点:(1)其侵犯的客体是市场经济秩序和公私财物所有权;[②] (2)其侵犯的客体是合同管理秩序和公私财物所有权;[③] (3)其侵犯的客体是国家对合同的管理制度、诚实信用的市场经济秩序和合同当事人的财产所有权;[④] (4)其侵犯的客体是财产所有权关系和市场交易秩序,其中主要客体是市场交易秩序。[⑤] 这四种观点对公私

---

① 赵秉志主编:《诈骗罪专题整理》,中国人民公安大学出版社2007年版,第282页。
② 严军兴、肖胜喜:《新刑法释义》,中共中央党校出版社1997年版,第268页。
③ 李少平主编:《扰乱市场秩序犯罪的法律适用》,人民法院出版社2001年版,第131页。
④ 高铭暄主编:《新编中国刑法学》(下),中国人民大学出版社1998年版,第668页。
⑤ 黄京平主编:《扰乱市场秩序罪》,中国人民公安大学出版社2003年版,第124页。

财产所有权这一次要客体的界定基本一致，但对主要客体的界定则明显不同。笔者同意第四种观点。第一种观点将主要客体等同于了破坏社会主义市场经济秩序罪这一类罪的同类客体，范围过于宽泛和笼统；第二种观点中"合同管理秩序"的表述已不适应合同法修订后的状况；第三种观点将侵犯客体界定为"制度"这一静态概念是欠妥的，应当界定为"秩序"这一动态概念更为恰当；第四种观点则准确地认定了犯罪的客体。合同是市场主体进行市场交易的重要手段，市场主体在签订、履行合同时应当遵循自愿、平等和诚实信用的原则，以保障市场交易的顺利进行。由此可见，合同诈骗罪侵犯的主要客体应当是市场经济秩序的一个重要部分，即市场交易秩序。

（二）合同诈骗罪中"合同"的界定

合同诈骗罪与诈骗罪都是采用虚构事实、隐瞒真相的手段使对方当事人上当受骗，"自愿"交出财物。二者的不同之处就在于，合同诈骗罪是利用合同，即以签订合同、履行合同或者不完全履行合同为手段骗取财物，而诈骗罪则是采取任何手段（金融诈骗犯罪和合同诈骗罪列举的方式除外）骗取财物。可见，是否利用合同进行诈骗是区分二者的另一个关键点。笔者认为，并非所有涉及合同的诈骗行为都应当适用特别法优于普通法的原则一概以合同诈骗罪论，而应当在准确界定"合同"的基础上，视具体案情而定。

从刑法的编排体例上看，合同诈骗罪被放置在第三章"破坏社会主义市场经济秩序罪"的第八节"扰乱市场秩序罪"中，是用来惩治破坏市场秩序的行为，因此，该犯罪行为必定发生在市场经济领域内，并危及市场秩序。由此可见，合同诈骗罪的"合同"必须存在于市场经济活动中，它的签订与履行都必须受市场秩序的制约。① 国家合同、行政合同、赠与合同、调整身份关系的民事合同等显然都不属于合同诈骗罪中"合同"的范畴，只有具有规范市场秩序功能，体现财产转移或交易关系，并能够为行为人带来财产或可期待性财产利益的合同，才属于本文论述的合同诈骗罪中的"合同"。

（三）对"签订、履行合同"的理解

刑法对合同诈骗罪的行为方式有较为明确的规定，大体可以归结为利用合同作为虚构事实或隐瞒真相的媒介，在签订和履行合同的过程中达到非法

---

① 陈立：《经济犯罪理论与实务》，厦门大学出版社2006年版，第167页。

占有的目的。这里强调利用合同必须是在合同的签订、履行过程中，而不能是在其前或者其后，也就是说，是从合同一方当事人发出订立合同的要约直至双方当事人全面完成合同约定的过程。由此可见，在合同诈骗罪中，合同签订、履行的过程，实际上就是行为人实施虚构事实、隐瞒真相的过程。

二、本案不应认定为非法经营罪

（一）本案符合非法经营罪的构成要件

非法经营罪，是指违反国家规定，非法经营，扰乱市场秩序，情节严重的行为。[①] 刑法第二百二十五条第三款明确规定"未经国家有关主管部门批准，非法经营证券、期货或者保险业务的"构成非法经营罪。《证券、期货投资咨询管理暂行办法》第三条第一款明确规定："从事证券、期货投资咨询业务，必须依照本办法的规定，取得中国证监会的业务许可。"第十二条明确规定："从事证券、期货投资咨询业务的人员，必须取得证券、期货投资咨询从业资格并加入一家有从业资格的证券、期货投资咨询机构后，方可从事证券、期货投资咨询业务。任何人未取得证券、期货投资咨询从业资格的，或者取得证券、期货投资咨询从业资格，但是未在证券、期货投资咨询机构工作的，不得从事证券、期货投资咨询业务。"本案中，罗某某、祝某等人成立软件开发公司，该公司在未取得证监会的业务许可，公司所有员工也都没有证券投资咨询从业资格的情况下，销售炒股软件并承诺提供股票交易指导，属于从事国家法律法规规定不能从事的证券业务，符合非法经营罪的构成要件。

（二）本案被告人的行为属于想象竞合犯，应以合同诈骗罪从一重罪论处

想象竞合犯，是指行为人实施一个行为触犯数个罪名的犯罪形态，其基本特征是：其一，行为人实施了一个行为。所谓"一个行为"，是以法定犯罪构成客观方面的行为要件为判断标准，而不仅仅是基于自然的观察或者社会的一般观念认为是一个行为。[②] 其二，一个行为触犯了数个罪名。即一个行为同时符合数个犯罪构成，这往往是因为该行为具有多重属性或造成多种

---

① 倪泽仁主编：《经济犯罪刑法适用指导》，中国检察出版社2007年版，第374页。
② 曲新久主编：《刑法学》，中国政法大学出版社2008年版，第182页。

结果。① 本案中，被告人成立软件公司、销售炒股软件、提供所谓的股票交易指导的行为，属于犯罪构成客观要件的"一个行为"，并且，依照笔者前述分析，该行为同时触犯了合同诈骗罪和非法经营罪两个罪名，符合想象竞合犯的特征，是实质的一罪，应当按行为所触犯的罪名中的重罪定罪处罚。从本案的犯罪金额看，合同诈骗罪较之非法经营罪更重，因此，本案不应认定为非法经营罪，而是应以合同诈骗罪论处。

（三）本案被告人的行为不宜理解为吸收犯

吸收犯，是指事实上存在数个不同的行为，由于法律规范上数个行为之间存在紧密的联系，其一行为吸收其他行为，仅成立吸收行为一个罪名的犯罪形态。其基本特征是：其一，具有数个独立的犯罪行为；其二，数行为之间具有吸收关系。② 如重行为吸收轻行为、主行为吸收从行为等。虽然吸收犯与想象竞合犯在处理结果上都是从一重罪论处，但二者还是有本质的差别：想象竞合犯只存在一个犯罪事实，是实质上的一罪，而吸收犯则存在两个犯罪事实，是实质上的数罪、处断上的一罪。本案中，乍一看被告人似乎实施了成立公司、销售软件、提供证券投资咨询指导等多个行为，但这一系列行为绝不能分裂开来看，而应当作为一个整体性的连续行为来看待，否则割裂任何一个部分行为其犯罪都不可能构成。同时，这几个行为之间也不存在吸收关系，而是相辅相成、相互依托而得以实现最终犯罪目的。因此，将本案被告人的行为理解为想象竞合犯更为适宜。

[结论性观点]

综上，结合本文案例的具体情节，可以得出以下结论：

第一，罗某某、祝某等人成立的软件公司以能够提供上涨股票信息为噱头，诱骗客户购买炒股软件或购买所谓的升级软件，并与客户签订了软件定制单或软件销售合同，由公司出卖炒股软件，客户支付相应价款。至此，双方建立契约关系并履行完成。这里，公司转移炒股软件的所有权于客户，而客户支付价款的行为，符合合同法第一百三十条之规定，因此，本案中的软件定制单和软件销售合同是典型的商品买卖合同，属于合同诈骗罪中的"合同"界定范围内。

---

① 曲新久主编：《刑法学》，中国政法大学出版社2008年版，第183页。
② 同上书，第189页。

第二，罗某某、祝某等人在没有获得证监会的许可，其本身也没有专业的股票分析团队和具有相应资质的证券分析师的情况下，成立软件开发公司，虚构公司有专门的炒股老师带客服炒股、会定期不定期地发布最新的上涨股票的信息等事实招揽客户，骗取客户购买炒股软件并签订销售合同，但却不能履行合同中约定的为客户提供股票咨询指导意见等义务。可见，本案中签订、履行合同的过程，自始至终存在着虚构事实、隐瞒真相和实际履约不能。

第三，本案造成了数百名被害人290余万元的经济损失，同时，也造成了恶劣的社会影响，侵犯了财产所有权和市场交易秩序，符合合同诈骗罪关于犯罪客体的要求。由此，被告人的行为符合合同诈骗罪的构成要件，按照特别法优于普通法的适用原则，本案不宜认定为诈骗罪，而应以合同诈骗罪处理。

刑事法判解研究

故意杀人间接正犯及教唆犯问题探讨
——刘祖枝故意杀人案

原佳丽[*]

[基本案情]

被告人刘祖枝，女，与秦继明系夫妻关系，平日靠摆早点摊赚钱，与秦继明及其女儿暂住于北京市朝阳区十八里店乡西直河孔家井村1869号院出租房。秦继明因患重病常年卧床，导致整个家庭被拖累，刘祖枝要时刻照顾在病床前，无法再继续摆早点摊。而秦继明由于身患重病，十分疼痛，经常会痛得叫出声来，尤其是在夜间，除了影响家人休息之外，邻居也无法安睡，对此，邻居意见很大。在案发前，房东已经拒绝收刘祖枝交的房租，让他们搬走，而他们在北京无依无靠，找到一间合适的出租屋并非易事，因此，他们就还一直居住下去。2010年11月8日3时许，当秦继明再一次因疼痛而叫喊之时，刘祖枝出言不逊，与其发生了口角，在其流露出轻生念头之后，刘祖枝将暂住地存放的敌敌畏放在秦继明床前并说："有本

---

[*] 北京师范大学刑事法律科学研究院硕士研究生。

事你喝下去。"在秦继明服下毒药后，女儿秦丽华主张拨打 120 急救电话，挽救秦继明的生命，刘祖枝阻拦其女儿并说："不用打，已经不行了。"同时刘祖枝还向已服下敌敌畏的秦继明提供清水让其服下，被害人秦继明在服毒一小时后死亡。公安机关于 2010 年 11 月 8 日 20 时许在暂住地内将刘祖枝抓获归案。

[诉讼过程]

公诉人认为：刘祖枝作为一个神智正常的人应该能够预见到她给瘫痪在床并且有轻生念头的秦继明拿毒药会造成怎样的后果，刘祖枝在秦继明喝下敌敌畏后又让其喝下了清水，而敌敌畏中毒的人在喝水后会加剧中毒的症状，并且刘祖枝在女儿秦丽华想要拨打 120 找医生救治秦继明之时阻止女儿说：已经不行了，救不过来了。因此，刘祖枝构成故意杀人罪。

辩护人认为：刘祖枝没有杀人的犯罪故意，秦继明系自杀，且在案发前秦继明多次有过自杀想法，刘祖枝只是为秦继明的自杀创造条件，其行为并不必然导致秦继明服毒死亡的结果发生，该结果在刘祖枝的意料之外；案发当日，被害人言语刺激刘祖枝，存在过错；本案没有找到盛装毒药的瓶子和秦继明服毒用的杯子，证据存疑。综上，刘祖枝的行为不构成犯罪。

一审法院认为：被告人刘祖枝与患重病常年卧床的丈夫秦继明因故发生争吵后，不能正确处理，明知敌敌畏系毒药，仍向秦继明提供，并导致秦继明服毒死亡，其行为已构成故意杀人罪，依法应予惩处。经审查，在案证据证实刘祖枝案发前能够常年坚持扶养、照料患重病卧床的秦继明。因秦继明不堪忍受病痛折磨，案发前多次有轻生念头，且刘祖枝将敌敌畏倒入杯中提供给秦继明，由秦继明自行服下的行为，是在双方发生争吵时激情而为，本案系因家庭纠纷引发，综合上述情节，刘祖枝所犯故意杀人罪情节较轻。鉴于刘祖枝归案后能够如实供述自己罪行，认罪悔罪，秦继明的亲属对刘祖枝亦表示谅解，请求法院对其从宽处理。故判决被告人刘祖枝犯故意杀人罪，判处有期徒刑七年，剥夺政治权利一年。

[争议问题]

对于本案的行为认定，控辩审三方存在不同主张，这是司法审判的常态，北京市第二中级人民法院的业务丛刊里亦刊载了关于本案的专栏研究，论者针对此案提出如下主张：刘祖枝故意杀人的行为构成故意杀人罪，具体性质属于间接正犯，并且为间接正犯概念下利用他人合法行为中利用他人自害行为的情形，同时由于本案被害人完全丧失意志自由和依据共犯从属性理论，无正犯则无教唆犯该共犯存在的可能，因此本案被告人不可能构成教唆犯。① 该案例研析作为北京市第二中级人民法院在业务丛刊专栏里所刊载的精析案例，表明对其观点的肯定，但是由于其对审判所具有的示范指导作用，因此有必要对其中的问题予以深入探讨。笔者认为，虽然相关诉讼主张和案例研析对一审法院的判处被告人刘祖枝构成故意杀人罪的判决表示赞同，但本案在以下三个方面仍存在争议：1. 刘祖枝故意杀人的行为是否属于间接正犯；2. 刘祖枝是否构成教唆犯；3. 对于本案刘祖枝故意杀人的行为应该如何定性。

[理论分析]

一、刘祖枝故意杀人的行为不属于间接正犯

本案控辩审三方对刘祖枝故意杀人行为的性质并没有任何的说理论证，而《刘文》认为刘祖枝的行为属于间接正犯，且为间接正犯的利用他人合法行为中利用被害人自害行为的情形。笔者认为本案被告人刘祖枝并不属于间接正犯。

（一）间接正犯的概念

间接正犯又称间接实行犯，是指把一定的人作为中介实施其犯罪行为，其所利用的中介由于具有某些情节而不负刑事责任或不发生共同犯罪关系，间接实行犯对于其所通过中介实施的犯罪行为完全承担刑事责任。② 关于间接正犯的实行行为性，目前占据通说地位的是犯罪事实支配说，即对犯罪实施过程具有决定性影响的关键人物或核心角色，具有犯罪事实支配性的是正

---

① 参见刘万琨：《刘祖枝故意杀人案》，载《审判丛刊》（北京市第二中级人民法院案例精析专栏）2011年第5期。为论述方便，在本文的论述中将该文简称为《刘文》。
② 参见陈兴良：《共同犯罪论》，中国人民大学出版社2006年版，第450页。

犯。① 笔者认为，间接正犯具有以下特征：（1）正犯行为人作用的决定性。研析间接正犯的概念，可以发现间接正犯之所以要对被利用者的行为承担完全的刑事责任是因为其对被利用者的行为起着决定性的作用。（2）正犯行为人犯意的时间限定性。即对于间接正犯而言，其实施犯罪行为的犯意必须起于实施犯罪行为之前，亦即先有利用他人实施犯罪行为的犯意而后利用他人行为来实施犯罪。

结合本案，（1）刘祖枝作用的非决定性。本案中，刘祖枝是在秦继明多次流露出轻生念头之后，才将毒药放在其床前并说"有本事你喝下去"。正如一审法院查明，这是属于双方发生争吵时激情而为，如果秦继明没有轻生念头，刘祖枝提供毒药的行为是无济于事的。（2）刘祖枝杀害秦继明的起意时间不符合要求。如前所述，刘祖枝是在秦继明有轻生念头之后由于发生争吵而一怒之下提供给被害人毒药的，其产生杀害秦继明的犯意与实施的提供毒药的行为是同时的，不符合犯意起于实施犯罪行为之前的要求。同时亦不是《刘文》所提到的刘祖枝先是产生了杀害秦继明的念头，然后通过诱导、逼迫的方式使其自己喝下农药，以致身亡。② 因而笔者认为，本案中被告人刘祖枝并不属于间接正犯。

（二）间接正犯的行为类型

《刘文》中提到，本案属于间接正犯概念下利用他人合法行为中利用他人自害行为的情形，且不论本案被告人刘祖枝并不属于间接正犯，即便属于，也并非利用他人合法行为和利用他人自害行为。② 目前刑法学界对间接正犯行为的划分主要有两种观点，一种主张将其划分为七种类型，③ 而另一种主张将其分为六种，④ 不同的划分方法依据不同，通过对比可发现，不论是七分法还是六分法中利用他人合法行为和利用他人自害行为都是属于不同的行为类型，因此，笔者认为上述论者的论点表述本身即有误。对于利用他

---

① 参见张明楷：《刑法学》，法律出版社2007年版，第331页。
②② 参见刘万琨：《刘祖枝故意杀人案》，载《审判丛刊》（北京市第二中级人民法院案例精析专栏）2011年第5期。
③ 参见张明楷：《刑法学》，法律出版社2007年版，第332～334页。
④ 参见陈兴良：《共同犯罪论》，中国人民大学出版社2006年版，第450～456页。

人合法行为实施犯罪行为是指利用不知情的第三者的正当防卫、紧急避险等排除社会危害性的行为。此处有两个限制性因素：（1）被利用者的限定性。被利用者只能是不知情的第三人。（2）被利用行为的限定性。被利用的行为只能是正当防卫、紧急避险等排除社会危害性的行为。而利用被害人的行为是指当利用者使被害人丧失意志自由，或者使被害人对结果缺乏认识或产生其他法益关系的错误，导致被害人实施了损害自己法益的行为时，利用者成立间接正犯。① 因此，笔者认为，《刘文》的相关论述是有失准确性的，现予以详析。

1. 与利用他人合法行为无涉。首先本案中并不存在不知情的第三者，只有利用人陈祖枝和被利用人秦继明；其次，本案中并无正当防卫、紧急避险等排除社会危害性的行为。因此，刘祖枝的行为与《刘文》所涉的"利用他人合法行为"是无关的。

2. 与利用被害人自害行为相比程度缺失。利用被害人的自害行为存在两种情形，一种是使被害人丧失意志自由，另一种是使被害人产生错误认识，但本案中秦继明属于神智正常的人，并非《刘文》所推断的"秦继明在刘祖枝的言语及行动胁迫下，实际上已经没有选择自己行为的自由"，秦继明在当时的情况下完全有选择不喝的自由。并且被害人秦继明也没有对自己死亡的结果产生错误认识，既然其主动喝下毒药，显然是积极追求死亡结果的发生的。故本案并不属于利用被害人自害行为的类型。

综上，笔者认为，本案中被告人并不属于间接正犯，更无从谈及间接正犯的利用他人合法行为和利用被害人自害行为的情形。

二、刘祖枝不构成教唆犯

笔者认为刘祖枝不构成教唆犯，《刘文》中对本案被告人是否教唆犯亦持否定态度，其论证理由有二：其一，实行行为人秦继明完全丧失了意志自由，并不存在教唆犯中被教唆人在教唆者的诱导下产生犯意的可能性；其二，本案不存在教唆犯罪中的"正犯"，依据共犯从属性理论，无正犯存

---

① 参见张明楷：《刑法学》，法律出版社2007年版，第334页。

在，则亦无教唆犯该共犯的存在。① 笔者认为该论证缺乏准确性和精确性，现评析如下：

（一）对论者论证之考量

1. 论述主观臆断。行为人并未完全丧失意志自由，如前所述，秦继明在刘祖枝提供毒药的情况下完全可以选择不喝毒药，案件查明的事实没有任何迹象表明此时的秦继明完全丧失意志自由，故《刘文》中的论述缺乏准确性，其所论证的被害人由于完全丧失意志自由而导致其不可能在被告人的引诱下产生犯意的观点是经不起推敲的。

2. 论证焦点有误。依《刘文》所述"依据共犯从属性理论，共犯是从属于正犯而存在的，无正犯则无共犯"。但笔者认为本案不存在教唆犯，并非由于不存在"正犯"，该论者的论述有以下两点不足：（1）理论依据有误，在狭义共犯与正犯的关系问题上，我国目前的刑法理论通说是以共犯独立性为主的教唆犯二重性说，② 而并非该论者所提及的共犯从属性理论；（2）论证过程有偏差，依据教唆犯二重性说，即使被教唆的人没有犯被教唆的罪，对于教唆犯，仍要以教唆实施的犯罪论处，只是可以从轻或减轻处罚，但此时被教唆的人不构成任何犯罪。因此，不存在教唆犯中的正犯是不能成为行为人不构成教唆犯的理由的。

（二）对否定教唆犯之探析

我国刑法理论认为教唆犯是故意唆使他人实行犯罪的人，刑法第二十九条规定，"教唆他人犯罪的"，是教唆犯。成立教唆犯，需要具备如下条件：（1）从客观方面来说，必须有教唆他人犯罪的行为。即教唆的内容必须是犯罪行为，如果教唆他人实施违法行为或不道德行为，则不构成教唆犯。（2）从主观方面来说，行为人必须有教唆他人犯罪的故意，是犯意的制造

---

① 参见刘万琨：《刘祖枝故意杀人案》，载《审判丛刊》（北京市第二中级人民法院案例精析专栏）2011年第5期。
② 参见赵秉志主编：《刑法学总论研究述评》，北京师范大学出版社2009年版，第397页。

者，即教唆本没有犯意的具有刑事责任能力的人产生犯意。①

该案并不符合教唆犯的主客观方面的要求：（1）客观方面，本案无教唆他人犯罪的行为。纵然有些国家如印度刑法规定，自杀未遂的构成自杀罪，② 但我国刑法典并未规定自杀是犯罪行为，秦继明自杀的行为在我国现有刑法规定范围内并不构成犯罪，因此刘祖枝提供毒药给秦继明并用言语相激并非教唆他人犯罪。（2）主观方面，本案无犯意制造者。本案中刘祖枝是在秦继明流露出轻生的念头之后才提供给其毒药的，刘祖枝的行为只是进一步巩固与坚定其自杀的念头，并非通过言语或行动使被害人产生犯意，因此并不符合教唆犯必须是犯意的制造者的要求。综上，根据主客观相统一的刑法基本原则，被告人刘祖枝并不是教唆犯。

三、对刘祖枝故意杀人案的性质探讨

（一）故意杀人案案件性质的正确认定

笔者认为，本案的性质属于故意杀人案件中引起他人自杀的帮助自杀。所谓帮助自杀，是指他人已有自杀意图，行为人对其在精神上加以鼓励，使其坚定自杀的意图或者在物质上加以帮助，使他人得以实现自杀意图。③ 有些国家刑法专门规定教唆或帮助自杀罪，我国刑法没有这种规定。但是，因为行为人客观上的教唆行为或者帮助行为与他人自杀死亡之间具有因果关系，主观上有使他人死亡的故意，是对他人生命权利的侵犯，故应以故意杀人罪论处，但处刑一般应当比直接杀人罪要轻。④

本案中，秦继明因不堪忍受病痛折磨，案发前多次有轻生念头，在与刘祖枝争吵的过程中又有自杀意图，刘祖枝只是将敌敌畏放在其床前并说："有本事你喝下去。"故刘祖枝对于秦继明的自杀起到了精神上的鼓励和物质上的帮助作用，从而最终导致秦继明实现自杀意图。而此种情形与共犯中

---

① 参见高铭暄、马克昌主编：《刑法学》，北京大学出版社、高等教育出版社2011年版，第176～177页。
② 参见王作富主编：《刑法分则实务研究》，中国方正出版社2010年版，第813页。
③ 参见赵秉志主编：《刑法新教程》，中国人民大学出版社2007年版，第518页。
④ 参见王作富主编：《刑法分则实务研究》，中国方正出版社2010年版，第814页。

的帮助犯又有相似之处，当然，如前文对教唆犯的论述，帮助犯是指帮助他人实施犯罪行为，本案中秦继明的自杀行为并不属于犯罪行为，故无从谈及共犯中的帮助犯问题。

（二）对本案被告人事后不救助行为的探究

对于本案被告人事后不救助被害人的行为，笔者认为与一般的帮助他人自杀案件和单纯自愿相约自杀案件在一定程度上存在关联性，但亦存在不同之处，考虑到这两类案件所涉的相关问题在目前刑法学界仍存有争议以及本案的特殊性，故笔者认为在此将本案与这两类案件加以比较分析，具有重要的现实意义。

1. 与一般的帮助他人自杀案件的对比研究

我国刑法理论认为，所谓帮助他人自杀，是指他人已有自杀意图，行为人对其在精神上加以鼓励，使其坚定自杀的意图或者给予物质上的帮助，使他人得以实现其自杀意图。① 通过分析可知，在一般的帮助他人自杀案件中，行为人通过实施精神上的鼓励或者物质上的帮助行为最终导致了他人自杀结果的发生。而本案与一般的帮助他人自杀案件的不同之处就在于，本案中被告人在实施了言语相激并提供毒药的行为之后，并没有直接出现被害人死亡的结果，而是介入了被害人女儿的试图救治行为，而被告人在此时又加以阻止，一小时之后被害人由于延误治疗而最终死亡。本案的特殊性在于如果没有刘祖枝的阻止，秦继明是可能免于一死的。因此，此处讨论的重点便在于，刘祖枝不救治秦继明的行为是否成立不作为的故意杀人罪，而这亦涉及犯罪行为能否作为先行行为而引起作为义务这一刑法理论重要争议问题。

我国刑法理论认为，不作为，就是指行为人负有实施某种行为的特定法律义务，能够履行而不履行的危害行为。② 不作为在客观上需具备三个特征：（1）行为人负有实施某种行为的特定法律义务；（2）行为人有能力履行特定法律义务；（3）行为人没有履行该义务，导致危害后果的发生。而构成不作为的特定法律义务主要包括：（1）法律明文规定的义务；（2）职

---

① 参见高铭暄、马克昌主编：《刑法学》，北京大学出版社、高等教育出版社2011年版，第462页。
② 参见赵秉志主编：《刑法新教程》，中国人民大学出版社2009年版，第123~125页。

务或业务上要求的义务；（3）法律行为引起的义务；（4）先行行为引起的义务。具体来说先行行为引起的义务是指由于行为人的行为而使刑法所保护的社会关系处于危险状态时，行为人负有采取有效措施排除危险或防止结果发生的特定义务。①

但是对于犯罪行为能否作为先行行为而引起作为的义务？理论上对此见解分歧较大，有的学者持肯定态度，有的则持否定态度。有学者指出，完全否定犯罪行为可以作为先行行为引起作为义务，是不恰当的，因为连违法行为也能引起作为义务，如果犯罪行为反而不能引起作为义务，于情理不合，也不利于司法实践。②但如果肯定先行行为包括犯罪行为，理论上的确存在一系列的疑难问题需要解决，例如故意伤害的行为人发现被害人失血过多有死亡的危险，是否具备救治被害人的作为义务？如具备这种义务而不履行致使被害人死亡，能否成立不作为的故意杀人罪？如果成立不作为的故意杀人罪，则对行为人以故意伤害罪和不作为的故意杀人罪实行数罪并罚，显然是不正确的。基于此，有学者提出了具体的处理意见：犯罪行为是否先行行为，基于罪责刑相适应的刑法基本原则，应以行为人所放任发生的危害结果是否能为前罪的犯罪构成（包括加重构成）所包括作为区分标准：能包括的，没有作为义务，依据前罪的法定刑幅度定罪处罚即可；超出前罪犯罪构成范围而触犯更为严重犯罪，则具有作为义务。③

通过对本案的具体分析，可发现本案虽不同于普通的帮助他人自杀，但是与前述故意伤害案例亦有所不同。本案中，被告人刘祖枝从一开始即积极追求秦继明死亡结果的发生，在其女试图拨打120进行救治时亦未改变其意图，显然，这与存在此犯意实施犯罪行为而后由于有义务救治而不救治导致犯意转化成立不作为的故意杀人罪是不同的。因此，笔者认为，无论刑法理论上对犯罪行为能否作为先行行为而引起作为义务有何争议，此处被告人刘祖枝自始至终追求被害人秦继明死亡的主观心态一直未曾改变，因此，被告

---

① 参见高铭暄、马克昌主编：《刑法学》，北京大学出版社、高等教育出版社2011年版，第67~68页。
② 参见赵秉志主编：《犯罪总论问题探索》，法律出版社2003年版，第335页。
③ 参见赵秉志：《不作为犯罪的作为义务应采四来源说——解析不作为犯罪的作为义务根据之争》，载《检察日报》2004年第6版。

人阻止秦丽华拨打电话救助的行为应属于故意杀人罪的行为的整体，无需另行考虑不作为的犯罪。

2. 与单纯自愿相约自杀案件的比较分析

相约共同自杀案件中，如果自杀者均自杀身亡，则根据我国刑法规定不应也无法追究自杀者的刑事责任；但如果其中有的自杀身亡，有的自杀未死或者未自杀，则涉及未死者有无刑事责任的问题，而其中的单纯自愿相约自杀案件中出现未死者的情形与本案存有一定的相关性。

此种情形下的单纯自愿相约自杀是指二人以上如甲乙自愿相约自杀，双方均无受托杀死对方的行为，亦无一方对另一方的帮助自杀的行为，但一方自杀身死，一方未死（自杀未成功，或者临时改变主意而未自杀）的案件。① 这类案件中未死者对自杀身亡者并无欺骗、唆使、帮助自杀等行为，未死者面临的是有无"见死不救"的行为及对此种行为如何看待和处理的问题。因此问题的焦点亦集中在未死者是否具备作为义务上。

在单纯自愿相约自杀案件中，未死者对他方生命是否负有救助之作为义务？如果负有义务，属于前文所述的哪一种义务呢？显然这既非法律之明文规定，也非职务或业务之要求，更不是法律行为，那就只有是否先行行为的问题。有学者精辟地指出，自愿相约自杀者只要不是心存以相约共同自杀为名而欺骗对方自杀，任何一方在约定后或者在实施共同自杀的过程中，均有权放弃自杀的念头和行动。但是其一旦放弃了共同自杀的念头，应当及时地告知对方，并真诚地劝告和阻止对方自杀。放弃自杀者对自愿相约共同自杀的他方及时的劝阻，不仅是道义上的责任，更是由于其与对方的相约共同自杀行为该先行行为所引起的义务。② 但是此处的作为义务又与普通的先行行为引起的作为义务有所不同，后者在先行行为实施之后就一直存在，但是此处的作为义务是由于未死者改变主意而决意不死了，其如果并未改变主意是不存在作为义务的。

通过以上分析可知，单纯自愿相约自杀案件与本案存在共同之处但亦有区别。共同之处在于：均是一方对他方的自杀行为起到了强化或帮助作用，因此对于他方的死亡均负有救助的义务；而区别在于：在单纯自愿相约自

---

① 参见赵秉志：《相约自杀案件的刑事责任》，载《人民公安》1997年第21期。
② 参见赵秉志：《相约自杀案件的刑事责任》，载《人民公安》1997年第21期。

案件中，未死者在双方约定时是有自杀意图而非杀害别人的意图，而单纯的自杀行为是不构成犯罪的，也即未死者的先行行为并非犯罪行为，但本案中刘祖枝提供毒药并用言语相激坚定秦继明自杀的行为属于杀人行为是构成犯罪的，而对于前行为是犯罪行为而后又负有作为义务的情形，前文已作过论证，现不赘述。

[结论性观点]

综上所述，笔者认为，刘祖枝的行为并非《刘文》所论证的属于间接正犯的范畴，更无从谈及其属于间接正犯的何种类型。对于该论者否定教唆犯的论点笔者表示赞同，但是认为其中的论证，存在着论证主观臆断和焦点有误的不足。对于本案，构成故意杀人罪是毋庸置疑的，同时被告人刘祖枝的主观方面亦是直接故意，但是对于故意杀人的性质，笔者认为与由先行行为引起的作为义务不同，与一般的帮助他人自杀案件存有差异，同时与单纯自愿相约自杀案件亦有所区别，本案应属于故意杀人案件中引起他人自杀的比较特殊的帮助自杀的情形。

不动产可以成为盗窃罪之对象[①]
——龚某盗卖其父房产案之我见

杨兴培[*]

[基本案情]

龚某因赌博对外欠债，遂与丁某共同商议将龚父名下的房产出售还赌债。龚某先用家中户口本向公安机关申领龚父的身份证，然后，龚某持其父身份证向房产登记部门办理了产权证挂失登记，获得新的产权证。龚某持其父身份证和挂失获得的房屋产权证，冒充其父亲，与丁某共同至公证机关委托丁某出售房屋，骗得委托公证文书。经房产中介介绍，丁某持龚某交付的房屋产权证、龚父的身份证，与王某签订购房合同。同时丁某还持龚父的身份证至建设银行开户，并以此账户收取购房款43万余元，之后丁某将相关房产过户至王某名下。龚父发现房屋被卖后向公安机关报案，经刑事诉讼，最后龚某与丁某二人被法院以合同诈骗罪判处刑罚。

刑事判决生效后，龚父向法院起诉房屋买受人王某，

[①] 本案例分析属于上海市"高水平特色法学学科建设与人才培养工程"（085工程）的阶段性成果。

[*] 华东政法大学教授、博士生导师。

主张房屋买卖合同无效、王某应退还房屋，并以该刑事判决书为主要证据（王某一边打民事官司，一边向检察机关提出刑事申诉）。王某主张，其为善意第三人，依法应取得该房屋产权，其已取得买得房屋的所有权登记，原刑事判决将其认定为被害人是错误的。

[分歧意见]

《政治与法律》杂志2011年第11期发表了吴家明的文章《合同诈骗罪与表见代理之共存及其释论———一起盗卖房屋案引发的刑民冲突及释论》一文，文中就行为人龚某盗卖其父亲房屋一案提出了作者的观点，认为该案应当以合同诈骗罪论处。但笔者细细品味该案，认为上述观点在刑法理论上存在着诸多的瑕疵并且理论阐述不能自圆其说。笔者对这一类型民刑交杂的案件情有独钟，认为对其中一个案件的"解剖麻雀"，也能起到举一反三、触类旁通的效果，这对刑法理论展开深入的研究和对刑法的经典教学大有裨益。为此，笔者很想与该作者进行一番商榷兼求教方家，以求获得对一些刑法理论是非的澄清，以此促进对这一类案件的正确认定。

该案还有补充情节：其一，从龚某身份证上的照片来看龚某与其父相差无异，容易让人误以为龚某就是其父亲本人，事实上王某的确陷入认识错误；其二，出示给王某验看的身份证、房产证、公证文书都是真实的，王某有充分理由相信这一买卖就是龚某父亲本人的真实意思表示；其三，龚某父亲事后向法院起诉根本不承认这一买卖的合法性，坚决要回属于其本人的房产，而人民法院的判决把本案的被害人确定为王某，判决内容之一为："违法所得的一切财物应予追缴后发还被害人。"因此，无论从法院的判决来看，还是吴文的基本观点来看，都是把本案看成是一起合同诈骗案。

笔者认为本案龚某实际上是以秘密的、不为其父亲知晓的方法，非法地在占有其父亲的房产基础上又转移了其父亲的房产，并将所获钱款挥霍一空，对此理应构成盗窃罪。

[理论分析]

一、问题的提出

从本案的基本案情介绍和补充情节来看，本案龚某与王某的房屋买卖属于一种表见代理，因此王某通过龚某的表见代理获得龚父房产的所有权是一种"善意取得"。但能否因龚某瞒着其父与王某签订房屋买卖合同就可以认定龚某构成合同诈骗罪，因而本案形成刑法语境下的"合同诈骗"进而与民事法律中的"善意取得"制度发生冲突，并由此引发刑民交叉与刑法上的被害人如何定位等一系列问题，都有待于我们的深入讨论。

根据民法的规定，合同是平等主体之间的双方当事人为确立、变更、终止民事法律关系而签订的一种协议；而根据刑法的规定，合同诈骗罪是行为人以非法占有为目的，采取虚构事实、隐瞒真相等手段，在签订、履行合同的过程中骗取对方当事人数额较大钱财的行为。

合同诈骗罪基于合同的行为而产生和成立，因此，合同诈骗的行为人必须是合同的一方当事人，而合同诈骗罪的被害人也就必须是合同的相对方当事人，这是刑法明文规定的确切内容。如果本案龚某的行为可以构成合同诈骗犯罪，那这一合同诈骗罪的被害人必定是购房者王某，原先的房屋买卖合同必然属于无效合同。但是这是就刑法理论与刑法实践而言的。

然而如果就民法理论与民法实践而言，无效合同或效力待定合同的法律效果从其一开始就为无效或者从合同效力被否定之时起无效，双方必须各自返还已取得的财物，无过错且受损失一方有权要求赔偿，但如果在合同签订和履行过程中，他人基于某种合理合法的现象而善意取得他人的财产，即使发生刑事犯罪，法律也承认善意取得已确立所有权。民法上的表见代理，我国合同法第四十九条规定："行为人没有代理权、超越代理权或者代理权终止后以被代理人名义订立合同，相对人有理由相信行为人有代理权的，该代理行为有效。"该制度的意义也在于维护交易制度的诚信基础和交易安全，保护无过错交易相对人的合法权益，建立正常的民事流转秩序。2007年10月1日实施的《中华人民共和国物权法》颁布以后，不动产也适用善意取得制度，最显著的特征表现为物权和债权相分离，即使房屋买卖的合同被判无效，但原先的房屋买卖基于物权的公示、公信原则已经登记过户的，法律还是承认购买人取得不动产所有权。通过这样的民法考察，合同诈骗与善意取得制度并不矛盾，就算是由于合同诈骗而使原房屋买卖合同无效，但由于物权和债权可以分离，善意购买人依旧可以取得房屋所有权。

然而在刑民交杂的刑事案件处理过程中，确定谁是被害人有时则使两者的关系发生根本的变化，甚至会导致案件出现意想不到的逻辑错误。（1）将合同相对方作为被害人，这是绝大多数合同诈骗案件的通常做法，在司法实践中也无多大争议。然而在本案中，由于合同相对方作为善意第三人，民事法律保护他的合法权益，他已实际转变成了本案房产的合法所有人，此时再将他认定为"被害人"显然不妥。因为本案中此时的王某根本没有"被害",善意取得制度正在保护着他,房子已经属于他了,他没有遭受任何损失。也正因为此,王某也向司法机关提出申诉,不承认自己是"被害人"。(2)如果将房产的原先所有人作为本案合同诈骗罪的被害人,也就是龚某之父也有问题。首先,合同诈骗罪的前提是合同关系的存在,合同诈骗罪的被害对象法定为签订合同的对方当事人,而本案中的房产原先所有人并没有参与签订合同,将其作为被害人不符合合同诈骗罪的实质要件。其次,刑事诈骗的一个核心含义就在于受害人基于错误的认识而作出一定的交付行为。但本案中房产的所有人既没有产生什么错误的认识,也没有作出与此相关的行为表示,由此看来,要将龚某之父作为被害人是没有法律根据的。最后,如果将龚父作为被害人,相应的法律后果是使房屋回归到原始状态,即回归到真正的所有人名下,合同一方被骗的钱款退回给被骗的合同诈骗罪中的合同对方当事人,但这样又势必将违反民法上的善意取得制度,造成刑法与民法的明显冲突。进一步而言,如果将房屋归还给房屋原先所有人的话,那么从民法的角度来看,房屋交易就变得极不安全。这是因为在正常的房屋买卖过程中,在第三人完全没有恶意、完全不知情的情况下与他人进行交易,当对方出示的身份证、产权证件等均为真实、合法、有效后,还要其关注合同交易过程中的其他非法律规定的因素,那么任何一桩房屋买卖交易还可能正常进行吗?所以,无论把谁确定为被害人,看似都无法取得令人满意的效果,这些问题都需要进行深入的探讨研究。

二、龚某与王某的房屋买卖行为构成表见代理

那么本案的焦点问题究竟在哪儿呢?我们对此进行法律分析的逻辑起点又在哪儿?在中国,由于长期以来一直受"天人合一"的文化思想浸润和我国刑事司法实践中一直爱重实质、轻形式操作方法的影响,稍一疏忽就会将本案简单化地认为这不过是一起刑民交杂、可以合二为一的案件而已。但基本的法学原理告诉我们,其实同一个案件事实是否包含着刑民交杂的两个法律关系,就看某一法律事实是否能够为两种法律规范加以规定并为两种法律规范加以调整。法律本身就是为规定和调整一定的社会关系而加以设定一定条件的专门规范。法律与法律之间的区别就是法律调整的社会关系的性质与范围。民法通则第二条规定:中华人民共和国民法调整的是平等主体的公民之间、法人之间、公民和法人之间的财产关系和人身关系。而刑法调整的是犯罪受害人与犯罪行为人之间围绕如何追究刑事责任而结成的相互关系。在我国由于刑事法律的特别规定,受害人的追诉权是由有权指控和提起诉讼

的国家特定司法机关代为行使（即国家公诉，自诉犯罪除外）的。

一般意义上的刑民交杂案件往往包括着两种刑民相关的事实关系。一是案件中包括着刑民两种法律关系，但它们是一种纵向的重合关系，如刑事诈骗中本身包括着民事欺诈的行为要素。刑法意义上的"诈骗"与民事法律中的"欺诈"，在手段上均可以表现为采取虚构事实、隐瞒真相等手法，使被害人产生错误的意识，进而基于错误的认识作出一定的意思表示，两者的区别可以体现在主观恶意程度、社会危害性大小、金额数量、行为方法与行为性质等方面，民法上的"欺诈"达到什么程度才能上升为给予刑罚处罚的诈骗犯罪，尤其是当合同诈骗类的犯罪与民法上通过签订合同进行欺诈存在一定竞合的时候，在具体处理案件时可能难以精确区分两者的界限。如在本案中，龚某通过委托丁某与王某签订房屋买卖合同将其父亲的房产出售，涉案的金额达到43.5万元，如果将本案简单地作为刑事案件处理，就是因为其涉案金额巨大的缘故吗？那么按照现在的房价、地价，只要涉及房屋买卖的，动辄就是上百万的交易额，这样在房产交易领域是否就可以排除民事欺诈的可能性吗？而无处分权的他人拿别人的房产去和第三人交易，采用的也是隐瞒真相的手段，事实上也是欺诈行为的一种表现形式。这样一来，必然要在排除民事欺诈的同时也将善意取得的制度给否定了，这又不能为民法所认同。

二是案件中同样包括着刑民两种法律关系，但它们是一种横向的并列关系。当一个案件中包括着刑民两种法律关系，但它们是一种纵向的重合关系时，司法实践往往采取"先刑后民"的操作方式；而当一个案件中同样包括着刑民两种法律关系，但它们是一种横向的并列关系时，这在司法实践中应当是一种"桥归桥、路归路"的事实现象，它们必然要接受两种不同的法律规范的评价。事实评价是我们进行规范评价的前提和基础，当我们仔细分析研究本案事实时，必然会发现这里存在着的是两个并列的法律关系。其一是，龚某瞒天过海盗窃其父亲的各种有效房产所有权证明材料，进而与王某签订房屋买卖合同，这是一个具有表见代理性质的民事法律关系。其二是，龚某以非法占有为目的，通过秘密窃取的手段盗取其父房屋的各种有效证明文件，然后又通过盗卖的方式占有其父亲的房屋，盗卖房屋的钱款占有和挥霍行为是其盗窃行为的延伸，也是对其盗窃所得的处理方式。这一行为形式与房屋买卖行为有着本质的区别。因此我们必须通过已经还原的行为事实作深入的分析评定，应当将"龚某"还原为两个不同法律关系中的一方"当事人"后进一步来认定其行为性质。

就第一个法律关系而言，龚某的盗卖行为在民法上是有瑕疵的。但由于民法已有表见代理的明确规定而使这种有瑕疵的民事行为依然具有法律效力，如此有利于保护善意第三人的利益，维护交易安全。王某作为一个民事买卖行为一方当事人，通过验看龚某的各种有效的房屋证明文件而与龚某签订房屋买卖合同，这是一种正常的民事买卖行为。龚某的行为事实上具有欺瞒属性，但不影响他对其父"房产"的取得。房产属于不动产，根据物权法的规定，不动产必须进行登记过户才能确认其所有权，王某已根据法律规定进行了房屋的过户与登记，因此法律理应对王某的权利予以有效保护。

本案的核心问题出在第二个法律关系上，龚某凭什么出售其父亲的房产。龚某与其父亲虽为父子关系，但在法律关系上，两人具有独立的人格和各自独立的财产所有权（本案不具有共有关系），没有经得其父亲的知晓和同意，龚某是没有权利处置其父亲的房产的。如其以非法占有为目的，其行为方法触犯了刑法的禁止性规定，就有可能构成相应的犯罪，就得接受刑法的否定性评价。而正是在这一个环节上，作为龚某来说，其完全以不为其父亲知晓的方法，通过欺瞒的方式将其父亲的房产秘密地加以出售，因而在刑法上构成了侵犯财产的犯罪。

三、龚某的盗卖行为不能构成合同诈骗罪

就实质意义而言，刑法上的占有与民法上的占有实际上是一个相同的概念，它是指人与财物的一种相互关系，也就是指他人对财物进行事实上的控制和支配。但对于财产性犯罪的行为人来说，他已经明知这是通过不合法的方式而加以实现的，是一种没有法律支持的行为。由于财物的所有权是一个合法的权能，是一种法律的确认，对于犯罪所得物而言在法律上永远无法得到合法的确认，所以在刑法理论上仅仅以非法占有作为表述的形式，具体地说，非法占有是指行为人针对原财物的事实占有人、控制人通过非法的行为将他人的财物处于自己的控制之下作为自己的"所有物"进行占有、控制和处分的行为活动。

龚某的行为足可以构成财产性犯罪，但应当构成什么罪呢？能否像吴文所说构成合同诈骗罪呢？规范评价必须以规范的标准来加以衡量。何为合同诈骗罪？已如前述，是指行为人以非法占有为目的，采取虚构事实、隐瞒真相等手段，在签订、履行合同的过程中骗取对方当事人数额较大钱财的行为。由于合同诈骗罪是从普通诈骗罪分离出来的一种法条竞合性犯罪形式，合同诈骗罪同样受制于普通诈骗罪的概念约束。诈骗，无非是指行为人以非

法占有为目的，通过虚构事实隐瞒真相的方法，造成他人发生错误的认识和作出错误的决定，从而非法占有他人自愿转移交付的财物的行为。在本案中，如前所述，不宜将王某认定为合同诈骗罪的被害人，而如果以龚父为合同诈骗罪被害人，则龚某之父根本不知晓其子有如此之行为。因此对于龚某父亲来说，既无发生错误认识的意识过程，也无作出错误决定的意志表示，更无自愿转移交付财物的行为表现。由此一来，龚某针对其父可能构成诈骗之罪就无从说起。如果龚某连普通诈骗罪都无法构成，又如何能构成特殊的合同诈骗罪呢？因此龚某的行为不符合这一法定要件，理应不构成合同诈骗罪。但能否如吴文所说的通过对房屋买卖中的合同诈骗罪扩大解释，从而将本案龚某的行为纳入该罪？由于作为形而上的信仰意识的长期缺失，由此形而下地延伸到法律领域，中国至今还未真正建立起法律信仰的社会基础，在一些任意性的意识支配下，法律有时很容易成为一种弹性道具，使一些拥有话语权的人轻而易举地可以对本属于"神圣"的法律进行任意的拿捏，而且使拿捏者感觉特别方便驾驭。在司法实践中，法律一旦脱离了形而上的法律价值边界的约束，那么形而下的层面在所谓"实质解释"观念的引导下，任何犯罪都可以是个"大箩筐"，凭着"价值先导"需要势必什么东西都可以往里装。至于认为龚某之父与王某可以同属于本案"被害人"的观点，可能是想从"二一添作五"的角度实现"利益均沾"以此息事宁人，但是一旦有人追问"其根据"，就往往会使司法实践处于尴尬的境地而无法自拔。

至于吴文说到可以通过"三角型诈骗"的形式确认本案的合同诈骗罪的性质是否行得通呢？这种观点的一个吊诡之处就是将分析认定本案犯罪性质的逻辑起点放在行为一定构成诈骗的基础上，于是导致价值先行、规范随后的思维定势直接转化成了一种固定不变的操作方式。但笔者认为，司法实践必须以法律为规范评价的依据；法律没有明确规定的，可以以司法解释为依据；而司法解释都没有明确规定的，可以由法官释法，但即使进行法官、检察官释法，也必须依据罪刑法定的原则来进行，并在严格解释的基础上作出价值中立的解释。然而在"三角型诈骗"的问题上，已有明确的司法解释。2002年10月24日最高人民检察院法律政策研究室《关于通过伪造证据骗取法院民事裁判占有他人财物的行为如何适用法律问题的答复》指出："以非法占有为目的，通过伪造证据骗取法院民事裁判占有他人财物的行为所侵害的主要是人民法院正常的审判活动，可以由人民法院依照民事诉讼法的有关规定作出处理，不宜以诈骗罪追究行为人的刑事责任。"由此我们可以明确地得出结论，即使本案具有"三角型诈骗"的行为特征依然不能构成合同诈骗罪。

四、龚某的盗卖行为应构成盗窃罪

经过前面的分析认定，本案龚某实际上是以秘密的、不为其父亲知晓的方法，非法地在占有其父亲的房产基础上又转移了其父亲的房产，并将所获钱款挥霍一空，对此理应构成盗窃罪。将本案认定为盗窃罪，由此产生一个刑法理论上的新问题，即不动产也可以成为盗窃罪的对象。这是否会导致传统理论观点的责难呢？由于长期以来在刑法理论上一直将盗窃罪视为一种通过转移他人合法财物加以非法占有的犯罪形式，因此不动产不能成为盗窃罪的对象几成定论。但随着社会生活内容的不断丰富复杂，财物种类的不断增加，盗窃犯罪行为的不断翻新，只有动产才能成为盗窃罪的对象的观点面临着新的挑战。

任何一种具有科学性的理论结论和实践结果不应该存在于纯粹的思辨之中，而应当存在于不断进行的实践中并接受实践的检验。盗窃罪是一种侵犯他人财产所有权的犯罪，但由于所有权是一种法律的确认，不管犯罪以怎样的手段获得他人的财产，法律绝不会承认他的所有权，一旦犯罪东窗事发，财物还得物归原主，犯罪行为人最多获得了对财物的暂时占有。因此行为人以非法占有为目的实现了对财物的非法占有，即可以构成犯罪，占有是一种客观的事实状态，既然是占有，当然既可以包括对动产占有，也可以包括对不动产的占有。正如前述就其实质而言，刑法上的占有与民法上的占有实际上是一个相同的概念，它是指人与财物的一种相互关系，也就是指他人对财物进行事实上的控制和支配。正如日本刑法学者所说的，所谓非法占有是指："排除权利者，将他人之物当成自己的所有物那样按照其用途进行利用或者处分的意思。"① 非法占有的行为不过是这一主观意思活动的客观外在表现而已。

日本刑法典改正草案第 326 条规定："因没有得到占有者的同意，把他人的汽车、飞机及其他具有发动机的乘用物一时性地使用者，处三年以下徒刑或 10 万元以下罚金或者拘留。"② 由此引发了对使用盗窃能否入罪的理论

---

① 参见 [日] 木村龟二主编：《刑法学词典》，上海翻译出版公司 1991 年版，第 684 页。
② 转引自赵秉志主编：《侵犯财产罪研究》，中国法制出版社 1998 年版，第 652 页。

思考。正是由于刑法理论和有关的刑事立法例对非法占有进行深入本质的理解，将非法占有解释成使用非法手段对他人所有的财物行使事实上的占有、使用、收益或处分权，从而侵犯他人对某一特定财物的所有权的正常行使。由此已有学者提出使用盗窃也是盗窃的观点。① 这种观点已有一定的理论基础和社会基础，使用盗窃都可以成立盗窃罪，那么通过秘密的方法占有他人的财物并进行处分，即便是不动产，当然也更有过之而无不及。用中国刑法理论的传统思维同样可以证明：出罪者，举重以明轻；入罪者，则举轻以明重。② 笔者曾与一些刑法学者专门讨论过不动产能否成为抢劫罪财物对象的问题，有学者曾在理论上虚拟当合法的所有人被暴力制服后，同意行为人长期占有其住房进行居住的例子说明，在理论上不动产完全可以成为抢劫罪的对象。本案中，龚某将其父亲房屋的有效证明加以盗取后进行买卖交易，其实已经对其父亲的房屋所有权进行了事实上的占有、控制和处分，从而使该房产在法律上脱离了其父亲的占有和控制；也会在事实上脱离其父亲的有效占有和控制。龚父房产的空间位置并没有发生变化，但是其占有状态却在法律上和事实上已经发生了变化，即已经不再为龚父所占有着了，这正是盗窃犯罪所要达到的客观效果。因此，龚某的行为可以构成盗窃罪并没有什么法律障碍和理论障碍。

[结论归纳]

吴文中有一种理论观点和理论阐述让笔者有点不能轻易释怀，即该作者在表达自己观点寻求支持时，往往以司法实践中的一些不具有典型意义的案例作为理论的来源，这也是当下一些刑法学人常常使用的一种论证方法。比如除了上面提到的根据所谓"实质解释"的理论对一些刑法关键词汇作扩大解释、将三角型的欺诈视为诈骗犯罪。同时在一些本来极有争议的刑民交杂案件中，往往以司法实践的有效判决作为理论正确的"标尺"，例如有关"婚内强奸"的判例、事实婚姻中的重婚罪判例、银行卡的合法所有人将他人存放在自己卡内的钱款加以提取后被判盗窃的判例。在中国由于实行的是成文法的法制模式，已判决案例并不具有天然的法律效力，即使在理论界大力提倡推广判例制度的今天，司法实践已经形成只有经过最高人民法院审判委员会确认的判例才有司法解释示范作用的共识。对于一般司法实践中的案

---

① 尹晓静：《财产犯罪中的非法占有目的之否定》，载《政治与法律》2011年第11期。
② 沈家本：《历代刑法志·晋书·刑法志》。

例,我们承认其是有效的,但我们不能一概承认其是有理的甚至就是正确的,司法实践中的一审再审不断反复的案例大有存在,我们在进行理论研究时应当懂得有所取舍。事实上,"实质解释"正遇上"形式解释"的有力挑战,司法解释已明文规定三角型的欺诈行为不能以诈骗罪论处,"婚内强奸"在王卫明强奸案后再也没有听到有新的判例,随着"二奶型"的非婚姻同居行为的大量出现,所谓"法律婚加事实婚"就是重婚罪的判例难觅踪影,一个许霆案引起的激烈争论足以使我们今天的司法实践有必要进行反思与内省。于是在涉及一些刑民交杂案件和刑民法律关系并列案件的处理过程中,我们不是从基本的理论逻辑起点作为切入点,而是以其他案件的判决结果作为"逻辑终点"的依据,这种观念的作祟对我们的司法实践会有负面的影响,这应当引起我们的注意和警惕。

认定诈骗罪无需"处分意识"
——利用新型支付方式实施的诈骗案

秦新承*

[基本案情]

2010年7月22日，孙某通过某订票网提供的电话"4006488823"预订机票，客服人员要求孙某通过网银汇款，孙某遂按其要求将958元机票款汇至工行某账户。虽经查询已扣款成功，但对方说钱未到账，声称需要通过ATM机"联网操作"以使付款生效。于是孙某又按其引导，在ATM机上输入所谓的使购票款生效的激活码"18356"（实际上该数字是输入到了ATM机的转账数额一栏），当然，相应数额被转入骗子账户。此时孙某丈夫来电，说接到短信通知，账户被扣18356元。孙某急忙找客服交涉，此时客服称，之前通过网银支付的958元机票款已收到，机票也已生效，账户被扣18356元系误操作所致，可以通过网银转账退还，并教孙某如何操作。之后，骗子以输入验证码的名义"指导"孙女士输入数字280838（其实是输入到网银的转账数额一栏，相应款项

---

* 上海市人民检察院研究室检察官。

又被转至骗子账户)。得手后,骗子又以退款操作为由,用同样手法转走 2 万多元。① 该案中,行为人前后转账四次,总共被骗 32 万余元。

该案手法比较特别,被骗数额也较大,但却并不是偶发的个案。事实上,由于此类诈骗手法风险小、成本低且成功率高,近两年来,利用他人对信用卡支付方式的不熟悉而实施的机票款诈骗案件在各大城市已很常见,②有些甚至呈现职业化、集团化运作,社会危害非常严重。如南京警方近期破获了一起分工明确、规模较大的家族式机票款诈骗案,查实的被骗总额达 400 余万元,案件涉及全国 20 余个省份,主犯刘某仅 22 岁,刚从武汉某高校毕业。③

[疑难之处]

传统刑法理论认为,诈骗罪的成立条件之一是被害人由于行为人的欺骗行为而产生错误认识,进而基于错误认识而处分了自己的财物。本案认定中的疑难问题是,在被害人完全没有付出款项的想法,也完全没有意识到自己的行为会产生汇款的后果的情况下,行为人是否能成立诈骗罪。

[理论分析]

一、该类案件的特点

通过对犯罪手法进行归纳,我们发现此类案件具有以下特点:第一,在支付方式上,行为人均明确指定通过 ATM 机汇款或者通过网上银行转账;第二,遭受两次及以上损失的被害人都不熟悉 ATM 机或网上银行操作程序;第三,全案中行为人实施了发布虚假信息以及诱导他人转账的行为,且没有使用任何麻醉、胁迫或暴力等强制性手段;第四,被害人都是基于行为人的欺骗实施了相应行为,且都具有正常的辨认、控制能力;第五,被害人在 ATM 机或网银上的操作是其遭受财产损失的直接原因;第六,被害人在实施第二次及以后的汇款操作时,主观目的很明确,即使先前的机票款生效或

---

① 参见《400 电话成诈骗幌子,订折扣机票被骗 32 万》,载央视网 2010 年 9 月 16 日。
② 2012 年 2 月 22 日,通过百度搜索"机票款诈骗"可以找到 78100 个相关网页,所报道的诈骗犯罪大都属于此类手法。
③ 参见韩琦庆:《南京警方侦破一起特大网的虚假机票诈骗案》,载新华网 2011 年 7 月 26 日。

者拿回因误操作被转出的钱，完全没有付出款项的想法，也完全没有意识到行为会产生汇款的后果。

二、案件性质与处分意识必要性学说

在机票款诈骗案的六个特点中，前两个属于犯罪学意义上的特点，由于无关本文主旨，兹不赘述。从案件的第三个至第五个特点，我们不难看出此类行为的主客观要素与诈骗罪法定构成要件的契合，并据此认定本案的诈骗性质。的确，由于财物系被害人主动"拱手相送"而不是被他人拿走，因此案件性质无关盗窃；由于没有使用任何无形或有形强制力，因此也不属于抢劫、抢夺、敲诈勒索等性质；当然，此类行为更不可能是无罪。正因为如此，在司法实践中，此类案件无一不以诈骗性质认定，而在刑法理论界，目前也没有人质疑这一定性的合理性。从社会公众、刑法理论与司法实务界完全一致的定性来看，此类案件似乎并没有多大的研究价值。但事实上，此类案件存在着一个共同的、完全不同于以往诈骗犯罪的特征，即被害人在实施第二次及以后的转账行为时完全没有财产处分意识，这一特征的存在对诈骗犯罪的一个重要理论观点——处分意识必要说产生直接影响。笔者认为，此类案件对于研究处分意识必要说的合理性具有重要的理论价值。

（一）处分意识必要说

何谓处分意识（亦称处分意思），有学者指出："作为处分行为的主观面的处分意思，是指认识到财产的占有或者利益的转移及其引起的结果。"① 也有人认为，处分意识"是在被骗者具有正常意识能力的前提下，基于因欺骗而陷入的错误对具有处分权限的财物所作的自愿性并且以占有移转为内容的认识"。② 笔者认为，前述定义大同小异，可将处分意识归结为诈骗犯罪的被害人对于自己的行为将会改变财产状态这一结果的认识。关于被害人的处分意识应否成为认定诈骗罪的必要条件，学界存在必要说、不要说和折中说三种不同观点。

---

① ［日］前田雅英：《刑法讲义各论》，东京大学出版会1999年版，第231～232页，转引自张明楷：《诈骗罪与金融诈骗罪》，清华大学出版社2006年版，第158页。
② 张红昌：《诈骗罪处分意识的构造》，载《海南大学学报（人文社会科学版）》2011年第3期。

必要说认为，处分行为不仅要求受骗者客观上有处分财产的行为，而且要求主观上有处分财产的意识。日本学者及其司法实践大都持必要说观点。例如，有学者认为："财产的处分行为，以基于处分意思的支配形态为必要……财产处分行为以处分意思为必要。"① 还有人指出："即使外形上存在处分行为，但不是基于真正的意思时，不成立诈骗罪。"其强调："不能承认无意识的处分行为，必须有某种处分意思。因为能否仅在客观面确实区分盗窃与诈骗还存在疑问；如果认为无意识的处分就够了，那么事实上就会扩大处罚立法者明确规定不可罚的盗窃利益行为。"② 同时，日本司法实践认为，对诈骗利益罪的认定也需要被害人具有处分意识。如日本最高裁判所指出，要成立诈骗利益罪，"就要求欺骗作为相对方的债权人，使其作出免除债务的意思表示，只是单纯逃走或者事实上的不支付还不够。"③ 此外，韩国大法院的判例也指出："诈骗罪是欺骗他人，使他人陷入错误，引起错误者的处分行为，以便取得财物或者财产上利益的犯罪。这里的处分行为意味着财产的处分行为，处分行为要求被害人主观上的处分意思和处分意思支配下的客观处分行为。"④

处分意识必要说在我国刑法理论界已得到广泛认可，占有重要地位。综合而言，必要说的理由主要有以下几点：第一，处分行为的有无是区分盗窃罪与诈骗罪的关键要素，不要求有处分意识就难以划定诈骗罪与盗窃罪的间接正犯的界限。在受骗者没有处分意识的情况下，应认定行为人是违反被害人的意思而转移占有，宜以盗窃罪论处。第二，不要求有处分意识，会否认不作为与容忍类型的处分行为，或者无限扩大处分行为的范围。如甲使用欺骗手段使乙转移注意力，乘机取得乙的财物。根据处分意识必要说，由于乙没有处分意识，不能认定为不作为的处分行为，所以甲的行为只成立盗窃罪。如果承认无意识的处分行为，那么，完全可能认定乙存在无意识的不作

---

① ［日］福田平：《刑法各论》，东京有斐阁2002年版，第255页。
② ［日］前田雅英：《刑法讲义各论》，东京大学出版会1999年版，第231～232页，转引自张明楷：《诈骗罪与金融诈骗罪》，清华大学出版社2006年版，第158页。
③ 日本最高裁判所1955年7月7日判决，载日本《最高裁判所刑事判例集》第9卷第9号，1856页，转引自张明楷：《诈骗罪与金融诈骗罪》，清华大学出版社2006年版，第159页。
④ ［韩］吴昌植编译：《韩国侵犯财产罪判例》，清华大学出版社2004年版，第112页，转引自张明楷：《诈骗罪与金融诈骗罪》，清华大学出版社2006年版，第159页。

为或容忍型的处分行为,进而认定甲的行为成立诈骗罪。① 第三,诈骗罪的受骗者必须是具有处分能力的人,完全缺乏意思能力的幼儿、精神障碍者由于不具有处分能力所要求的意思能力,故其处分行为不是财产处分行为。第四,刑法上的犯罪类型与犯罪学上的犯罪类型以及一般人心目中的犯罪类型并不完全相同,在犯罪学上或者在一般人心目中称为诈骗的行为,在刑法上并不一定属于诈骗,而完全可能属于盗窃。第五,在行为不成立诈骗便成立盗窃的非此即彼的场合,承认无意识的处分行为,不会导致处罚范围的扩大,只是导致成立的罪名不同。但在行为不可能成立盗窃罪的场合,承认无意识的处分行为,则会不当扩大诈骗罪的处罚范围。② 也有学者从不要说存在缺陷的角度阐释必要说的合理性,如有学者指出,"既然认为诈骗罪是一种交付罪,是以被骗者陷于错误而交付(处分)财产为特征的犯罪,那么,这种交付(处分)行为就应该是被骗者有意识的行为,如果认为无意识的'交付'(处分)也不影响诈骗罪的成立,这就同前述交付(处分)行为不必要说没有实质的差别了。"③

(二) 处分意识不要说

尽管必要说占据主要地位,但仍有部分学者持不要说的观点。如我国台湾地区学者洪增福认为,诈骗罪中被害人的处分行为并不需要具有处分的意思同时存在,只要具备客观上移转财产所有权的交付行为,即具有"导致财产丧失的直接性行为",即使这种交付并没有移转所有权的意思,也应当归属于诈骗的范畴。④ 日本也有少数学者主张不要说,如有人指出:"只要有事实上的使占有转移的行为就够了,不必要对此有认识,无意识的交付(处分)也可以。"⑤ 因为在对象为财物的场合,处分行为的内容是转移财物的占有,而占有是指事实上的占有,所以,只要有事实上的处分行为就够

---

① 参见 [日] 山口厚:《问题研究刑法各论》,东京有斐阁1999年版,第150页。
② [日] 前田雅英:《刑法讲义各论》,东京大学出版会1999年版,第231~232页,转引自张明楷:《诈骗罪与金融诈骗罪》,清华大学出版社2006年版,第161~162页。
③ 刘明祥:《论诈骗罪中的交付财产行为》,载《法学评论》2001年第2期。
④ 参见洪增福:《刑事法之基础与界限》,载《洪增福教授纪念专辑》,学林文化事业有限公司2003年版,第575页。
⑤ [日] 平野龙一:《刑法概说》,东京大学出版会1977年版,第214页,转引自张明楷:《诈骗罪与金融诈骗罪》,清华大学出版社2006年版,第162页。

了，既不要求意思表示，也不要求是有意识的。在诈骗债权等财产性利益的场合，"不一定要求债权人基于债务人的欺骗而'作出免除债务的意思表示'或'作出使之取得债权的意思表示'。这一点与就财物诈骗而言不需要有转移所有权的意思表示相均衡。"① 还有学者指出，"（1）只要可以肯定财物或财产性利益的占有已经基于被诈骗人的意思转移至对方，便可以肯定诈骗罪；（2）将不让对方知道所转移的客体（犯罪对象）这种最为典型的类型排除在诈骗罪之外，并不妥当，因此应该理解为，无意识的处分行为也足以构成本罪的处分行为。"②

（三）折中说

在必要说与不要说之外，还存在第三种观点，即折中说。该说认为，通常情况下处分行为要有处分意思，但在特殊场合也可能发生无意思的处分现象，此时可以通过缓和处分意思内容的途径，将其解释为有处分行为存在，认定诈骗罪成立。在日本，折中说又分为两种不同的具体主张。大塚仁认为，关于不作为的交付（处分）财产行为应该特殊对待。"如果被欺骗者……陷于错误而未实施某种作为而致财产损失……，可以认为是一种无意识的不作为，以被欺骗者的一般的意识为基础作法律上的评价，理解为是一种交付（处分）财产的行为。"③ 大谷实认为，诈骗罪是一种"利得罪"（或利益罪），只要是基于被欺骗者的错误直接把财产上的利益转移给自己或相关的第三者就足够了，如果没有行为人的欺骗他就会采取必要的行为避免财产上利益的转移，在这种场合，被欺骗者对自己的行为在法律上的效果即使无意识，也可以认为交付（处分）行为成立。④

三、笔者观点

通过对前面案件性质以及案件第六个特点的分析介绍，我们已经可以得出结论——至少对于此类案件而言，认定诈骗不需要被害人具有处分意识。

---

① [日]平野龙一：《犯罪论诸问题（下）各论》，有斐阁1982年版，第336页，转引自刘明祥：《论诈骗罪中的交付财产行为》，载《法学评论》2001年第2期。
② [日]西田典之：《日本刑法各论》，中国人民大学出版社2007年版，第153页。
③ 参见[日]大塚仁：《刑法概说（各论）》，有斐阁1992年日文版，第254～255页。转引自刘明祥：《论诈骗罪中的交付财产行为》，载《法学评论》2001年第2期。
④ 参见[日]大谷实：《刑法讲义各论》，成文堂1983年日文版，第275页，转引自刘明祥：《论诈骗罪中的交付财产行为》，载《法学评论》2001年第2期。

同时笔者推断，这一结论只是学者通过具有天然缺陷的不完全归纳推理法所得出的"要件"，不应成为认定诈骗犯罪的必要条件。

归纳法是从个别认识过渡到一般认识的思维方法，它将同类事物中的次要的、非本质的方面舍弃掉，而对其普遍的、本质的方面和特性加以概括，形成观点、结论。① 归纳法可分为两种，一是完全归纳法，二是不完全归纳法。完全归纳法是根据某类事物全部对象都具有的属性推出该类事物都具有该种属性的推理方法。不完全归纳法是根据某类事物部分对象都具有某种属性推出该类事物都具有该种属性的推理方法。由于完全归纳法建立在穷尽所有分析对象的基础之上，因此其结论的客观性、正确性毋庸置疑。而不完全归纳法不同，这一推理方法仅对部分研究对象进行研究分析，因此整体而言，根据该方法所得出结论的科学性、客观性远不及完全归纳法。有学者总结了归纳法的四个困境：一是用单称命题论证普遍命题的逻辑困难，二是归纳方法前提假设的困难，三是观察陈述（观察报告）对于理论的关系问题；四是过去推知未来的困难。② 笔者认为，第一个困境，即我们俗称的"以偏概全"是不完全归纳法的最主要的缺陷，这一缺陷的存在也决定了以不完全归纳法得出的结论很难经得起实践的长期考验。类似的例子在自然科学界不胜枚举，如热胀冷缩是一般规律，但水在凝结成冰后却会发生膨胀；再如，人们根据大量观察得出了"天下乌鸦一般黑"的结论，但考察发现，自然界确实存在羽毛不是黑色但其他特征与黑乌鸦基本一致的鸟类。但显然，我们不能说白乌鸦不是乌鸦。而一度在理论界占据重要地位的"处分意识必要说"也同样遭遇被新型犯罪手法否定的问题，即至少在利用信用卡支付方式实施的机票款诈骗案中，认定诈骗罪不再需要被害人具有处分意识。那么，是不是说处分意识必要说仅仅不适合于此类案件，仍然是认定其他诈骗犯罪的必要条件呢？笔者认为，这一观点也不成立。通过对必要说主要理由的逐条反驳，笔者认为，持该说学者的几点顾虑是不必要的，学界反驳不必要说的理由也值得反思。

第一，如果不需要处分意思，就可能将盗窃罪的间接正犯认定为诈骗罪。理论上，很多学者为了更好地区分诈骗罪与盗窃罪的间接正犯提出了这一观点。有学者指出："如果认为处分行为仅限于客观的处分行为，而不要

---

① 参见霍晓教：《归纳法在军事情报分析中的运用》，载《情报杂志》1999年第2期。
② 参见周善和：《归纳方法的困境与出路》，载《新西部》2010年第8期。

求有处分意识，就难以划定诈骗罪与盗窃罪的间接正犯的界限。"① 笔者完全认同对利用不知情的第三人处分被害人财物的行为认定为盗窃罪的结论。但需要指出的是，这里的被骗人尽管实施了"处分"财产的行为，但他本身与财产没有任何关系，并不是适格的诈骗罪财产处分主体。"欺骗行为的对方，虽然不需要是财物的所有人或者占有人，但是，必须是具有能够对财物进行财产性处分行为的权限乃至地位的人（最判昭 45.3.26 集 24.3.55）。"② 如果认为处分主体可以不是具有财产管控权的人，或者说处分行为可以脱离财产管控权人而存在，那将不仅导致诈骗罪与盗窃罪的间接正犯难以区分，甚至可能将从他人手中抢夺、抢劫财物的行为也认定为处分行为，进而将相应行为认定为诈骗罪。如甲欺骗乙，说自己的手机被丙偷了，让其抢来给甲。这里的乙同样没有财产管控权，但也是基于受骗将财物抢来给了甲，而甲也是基于欺骗行为获得财物。但我们当然不能说甲的行为构成诈骗罪。盗窃罪间接正犯中的被骗者要么与财产没有任何关系，不是适格的财产处分主体，要么因不具有相应行为能力而被否定行为的处分效力，因此，其中的被骗人只能是他人实施盗窃行为的工具。笔者认为，只要正确理解了诈骗罪的处分主体，就不会混淆诈骗罪与盗窃罪间接正犯的界限。易言之，不需要处分意思就可能将盗窃罪的间接正犯认定为诈骗罪的理由是不成立的。

第二，如果不要求有处分意识，那么，或者会否认不作为与容忍类型的处分行为，或者会无限扩大处分行为的范围。这里，论者将不作为与容忍类型的处分行为和没有处分意识的行为混为一谈。而事实上，不作为或容忍只是表达处分意识的一种方式，即明知某种结果将出现而消极认可，行为本质与积极交付是一样的。因此，承认无处分意识的处分行为并不意味着否认不作为与容忍类型的处分行为。对于论者担心的无限扩大处分行为的范围的问题，笔者认为这也是不必要的。其一，无财产处分意识并不意味着处分人在作出处分行为时大脑无意识或者无财产处分能力，只是行为人没有关于处分财产的意思而已。其二，只要行为具有应受刑罚处罚的社会危害性，并符合诈骗罪的核心特征，适当扩大处分行为的认定范围也不无裨益。对于论者所举案例，即甲使用欺骗手段使乙转移注意力，乘机取得乙的财物，论者认为

---

① 张明楷：《诈骗罪与金融诈骗罪》，清华大学出版社 2006 年版，第 161 页。
② ［日］大塚仁：《刑法概说（各论）》，冯军译，中国人民大学出版社 2003 年版，第 243 页。

如果承认无意识的处分行为，可能会认定甲的行为成立诈骗罪。笔者认为，这一理由也是不成立的。与基于不作为的处分行为被骗不同，案例中乙的表现不属于不作为的处分行为，而是根本就没有处分行为，甲的行为当然不可能构成诈骗。通常情况下，在不作为式的处分行为作出前，被害人或被骗人应当明确知晓财产状况将被改变的情况，如甲对乙说借车一用，乙默认，结果甲开走不归。在该案中，乙清楚地知道甲要开走汽车，仍以默认这一不作为方式表达了转移占有的处分意思，这一行为本质上与作为方式的将车送交给乙并无二致。但前案不同，无论被害人是否离开其住所，财物仍属于其管控，被害人的离开并不意味着允许其财物为他人占有，这与忘记锁门并不意味着默许他人拿走或占有财物的道理是一样的。这种被骗只是社会观念上的被骗，它与财产处分完全没有刑法意义上的因果关系，当然不能据此认定为诈骗犯罪。总之，笔者认为，只要明确认识到诈骗罪中的处分行为是被害人改变财产状态的作为或不作为，即使不要求具有处分意识也不会否认不作为与容忍类型的处分行为，更不会无限扩大处分行为的范围。

第三，可能将不具有处分意识能力的人实施的行为认定为诈骗罪的处分行为。实践中，完全缺乏意识能力的幼儿、精神障碍者，也可能实施客观的处分行为，但由于不具有处分能力所要求的意思能力，故其处分行为不是犯罪意义上的财产处分行为。为此，有学者指出，如果认可不必要说，就会将这些行为认定为诈骗罪的处分行为。笔者认为，论者事实上是将无处分意识与无处分意识能力混为一谈，认为如果无处分意识的行为也是处分行为，那么幼儿等无处分意识能力者的行为也是处分行为。事实上，处分意识是指诈骗犯罪中的被害人处分财产的意识，处分意识能力主要是指行为主体的正常思辨能力。无意识能力的人实施的任何行为当然不能成为诈骗犯罪中被害人的处分行为。对于具有正常辨认控制能力的主体而言，虽然其客观上实施了财产处分行为，但主观上完全可能基于被谎言误导以及不熟悉所使用的支付方式而没有认识到自己的行为与处分财产有关（无处分意识）。如机票款诈骗案，尽管被害人客观上在实施汇款操作，但其认为自己是在输入激活码以使机票款生效或者追回多付的款项。下表中，笔者对同样在客观上实施了财产处分行为的不同主体的主观意识以及相关行为是否属于诈骗罪的处分行为进行了归纳、梳理。

意识能力、处分意识与处分行为

无意识能力的人 （特殊主体）	有意识能力的人（正常主体）	
无处分意识 （无论是否知道自己的行为是在处分财产）	有处分意识 （知道自己的行为是在处分财产）	无处分意识 （不知道自己的行为是在处分财产）
不是处分行为	是处分行为	

总之，笔者认为，由于处分意识能力与处分意识是两个完全不同的概念，所以将正常主体在无处分意识情况下实施的行为认定为诈骗罪的处分行为，并不意味着会将无意识能力者的行为认定为诈骗罪的处分行为。

第四，有学者指出，在行为不可能成立盗窃罪的场合，承认无意识的处分行为，则会不当扩大诈骗罪的处罚范围。① 对此笔者认为，必要说、不必要说或者折中说所探讨的处分意思系针对客观上被处分的财产而言，即应当是财产处分行为而不是任何处分行为。对于行为人基于非法占有目的，欺骗他人致其陷入错误并处分财产且不能以盗窃罪认定的行为，由于已经具备了刑法关于诈骗罪的主客观要件，当这种行为达到了一定危害程度时，对其以诈骗罪定罪处罚，既不属于客观归罪，也不会不当扩大诈骗罪的处罚范围。

此外，还有人认为，"如果认为无意识的'交付'（处分）也不影响诈骗罪的成立，这就同交付（处分）行为不必要说没有实质的差别了。"② 笔者认为，该观点的错误之处在于认为财产处分意思与财产处分行为必然相伴相生，不存在脱节的情形，但如前所述，在机票款诈骗案中，被害人虽然客观上实施了四次转账行为，但在实施后三次转账行为时，其主观上却完全没有意识到自己的行为会产生转账的后果。也就是说，在诈骗犯罪中，被害人的财产处分意识与财产处分行为完全脱节的现象是客观存在的。

[结论性观点]

综上分析，笔者认为，必要说的主要理由均存在瑕疵，不能正确、全面

---

① 张明楷：《诈骗罪与金融诈骗罪》，清华大学出版社2006年版，第162页。
② 刘明祥：《论诈骗罪中的交付财产行为》，载《法学评论》2001年第2期。

地反映司法实践中诈骗犯罪被害人处分财产行为的特征。笔者赞同不要说，认为只要实际管控财产且具有民事行为能力的主体基于被骗实施了处分财产的行为，即使其主观上并没有处分财产的意思，也应当认定为诈骗罪的处分行为。被害人的处分意识只是学者们通过具有天然缺陷的不完全归纳法推理出的被害人特征，不是认定诈骗犯罪的必要条件。

挂失并取走自己账户下他人款项行为之定性

——晏某非法占有苏某存款案

强 音* 王 彧**

[基本案情及裁判结果]

被害人苏某与被告人晏某原系朋友关系。2003年5月31日，苏某借晏某的身份证到工商银行内江市中心支行民族路储蓄所，新开个人存款账户，并陆续存款10.1万元。2005年3月，被告人晏某陪同苏某到该储蓄所准备提前支取存款时，得知苏某在该账户上存有数万元巨款。同年4月21日，被告人晏某想占有此款，遂在苏某并不知情的情况下，以用自己的身份证向银行申请挂失、重新办理存折、设置密码等手段，于5月17日、5月18日两次取走苏某存款10.1万元和利息1513元。案发后，退回8.8万元。

一审法院认为：被告人晏某以非法占有为目的，以秘密手段窃取他人财物的行为，侵犯了公民的财产所有权，

---

* 北京师范大学刑事法律科学研究院硕士研究生。

** 工商银行北京市分行风险管理部副总经理，法学博士。

已构成盗窃罪。被害人从没有要求被告人占有或管理、使用该存款的意思及行为表示，被害人至案发前一直自己妥善地保管该存折与密码，认为他人根本无法取走存款；被告人以自己身份证向银行申请挂失、重新办理存折、设置密码，继而取走存款，虽符合银行行业规定，但其行为相对于不知情的被害人却系秘密窃取。鉴于被告人已退还大部分赃款，认罪悔罪态度好，可对其酌情从轻处罚。据此，判决被告人晏某犯盗窃罪，判处有期徒刑十年六个月，并处罚金5万元；对被告人晏某尚未归还的赃款14513元，予以追缴，返还被害人苏某。被告人晏某不服，以其是涉案款项在法律上的合法所有人，其系经过正常交易程序取出其实名下的存款，而非秘密窃取为由向四川省内江市中级人民法院提起上诉。二审法院经审理，依法裁定驳回上诉，维持原判。①

[疑难之处]

审理过程中，对晏某的行为定性有以下几种意见：

第一种意见认为，晏某的行为构成侵占罪。苏某借用晏某身份证设立账户存款，是鉴于对晏某的信任，晏某也因实名存款制度而享有相应的如挂失、更换存折、设置密码等对该笔存款的管理权，晏某违背苏某意愿单方面利用自己身份证挂失存折、更换存折、设置密码并取走存款，占为己有，构成了侵占罪。

第二种意见认为，晏某行为构成诈骗罪。苏某是10.1万元存款的实际所有人，银行为该笔存款的保管人，晏某用虚构的存折挂失理由重新申领存折，设定密码，从财产管理人手中取得财产的，应定诈骗罪。

第三种意见认为，晏某行为构成盗窃罪。晏某利用银行储蓄相关法律、法规规定，在无存折情况下，凭实名制身份证件挂失存折、重新申办存折、设置密码，从而将苏某所有存款秘密占为己有，并能任其随意支配，其重新申办存折、设置密码、取款的行为虽符合现行银行业的法律法规，但相对于不知情的苏某而言这一行为却系秘密窃取，构成盗窃罪。

第四种意见认为，晏某不构成犯罪。苏某借用晏某身份证开设账户并存款属合同法中双方当事人自愿的保管合同关系，在没有特别约定的情况下，苏某、晏某各自应享有的权利义务明确，即苏某借用晏某的身份证件设置银

---

① 颜华、郑强：《挂失并取走自己账户下他人款项构成何罪》，载《中国审判》2010年第51期。

行账户，据此推定出苏某已同意并明确了晏某全面享有银行法律法规规定的如挂失、重新申办存折、设置密码等各项权利。晏某单方面不经苏某同意，采取合法行为取走实名制账户下存款，其行为属违约。苏某应当通过民事诉讼，向晏某主张返还所取走存款，赔偿损失。根据刑法的谦抑原则，刑法不应该介入这个问题。

由于本案涉及的是实名制背景下存款实质与名义上归属的不同以及取财行为中秘密窃取与诈骗行为的交织，因而导致了对晏某行为定性的争论。因此对本案的分析应该首先结合银行业的实名制规定，从民法理论上判断晏某与苏某之间是否构成民事上的保管合同关系，如果不构成，则无罪的理由不能成立，晏某构成占有型的财产犯罪，具体以何罪定性，则要结合侵占罪、诈骗罪与盗窃罪的犯罪构成来分析，如果账户所有人对自己名下的他人存款存在占有或保管关系，则晏某有构成侵占罪的可能；如果账户所有人对自己名下的他人存款不构成刑法上的占有或保管，则不可能成立侵占罪，这就需要进一步区分晏某的行为是构成盗窃罪还是诈骗罪，这就涉及对于盗窃与诈骗交织的取财行为的认定问题。

故对本案的分析主要涉及两个关键问题：一是非实名的存款行为在法律上如何评价，账户所有人是否因此成立对存款的保管或占有关系；二是诈骗与盗窃交织的取财行为应该如何认定。

[理论分析]

一、非实名的存款行为在法律上如何评价

（一）非实名的存款行为是否改变了财产权的归属

国务院颁布并于 2000 年 4 月 1 日正式施行的《个人存款账户实名制规定》，确定了个人开立存款账户应以本人实名开立的存款实名制度。存款实名制对于保证个人存款账户的真实性，维护存款人的合法利益，保障金融秩序的稳定具有重大意义。可以说实名制的实施是此后在存折遗失情况下可以凭开户人身份证件办理挂失这一规定的基础和前提。《个人存款账户实名制规定》施行后，已基本实现了开户人与存款人身份的真实一致，但仍存在个别人出于各种目的以非实名开立个人账户的情况。将个人存款存入他人账户的行为显然构成对实名制的违反。存单属于有价证券，储户与银行建立存储关系，以存单作为债券凭证，凭存单实现相应权利。存单的持有者原则上

被推定为权利人。实名制的规定使这种推定的范围进一步扩大，即在没有相反证据的情况下账户的所有人、存单的合法持有人、存款的真实所有人被推定为同一人，故可以凭借账户所有人的身份证件申请挂失。但是需要注意的是，最高人民法院于1997年12月13日颁布施行的《关于审理存单纠纷案件的若干规定》，对存单的真伪，确立了以存单的真实性和存款关系的真实性为内容的双重真实性原则，而不仅仅以存单为唯一依据。① 要求实际审理时应以存单纠纷案件中真实法律关系为基础依法处理。这证明我国对于存款所有权的确认受到形式真实和实质真实的双重制约。故实名制规定虽然可以从形式上推定账户所有人与存款所有人为同一人，但真实法律关系才是审理存单纠纷的基础依据。实名制规定推行的根本目的是规范稳定我国的金融管理秩序，但其仍然承认和保护实质存款关系。存款所有人对于存入他人名下的存款具有真实的存款关系，存款仍然归属于真实所有人。具体到本案中，苏某存款的真实所有人仍是其本人，其财产所有权受到法律的保护，苏某虽然将存款存入晏某名下，但并没有将存折交给晏某，也没有请晏某代为保管存款的意思表示，民事合同中最重要的原则即"契约自由"，而本案中苏某完全没有委托晏某代为保管的意思表示，不成立民事上的保管合同关系，晏某的无罪辩护不能成立，其侵犯苏某财产所有权的行为已经构成了财产占有型犯罪。

（二）对自己名下的他人存款是否构成刑法上的占有

虽然存款的权属从民法意义上仍归属于真实所有人，而我国刑法较民法更注重财产的实质归属，更承认和保护真实存款关系，即苏某对该笔存款的所有权同样受到刑法的保护。但是，刑法上的占有是一种事实状态，不同于占有权，且不必然产生占有权。② 故账户所有人虽然不享有该笔存款的所有权，但其是否对名下的存款构成刑法上的占有或保管关系仍需探讨。这是关系到行为人的取财行为在刑法上是成立侵占罪还是其他占有型犯罪的重要问题。法律意义上的占有需要满足两个要素：占有的意思和占有的事实，这种

---

① 《最高人民法院关于审理存单纠纷案件的若干规定》第五条规定："人民法院在审理一般存单纠纷案件中，除应审查存单、进帐单、对帐单、存款合同等凭证的真实性外，还应审查持有人与金融机构间存款关系的真实性，并以存单、进帐单、对帐单、存款合同等凭证的真实性以及存款关系的真实性为依据，作出正确处理。"
② 赵秉志主编：《侵犯财产罪研究》，中国法制出版社1998年版，第22页。

事实不仅包括物理支配范围内的占有，还包括根据社会观念可以推知的支配状态。而刑事法律意义上的占有，必须是占有人持续稳定地控制财物，使财物处于其势力范围，而不是一时地接触财物。例如行为人对存单等有价凭证的占有，虽然行为人并未实际控制金钱本身，但实践中也视为行为人事实上支配了金钱。因为这种支配不同于上述通过法律关系成立的占有，只是事实上的控制手段由于社会发展和现实需要发生了变化，仍然属于事实上的支配。因此，存单作为有价证券，是要求银行按期返还存款、给付利息的唯一合法凭证，存单持有人持有存单和密码，对存单所涉及的款项有随时随地的处分权，对该笔存款有占有的事实。对存单的占有可以成立刑法意义上的占有。而违反实名制规定的账户所有人，虽然被不知情的银行推定为该账户下存款的所有人，但在正常情况下，由于没有存折，根本不可能了解存款的具体信息，不可能实现对存款的支配和处分，不存在对该笔存款占有的事实。而侵占罪作为非转移占有型的犯罪，即行为人只是基于不法所有的意图，将原已占有的他人财物不法领得的行为。易"占有"为"不法所有"是侵占罪的本质特征，也是该罪区别于转移占有的盗窃、抢劫、诈骗等其他财产犯罪的关键所在。① 晏某既然在非法取得存款前不构成对该笔存款的占有关系，也不可能变占有为非法所有，因此，晏某无罪及构成侵占罪的理由都不成立。下文将对晏某构成盗窃罪还是诈骗罪进行区分。

二、诈骗与盗窃交织的取财行为的定性

（一）现有理论

刑法理论一般认为，诈骗罪与盗窃罪都是侵犯财产罪的具体罪种，两者在犯罪客体、主体、主观方面都有相同或类似之处。但两者也存在着明显的区别：即前者是以诈骗方法非法占有公私财物的行为，后者是以秘密窃取的方法非法占有公私财物的行为。② 但这样的表述实际上并没有为准确界定两罪提供标准，尤其是当盗窃与诈骗行为交织时，很难以这样的理论指导实践从而作出准确定性。再加上立法对此种行为的定性也没有明确规定，导致实践中公安机关以此罪侦查，检察机关以彼罪移送起诉，一审法院以此罪判决，二审法院以彼罪改判的现象时有发生，严重影响法律的权威。因此，不

---

① 周光权：《侵占罪疑难问题研究》，载《法学研究》2002年第3期。
② 赵秉志：《侵犯财产罪》，中国人民公安大学出版社2003年版，第211页。

少学者们又进一步对如何区分两者阐述了不同的理论：

有学者认为，要以犯罪的主要方式为区分标准，当两种行为交织时，关键在于确定行为人非法占有财产的主要方式，如主要方式是骗取，就是诈骗罪，主要方式是窃取就是盗窃罪。① 有学者认为，区分两罪的关键在于被害人是否基于认识错误而处分财产，如果不存在被害人处分财产的事实，则不可能成立诈骗罪。② 有学者认为，对于此类案件的性质，关键是要看行为人使用欺骗方法是否意在使对方陷入错误认识，进而对财产作出处分，将之"自愿"地交给行为人。如果行为人虽使用了欺骗方法，但并未使对方基于认识错误处分财产的，应当以盗窃罪论处；否则，则应定诈骗罪。③ 有学者认为，盗窃罪是违反对方意思的取得罪，而诈骗罪是基于对方意思的交付罪。也就是说，盗窃是在违反财物所有人意思的情况下使占有发生转移，而诈骗是因财物所有人受骗发生认识上的错误并主动交付财物，这里的交付必须是在处分意思支配下的占有转移。④

（二）笔者观点

笔者同意上述学者以是否存在处分（交付）财产作为定性标准的观点，但认为在论证此观点前，还应该首先明确一个前提条件，即处分行为是诈骗罪成立的必要条件。盗窃罪是行为人对他人财产的秘密窃取，自然不涉及财产的处分问题。关于处分行为是不是诈骗罪的构成要件要素，或者说处分行为对诈骗罪的成立是否必要，这在大陆法系国家的刑法理论界仍有争议，主要有两种观点，即不要说和必要说。必要说认为处分行为是诈骗罪成立必不可少的要件，它也是理论上的通说。该说认为，"诈骗犯罪行为的最突出特点，就是行为人设法使被害人在认识上产生错觉，以致'自愿地'将自己所有或持有的财产交付给行为人"，⑤ 因此，受骗者的交付行为是诈骗罪成立必不可少的条件。并认为"区分盗窃罪与诈骗罪的关键，就是看被害人是否因受骗而自愿将财产交付行为人。只要不是被害人因受蒙蔽而自愿交付

---

① 刘家琛主编：《新刑法条文释义》，人民法院出版社1997年版，第1183页。
② 张明楷：《刑法学》，法律出版社2003年版，第779页。
③ 赵秉志：《侵犯财产罪》，中国人民公安大学出版社2003年版，第211页。
④ 黄伯青、管勤莺、周孟君：《被害人自愿交付是区分诈骗罪与盗窃罪的关键》，载《人民法院报》2010年7月15日。
⑤ 高铭暄主编：《新编中国刑法学》，中国人民大学出版社1998年版，第783~783页。

财产给行为人，就不构成诈骗罪，而只能构成盗窃罪"。① 我国刑法理论界尽管对此问题研究不多，刑法第二百六十六条也没有提及处分行为，但必要说也是我国关于诈骗罪的理论通说。笔者同意必要说主张，即处分行为是诈骗罪成立的必要条件，这也是以处分行为的有无作为诈骗罪定性标准的前提。

笔者认为，对盗欺交织的取财行为的定性本质上还是对盗窃罪和诈骗罪的准确区分和认定。对以处分行为作为定性标准这一观点的论证还是应该结合两罪的犯罪构成来进行。根据刑法第二百六十六条的规定，诈骗罪是指以非法占有为目的，用虚构事实或者隐瞒真相的方法，骗取数额较大的公私财物的行为。一般认为诈骗罪的认定需要满足以下的逻辑结构：行为人虚构事实或隐瞒真相——受害人或受骗人产生错误认识——受骗人处分财物——行为人非法获得财物这个过程。受害人是否基于错误认识处分了财物是认定诈骗罪的关键。依据刑法第二百六十四条规定：盗窃罪是指以非法占有为目的，秘密窃取数额较大的公私财物或者多次秘密窃取公私财物的行为。故盗窃罪强调的是不为被害人所知的秘密窃取。从行为结构上可以看出两者的区别在于犯罪嫌疑人非法占有该财物是否系被害人自愿交付处分的。② 但对自愿处分财产的理解和认定，我们还需要注意以下几个问题：

1. 对处分行为的理解

关于如何理解诈骗罪中的处分行为，目前有两种观点，一种观点是实质上的处分，认为诈骗罪的处分行为以受骗人具有"转移占有"意思为必要，另一种观点是形式上的处分，认为只要受骗人基于错误认识对财产事实上作出了交付行为，就可认定为交付，无须受骗人有转移占有的意思。在肯定处分行为是诈骗罪必不可少的要件的前提下，弄清有无处分意思对处分行为的认定具有重大影响。在日本，处分意思是指对转移财产的占有或财产性利益及其所引起的结果的认识，因此，对处分意思有必要说、不要说及折中说三种观点。③ 笔者同意处分意思必要说，处分意思应以行为人对交付行为本身是否存有认识，即是否基于其"自由"意思且对自己交付的事实本身有无认识为标准，如有认识就可以认定为具有处分意思，从而认定是处分行为；

---

① 高铭暄主编：《新编中国刑法学》，中国人民大学出版社1998年版，第783~783页。
② 吴中谱、谢诚：《浅谈一起诈骗与盗窃结合行为的定性》，载《浙江公安高等专科学校学报》2005年第3期。
③ 刘明祥：《财产罪比较研究》，中国政法大学出版社2001年版，第222页。

如果不是基于"自由"意思或对交付行为本身没有认识，则不能作为诈骗罪的处分行为认定。比如不具有交付意思的幼儿或精神病患者由于不可能具有处分意思，因此他们所为的行为不能被作为诈骗罪中的处分行为认定。再比如借取他人手机打电话而一去不返的情形，由于受骗人并没有转移占有的意思，仅是从形式上将手机暂时交给他人，因此构成的是盗窃罪而不是诈骗罪。除了交付事实本身，受骗者对所交付的具体财产也应有明确的认识。如果受骗者对所交付的财产缺乏明确的认识，则不成立诈骗罪的处分行为。

2. 系基于错误认识而为处分行为

行为人实施诈骗行为是要让对方陷于错误认识然后交付财产。因此，对方的错误认识作为完成诈骗罪的必备环节，在许多国家的刑法中有明文规定。① 即必须是由于欺骗行为使对方产生错误认识从而交付财产，才成立诈骗罪。也就是说，不仅对方的错误与行为人的欺诈行为之间必须有因果关系，而且对方的错误与交付财产之间同样要有因果关系，否则，即便对方交付了财产，也不能构成诈骗罪。例如实践中出现的被骗人已识破对方诡计，却出于同情仍赠与财产的行为就不能成立诈骗罪上的处分行为。

3. 处分行为与取得财产之间的关系

诈骗罪中财产的损害是由于受骗者处分财产行为造成的，也就是说诈骗罪中财产的损害与受骗者处分财产的行为之间存在因果关系，即行为人取得财产与受骗者的处分行为之间存在直接的对应关系，行为人取得财产必须同时存在受骗者交付财产的行为，换句话说，处分行为必须是直接引起损害发生的行为。而盗窃罪的行为人取得财产，不是基于被害人处分财产的行为，而是行为人通过秘密窃取的方式取得的，无须被害人同时为处分财产行为。不过，行为人以欺诈方式使受骗者基于错误认识处分的不一定全部是财产，也可能是财产性利益。在这种情况下，如果该财产性利益上所承载的利益能立即实现，则以诈骗罪认定不成问题，但如果行为人不能直接取得，尚需其他因素的介入才能使行为人得以取得真正的利益时，应当根据介入因素的情况予以具体分析，以行为人取得财产的直接手段来确定整个案件的性质；如果行为人以窃取的手段取得，是盗窃罪，如果行为人继续以欺诈手段使对方陷于错误认识而为处分取得，应以诈骗罪认定。

4. 对所交付的财产应具有处分权限或地位

通常的诈骗表现为：行为人向被害人实施欺骗行为，被害人产生认识错

---

① 刘明祥：《财产罪比较研究》，中国政法大学出版社2001年版，第219页。

误进而处分自己占有的财产，最后导致财产损失。在这种场合，受骗人（财产处分人）与被害人具有同一性（以下简称二者间诈骗）。处分人无疑具有处分财产的权限。但是，在诈骗罪中，也存在受骗人（财产处分人）与被害人不是同一人（或不具有同一性）的现象。这种现象在刑法理论上被称为三角诈骗。① 三角诈骗中的三角是指行为人、被骗人（第三人）、被害人。我国刑法并没有明确规定三角诈骗，但在刑法理论或司法实践中却不乏对于三角诈骗的涉及，总体来说，三角诈骗行为被认定为诈骗罪的一种，这在我国刑法理论界，已经取得共识。与普通诈骗罪不同的是，在三角诈骗中，受骗人处分的是被害人的财产，受骗人仅仅是占有该财产，或对该财产具有处分权。受骗人是否具有处分被害人财产的权限或地位，成为区分诈骗罪与盗窃罪间接正犯的一个关键。② 如果受骗者不具有处分被害人财产的权限或地位，则不能将受骗者的行为认定为诈骗罪的处分行为。而只能将其认定为盗窃罪的间接正犯。间接正犯是大陆刑法理论上的概念，在我国刑法中并未被正式确立。具体是指将他人作为工具来利用，从而实现犯罪的情况，是客观主义的共犯理论为弥补其共犯从属性说的不足以及借鉴主观主义共犯理论所推衍出的范畴。主要分为两大类：利用主体不适格和利用他人的不知情。反映在盗窃罪中就是把第三人作为工具，通过第三人的不适格或者不知情的帮助达到秘密窃取他人财物的目的。③ 在盗窃罪的间接正犯这种情形下，第三人只是被视为工具，帮助行为人将财物从受害人处"转移"到行为人处，第三人对该笔财产并没有处分权。在这种情况下，行为人在客观上造成了一定的法益侵害结果，但其主观上既无故意又无过失，依法不负刑事责任。因而被利用者类似于英美刑法中的无罪代理人，对于利用者，则应以盗窃罪的间接正犯论处。

因此，笔者认为，对于诈骗与盗窃交织的取财行为的定性应以是否存在处分财产的行为为标准，这里的处分财产具体是指有处分权限的受害人（三角诈骗中是受骗人）基于错误认识而处分（交付）了财产，行为人因此直接获得财产或财产性利益的行为，只有同时具备这三个条件的处分财产的行为才能定性为诈骗罪。

---

①② 张明楷：《论三角诈骗》，载《法学研究》2004 年第 2 期。
③ 申远、赵华锋：《盗窃间接正犯与三角诈骗应如何区别》，载《中国检察官》2009 年第 11 期。

[结论性观点]

结合上述分析，笔者认为，本案中晏某的行为构成盗窃罪的间接正犯，而非诈骗罪，因为本案中根本不存在成立诈骗罪所要求的处分财产的行为。具体理由如下：一是银行并不是基于错误认识而处分财产。银行在为晏某办理挂失业务时，确实存在受欺骗的事实，直接把晏某推定为存折的合法持有人。然而本案中银行却并不是基于错误认识而处分这笔存款的。依据实名制规定，账户的开户人即为所有人，且《中国人民银行关于办理存单挂失手续有关问题的复函》规定，"在办理挂失手续时，银行对身份证只进行形式审查，不负有鉴别真伪责任。"这是因为考虑到银行作为一个金融机构，无力承担更多的查验义务，特别是在我国早已推行实名制规定的大背景下，账户所有人即可以被推定为存款的实质所有人，即银行只需查验挂失申请人是否能够提供开户人的身份证明即可。故银行根据晏某出具的身份证件，而对其账户下的存款办理挂失、重设密码等手续是依照银行业规定而进行的，不存在过错，也并非在错误认识的支配下才进行上述行为。故在本案中，晏某虽然存在欺骗行为，但银行却并非因为受骗产生错误认识进而处分财产的。二是被害人并非因处分行为而直接获得财产，银行虽然为晏某办理了存折挂失、密码重设等手续。但晏某仅仅是取得了存折，财产性利益并没有立即实现，如果在晏某取出存款之前，被害人即发现自己的存折被挂失，仍然可以寻求救济途径，晏某的行为也无法得逞，因此晏某取得存款的直接行为是其在获得存折和密码后将存款秘密从银行取出的行为。三是银行对这笔款项也没有处分权限，苏某作为存款的所有权人，可以凭存折支取款项。因此银行的行为根本不构成诈骗罪所要求的受骗人处分财产的行为，所以晏某构成盗窃罪而不是诈骗罪。具体来说，其利用了银行的不知情，在其帮助下实施了将他人存款非法据为己有的窃取行为，为盗窃罪的间接正犯。银行作为不知情的工具，不需承担责任。

冒充绑匪向近亲属索要赎金的行为定性
——李某敲诈勒索案探究

张鸿巍* 钟 毅**

[基本案情]

被告人李某与被害人邓某某于2005年登记结婚。婚后,二人育有一子李小某。2010年6月,被告人李某通过互联网认识了柳州籍女子黄某,二人暗中发展为情人关系。2010年底,黄某以维持情人关系为由向李某索要人民币2万元。李某为了满足黄某的要求,遂决定冒充绑匪,绑架李小某向家人索要财物。2011年1月4日,李某将李小某从幼儿园接走后交给他人照顾。之后,李某向邓某某谎称儿子失踪,并暗中使用无记名手机卡以绑匪名义给邓发短信,称其儿子已被绑架,需交付5万元赎金,否则将加害人质。邓以为儿子遭到绑架,遂前往公安机关报警。李某阻碍邓某某报警未果后仍继续冒充绑匪,多次发短信威胁邓某某交付赎金。因邓某某无力支付赎金,后由其父亲与李某的母亲共同筹得人民币24700元交给李

---

* 广西大学法学院教授,美国山姆休斯敦州立大学刑事司法学博士、日本龙谷大学犯罪矫正博士后。
** 广西师范大学硕士研究生,南宁市江南区人民检察院助检员。

某。被告人李某遂佯装将钱汇到"绑匪"指定的账户，暗中却将15300元人民币汇给黄某，其余钱款用于自己花销。同年1月20日，李某被公安人员抓获归案，此时才说出儿子李小某被藏匿的地点，公安人员于次日将李小某解救。

广西壮族自治区南宁市江南区人民法院经审理认为，被告人李某以非法占有为目的，冒充绑匪对家庭成员实行敲诈勒索，数额巨大，其行为已构成敲诈勒索罪。南宁市江南区人民检察院指控被告人李某犯敲诈勒索罪的事实清楚，证据确凿，指控罪名成立。对于辩护人提出的本案属于民事法律关系调整的范畴，不认为是犯罪的辩护意见不予采纳，鉴于被告人的犯罪对象是家庭成员，并取得被害人谅解，其危害性低于在社会上不特定人的犯罪，酌情予以从轻处罚，依照《中华人民共和国刑法》第二百七十四条、第五条、第六十七条第三款、第七十二条第一款、第三款、第七十三条第二款、第三款、第六十四条之规定，于2011年10月26日判决如下：被告人李某犯敲诈勒索罪，判处有期徒刑三年，宣告缓刑四年。

一审宣判后，被告人李某未提出上诉，检察院亦未抗诉，判决已发生效力。

[疑难之处]

1. 冒充绑匪对亲生儿子实施的"绑架"行为应当如何定性

第一种意见认为，李某以勒索财物为目的，绑架李小某，并向其家人发出威胁，其行为已构成绑架罪。

第二种意见认为，被告人李某以非法占有为目的，对被害人使用威胁或要挟的方法，强行索要财物，其行为已构成敲诈勒索罪。

第三种意见认为，共有权人对共有财产的侵犯不属于刑法保护的范围。李某之行为侵犯的客体是家庭共有财产的所有权。共同共有的财产在析产前李某有权占有并处分，李某的行为属于其擅自处分的行为，应属民法调整的范围，不构成犯罪。

第四种意见认为，李某以非法占有为目的，冒充绑匪身份骗取家庭财产，其实施的绑架和威胁行为不具有真实性，其行为构成诈骗罪。

2. 对李某的行为是否符合"一般可不按犯罪处理"的情形

第一种意见认为，李某的行为属于侵犯家庭财产的犯罪，对于这类犯罪可参照《最高人民法院关于审理盗窃案件具体应用法律若干问题的解释》第一条第（四）项和《最高人民法院、最高人民检察院关于办理诈骗刑事案件具体应用法律若干问题的解释》第四条这两个司法解释，对这类犯罪行为，一般可不按犯罪处理。

第二种意见认为，李某主观恶性较大，且勒索财物数额巨大，其行为具有较大的社会危害性，对其作无罪化处理有违立法者保护家庭关系的本意，应予刑罚处罚。

[理论分析]

一、为索取夫妻共有财产冒充绑匪对亲生儿子实施"绑架"的行为应如何定性

对于本案定性的几种分歧意见，无论是认定绑架罪、敲诈勒索罪、诈骗罪，抑或是不构成犯罪，都是基于对本案侵犯的财产权益性质以及侵害行为性质认识不同产生的，主要包括以下方面：

（一）共有权人通过犯罪手段改变财产合法状态的行为是否属于侵犯财产罪的范畴

这里从两个层面来分析：

1. 从李某实施的侵害行为属于民事侵权行为还是犯罪行为辨析。笔者认为，李某的行为属于犯罪行为。本案中，公诉机关以敲诈勒索罪对李某提起公诉。在审理过程中，辩护人提出李某之行为侵犯的客体是夫妻共有财产的所有权。夫妻共有财产在析产前李某有权占有并处分，其擅自处分的行为应属民法调整的范围，不构成犯罪。夫妻共同财产，是指男女双方从结婚登记确立夫妻关系开始，到双方离婚或一方死亡时止的期间内，双方或一方劳动所得和其他合法所得的财产。它不同于夫妻个人财产各为个人所有，而应由夫妻双方依法平等占有、使用和处分。夫妻任何一方未经协商同意都无权擅自占有和处分夫妻共同财产。在实践中，夫或妻一方侵犯共同财产权的行为属于民事侵权行为还是犯罪行为，判断的标准是该行为是否具有刑事违法性。刑事违法性是犯罪的法律特征，在罪刑法定的意义上说，没有刑事违法性也就没有犯罪。在本案中，被告人李某对家庭成员实施了刑法分则规定的犯罪行为①，且其行为已达到应当追究刑事责任的程度（敲诈勒索罪和诈骗罪都是数额犯，只有达到数额较大的标准才构成犯罪），既符合刑法分则中

---

① 李某实施的行为属于何种犯罪行为在后文中再加以论述。

具体犯罪的定性，也满足该犯罪的定量，具备刑事违法性，应属于犯罪行为。

2. 从共有财产能否成为共有权人侵犯的客体（法益）来分析。在解决这个问题之前必须明确李某侵犯的客体（法益）是什么？我国刑法理论的通说认为，盗窃、诈骗、敲诈勒索等侵财类犯罪的客体是财产的所有权整体（所有权说）。若依此理论，则李某对夫妻共同财产亦享有共同的所有权，非经析产则无法确定其非法占有的份额。事实上，所有权说在实践中面临诸多困境。例如盗窃自己所有而由他人合法占有的财物的行为，不能认定为盗窃罪，这样的结果难以让人接受。国外刑法理论与审判实践的通说认为，盗窃罪等侵财类犯罪侵犯的是他人对财产的占有（一般含有某种限制条件）。[1] 保护财产所有权的前提，是有效地保护对财物的合法占有状态（占有说）。现实生活中，财物的所有权可能与占有本身相分离，如果对合法占有的状态不加以保护，势必造成财产关系的混乱（所有权人可以通过违法手段对合法占有人实施不法侵害而不必追究刑责）。因此，如果认为侵财类犯罪的客体仅仅是财产的所有权等于否认所有权的权能可以分离，也缩小了刑法保护的范围。据此，笔者认为，对财产罪的客体应当包括财产所有权以及其他本权（包括他物权和债权），以及财产的合法占有。在本案中，李某和妻子邓某某对家庭财产共同享有所有权，因此李某侵犯的对象应当是家庭财产的合法占有状态。占有说在判断财产罪中行为人是否具有"非法占有"的主观目的上也与现行的法律相对应。行为人只要意识到某项财产（或财产性权利）非自主占有，不经合法事由或法定程序改变财产（或财产性权利）的合法状态以达到自主占有的目的，即可认为行为人以"非法占有"为目的。

此外，采用占有说的有利之处在于解决实践中难以厘清的财产关系。以本案为例，李某与邓某某的夫妻财产在析产前，无法确定其所有的份额，依所有权说难以认定李某犯罪的数额。有观点认为，应从被害人遭受侵害行为以及承担连带责任的角度认定犯罪的全部数额。[2] 这种观点显然缺乏说服力（李某同样也承担连带责任）。反观占有说，李某侵犯的是夫妻对家庭财产的合法占有状态，因此，李某犯罪的数额应以合法占有状态被破坏或被破坏

---

[1] 参见张明楷：《如何理解侵犯财产罪的客体》，载法律教育网。
[2] 参见《刘汉福等抢劫案》，载最高人民法院刑事审判第一、二、三、四、五庭主编：《中国刑事审判指导案例》（危害国家安全罪·危害公共安全罪·侵犯财产罪·危害国防利益罪），法律出版社2009年版，第301页。

的现实可能性加以计算。

（二）行为人以虚假的恶害相通告，使被害人产生恐惧心理从而取得财物的行为构成何种犯罪的定性辨析

笔者认为，李某的行为构成敲诈勒索罪。敲诈勒索罪与绑架罪的根本区别在于行为人在勒索财物之前是否实际实施了绑架行为。本案中，李某作为李小某监护人，秘密将李小某交给他人照顾，对李小某而言其实际并未遭到绑架。因此，李某的行为并未构成绑架罪。

本案中，被告人李某的行为符合敲诈勒索罪的基本结构，即对他人实施威胁——对方产生恐惧心理——对方基于恐惧心理处分财产——行为人或者第三者取得财产——被害人遭受财产损失或其丧失对财产的合法占有。①

本案的特殊之处在于，李某的行为既具有胁迫的性质又具有欺骗的性质。② 被害人既陷入认识错误又产生了恐惧心理，进而处分财产，因而本案属于敲诈勒索罪与诈骗罪的想象竞合犯。想象竞合犯，又称想象的数罪，是指一个行为触犯了数个罪名的情况。对于想象竞合犯，应按行为所触犯的罪名中的一个重罪论处。从一重罪论处应理解为按照情节较重的犯罪论处，而不是按照法定最高刑较重的犯罪论处。刑法第二百七十四条规定："敲诈勒索公私财物，数额较大或者多次敲诈勒索的，处三年以下有期徒刑、拘役或者管制，并处或者单处罚金；数额巨大或者有其他严重情节的，处三年以上十年以下有期徒刑，并处罚金；数额特别巨大或者有其他特别严重情节的，处十年以上有期徒刑，并处罚金。"刑法第二百六十六条规定："诈骗公私财物，数额较大的，处三年以下有期徒刑、拘役或者管制，并处或者单处罚金；数额巨大或者有其它严重情节的，处三年以上十年以下有期徒刑，并处罚金；数额特别巨大或者有其它特别严重情节的，处十年以上有期徒刑或者无期徒刑，并处罚金或者没收财产……"具体到本案的情节，根据李某的犯罪数额确定敲诈勒索罪的法定刑幅度为三年以上十年以下有期徒刑，诈骗罪的法定刑幅度为三年以下有期徒刑、拘役或者管制，并处或者单处罚金。

---

① 此处借鉴了张明楷教授的部分观点，参见张明楷：《刑法学》，法律出版社2007年版，第722页。
② 需要说明的是张明楷教授认为敲诈勒索罪中的威胁是不要求实现的，也不要求行为人具有实现威胁的真实意思。通过虚伪的事实相威胁使对方产生恐惧心理进而交付财物的，也成立本罪。参见张明楷：《刑法学》，法律出版社2007年版，第722页。

故应以敲诈勒索罪论处。

二、对司法解释中侵犯家庭财产的犯罪"一般可不按犯罪处理"的解读

此案在处理过程中,有意见认为,本案被告人的行为是属于"两高"司法解释中"一般可不按犯罪处理"的情形。其依据是《最高人民法院关于审理盗窃案件具体应用法律若干问题的解释》第一条第(四)项规定,"偷拿自己家的财物或者近亲属的财物,一般可不按犯罪处理;对确有追究刑事责任必要的,处罚时也应当与在社会上作案的有所区别。"《最高人民法院、最高人民检察院关于办理诈骗刑事案件具体应用法律若干问题的解释》第四条规定:"诈骗近亲属的财物,近亲属谅解的,一般可不按犯罪处理。诈骗近亲属的财物,确有追究刑事责任必要的,具体处理也应酌情从宽。"《最高人民法院关于审理抢劫、抢夺刑事案件适用法律若干问题的意见》第七条规定:"为个人使用,以暴力、胁迫等手段取得家庭成员或近亲属财产的,一般不以抢劫罪定罪处罚,构成其他犯罪的,依照刑法的相关规定处理;教唆或者伙同他人采取暴力、胁迫等手段劫取家庭成员或近亲属财产的,可以抢劫罪定罪处罚。"① 从上述条文可以看出,"两高"出台的司法解释对于针对近亲属的财产犯罪提出了一般可不作为犯罪处理的规定。

应如何理解上述规定?上述条文中"可不按犯罪处理"是指行为人及其行为本身已经具备了犯罪的构成的要件,从理论上来说,是属于犯罪,但立法者出于某种需要,考虑到社会实际情况,不做犯罪处理,这是个立法技术层面的问题,而不是刑法理论的问题。从司法解释中规定看,并不是所有侵犯家庭财产的犯罪都不按犯罪处理。笔者认为,从立法本意看,对上述行为予以无罪化处理是从维护家庭关系稳定出发,刑法不应过多地干涉家庭关系,此外,这类犯罪大多由于家庭矛盾或者财产分配不均引起,社会危害性较小,因此对家庭成员的财产犯罪不能简单地按犯罪构成要件、犯罪数额、

---

① 有学者总结出《最高人民法院关于审理抢劫、抢夺刑事案件适用法律若干问题的意见》第七条表明针对近亲属的财产犯罪一般不应定罪处罚,除非构成人身伤害等其他侵犯不同客体的犯罪,才应定罪处罚。笔者认为,这是一种错误的类推和扩大解释,上述司法解释具有特殊的适用范围,只有在涉嫌抢劫罪中才能适用。因为抢劫罪是一种行为犯,刑法分则中仅对其行为手段进行定量,入罪的门槛设置较低。若对抢劫近亲属财产的行为人按抢劫罪的构成要件苛以重罪,实不必要。

行为结果等作为罪与非罪的界限。有学者提出对这类犯罪应以被害亲属的态度作为衡量罪与非罪的标准，即被害亲属坚持要求处理的，才宜作为犯罪处理，被害亲属不要求处理的，一般可不作为犯罪处理。上述做法类似于自诉案件的处理。笔者认为，被害亲属的态度固然重要，但并不能作为区分罪与非罪的标准。首先，我国刑法没有将这类犯罪归入自诉案件，仍属于公诉案件的范畴，仅以被害亲属的态度作为定罪标准不仅有损刑法的严肃性而且助长了家庭成员间侵财犯罪的势头；其次，实践中被害亲属的态度往往出现反复，特别是在追回财产前要求追究行为人的刑事责任，追回财物后又要求司法机关不再追究；再次，行为人侵犯多个近亲属的财产，多个近亲属之间对是否追究行为人刑责的态度不一致的，将难以取舍。以本案为例，被害人邓某在李某被采取强制措施后要求司法机关追究其刑事责任。一审开庭前又对李某表示谅解，要求司法机关免予处罚。因此，仅以被害家属的态度作为衡量标准不仅对刑法的严肃性提出质疑而且干涉了司法机关的独立性和正常的职能活动。在本案中，司法机关认为李某的行为不适用"可不按犯罪处理"的情形。主要基于以下方面考虑：（1）无罪化处理的本意是为了保护和维持家庭关系，而本案行为人作案的动机却是为了保持与第三者之间的情人关系，这与立法本意是背道而驰的。（2）李某的主观恶性较大。在作案前，李某明知家庭经济困难，只有冒充绑匪将儿子绑架方能借此逼其他近亲属给钱，其犯罪的触手伸向多名近亲属。此外，李某索取的赎金数额巨大，远超过情人向其索要的数额。（3）从行为结果看，李某藏匿儿子达16天之久，对妻子和儿子的心理造成严重伤害。（4）从社会危害性看，李某的行为严重破坏了家庭成员之间的信赖关系和经济关系；其冒充绑匪的行为又对社会安定造成不利影响，并且在公安机关介入调查后，李某隐瞒真相达16天，期间阻碍公安机关调查，极大地浪费了司法资源。

由此可见，笔者认为，上述《解释》和《意见》对"可不按犯罪处理"、"确有追究必要"虽然没有作出具体解释，但应当从行为人的社会危害性和应受惩罚性进行甄别。刑法第十三条对犯罪的概括体现了犯罪的三个本质特征，即刑事违法性、社会危害性和应受惩罚性。这表明我国对犯罪概念采用既定性又定量的模式。侵犯家庭成员财产的行为，首先必须具有刑事违法性，在此基础上才能对其社会危害性和应受惩罚性进行评价。在对社会危害性和应受惩罚性进行评价时，应考虑行为人是否基于较大的主观恶性，如侵犯家庭财产用于犯罪或其他违法活动；其行为是否会严重危害社会治安秩序；是否严重破坏家庭关系；是否给家庭成员和亲属造成严重财产损失和精神痛苦；侵犯的对象是否为家庭中的弱势群体或者家庭经济困难的亲属；是否对家庭成员实施严重的暴力或威胁手段；是否伙同他人实施；等等。需要说明的是，被害人的诉求作为必须考虑的重要因素，不一定非得在"是否按犯罪处理"上进行评价，在量刑时也可作为从轻、减轻或者免除刑罚的情节予以考虑。（本案在庭审过程中，公诉机关根据被害人的诉求建议法院对李某适用缓刑，法院采纳了公诉机关的量刑建议）。

[结语]

在现代社会中，财产的权属关系复杂，在针对共有等产权关系复杂的财产犯罪中，若仅保护财产所有权，则以厘清所有人与财产的权属关系为必要，将使刑事法律关系陷入不必要的繁冗，在大量消耗司法资源的同时，亦不足以有效保护现代社会的财产关系。剥夺他人合法占有状态本身造成的社会危害性可匹及对财产所有权的侵害，因此保护财产所有权的前提是有效保护财物的占有本身。刑法在保护财产所有权的同时，应向外延及与之密切相关的本权。本案中，被告人李某以敲诈勒索的非法手段，在其妻完全不知情之下，占有并处分夫妻共同财产及其他近亲属的财产，其行为已严重侵害了财产原本保持的合法占有，同时其实施的恐吓行为亦侵犯被害人之生活安宁，使家人的心灵遭受极大创伤，确有追究其刑事责任的必要。此外，需要说明的是，并非所有发生在家庭内的刑事案件都归咎于家庭矛盾予以从宽处罚，某些借助家庭这一特殊环境实施的犯罪更具有隐蔽性，其社会危害性甚至胜于社会上的相同犯罪，在处罚时应当根据宽严相济的刑事政策一一甄别。

聚众斗殴罪司法疑难问题探究
——何强等人聚众斗殴案

徐 操*

[基本案情]

2010年11、12月期间，常熟市忠发投资咨询有限公司法定代表人徐建忠经他人介绍多次至澳门赌博，欠下曾勇等人为其提供的巨额赌资。后曾勇亲自或指使杨佳、龚军、朱刚等人多次向徐建忠讨要该笔赌债。2011年4月2日上午，被告人何强受徐建忠指派与张胜、陈强等人至常熟市枫林路来雅咖啡店与杨佳等人就如何归还该笔赌债进行谈判，但没有结果。期间，李毅夫携带菜刀与他人在该咖啡店外等候，在杨佳等人离开咖啡店时进行跟踪。当日中午，何强与杨佳在手机通话过程中，言语不和，发生冲突。其后，何强主动打电话给之前从未联系过的曾勇，双方恶语相向，互有挑衅。在判断双方将发生进一步冲突的情况下，何强随即三次打电话给张胜，要求张胜带人至忠发公司。张胜随即纠集了陈强、张人礼、龙云中、李毅夫至忠发公司，并在该公司内准备菜刀等工具。待人员就

---

* 北京师范大学刑事法律科学研究院硕士研究生。

位、工具准备完毕后,何强再次主动拨打曾勇电话,通话中言语刺激、相互挑衅,致矛盾升级激化。曾勇便纠集杨佳、龚军、胡炜(均另案处理)等人,持刀赶至忠发公司。当何强等人通过公司监控看到有多人下车持刀上楼时,便在徐建忠办公室持刀以待。当曾勇等人进入徐建忠办公室后,与何强、张胜、陈强、张人礼、龙云中、李毅夫相互持械斗殴,造成何强及龚军、胡炜受伤,忠发公司内部分物品毁损。经法医学鉴定,何强及龚军、胡炜之损伤均已构成人体轻微伤。

[裁判要旨]

法院经审理认为,此案系因赌债纠纷引发,为非法利益之争,不能得到法律保护。被告人何强第一次主动拨打曾勇电话后,即对对方可能上门发生打斗有明确判断,并作了纠集人员、准备工具的充分准备。何强一方其余五人在斗殴发生之前并不在忠发公司,他们被何强叫至公司的目的就是为了准备斗殴。在人员到位、工具齐备的情形下,何强再次主动拨打曾勇电话,充分反映出被告人何强一方在主观故意上并非基于防卫的目的,而是具有与他人互殴的故意。在何强等人准备工具至对方上门约半小时内,并未采取相应措施以避免打斗。当从监控视频中看到曾勇一方多人在忠发公司大门外下车持刀进入公司大楼时,何强等人则敞开门持刀以待,充分表明何强等人对斗殴发生持积极态度,遂致斗殴发生。法院综合这些情况,认定何强等持刀守候一方主观上具有斗殴的故意,客观上纠集人员、准备工具、实施了相互斗殴的行为,完全符合聚众斗殴罪的犯罪构成要件,其行为性质不符合刑法规定的正当防卫的构成条件,不是正当防卫。因此,一审法院以聚众斗殴罪分别判处何强等六人轻重不等的刑罚;对于曾勇等持砍刀上门斗殴一方,亦以聚众斗殴罪分别作了有罪判罚。

[疑难争议]

本案所反映出的聚众斗殴罪司法认定中的疑难争议问题主要体现在如下方面:

1. 聚众斗殴罪的成立是否需要流氓动机?
2. 被告人何某等人的行为是构成聚众斗殴罪,还是成立正当防卫?
3. 事先准备防卫工具可否成立正当防卫?
4. 相互斗殴过程中能否成立正当防卫?
5. 如何区分聚众斗殴罪与群众间因民事纠纷而发生的一般打斗行为?

[法理探讨]

近年来，社会治安形势严峻，聚众斗殴犯罪亦呈现出上升趋势。不过，由于刑法第二百九十二条对于聚众斗殴罪仅以简单罪状之模式予以笼统的规定，最高司法机关对于何谓聚众斗殴又缺乏必要的司法解释，以致司法实践中对于该罪的认定多有歧见。何强聚众斗殴案即是前段时间引起社会广泛关注的案件。随着案件被媒体曝光，一段名为"菜刀队 VS 砍刀队"的视频开始在网上热播，本案也随之为网络空间所热议。网民们曾经普遍质疑：为何常熟当地 19 名歹徒持刀入室砍人安然无事，而 6 名湖南打工者奋起反抗却被分别判刑？无论是网民还是法学专家，都纷纷参与到本案的讨论当中，其中对于法院的判决持质疑态度者不在少数。但通过司法机关对本案的审理，使得其全部案情逐渐明了，法院最终的判决也得到了社会较为广泛的认可。本文拟从本案所涉及的几个争议点切入，深入探究聚众斗殴罪中的若干疑难问题，以期对聚众斗殴罪的司法认定有所裨益。

一、聚众斗殴罪的成立是否需要流氓动机

聚众斗殴罪是由 1979 年刑法中的流氓罪分解而来，那么该罪的成立是否需要行为人主观上具备"流氓"动机呢？大多数教科书都将聚众斗殴罪定义为，"基于私仇宿怨，或争霸一方或者其他藐视法纪的动机，聚集多人成帮结伙地相互攻击对方身体的行为"，而且在区分罪与非罪时强调，因民事纠纷而引起的一般械斗行为，由于不具有流氓动机和流氓的目的，不能以聚众斗殴罪论处。① 此种观点实质上是认为聚众斗殴罪的成立需要行为人具备流氓动机。

不过，笔者对上述通说却不敢苟同。聚众斗殴罪的成立并不需要行为人主观上有流氓动机。理由如下：第一，犯罪动机并不必然引起犯罪，而只是刺激行为人产生犯罪目的并促使其决意实施犯罪的内在起因。第二，"流氓"一词并非法律术语，其在汉语词典有两个含义，分别指"无固定工作，经常寻衅闹事的人"以及"恶劣下流的行为"。流氓动机则是"恶劣下流的

---

① 国内的刑法分则实务性教材、刑法教科书以及司法实务通常都持这种观点。如张明楷：《刑法学》，法律出版社 2003 年版，第 811 页；王作富主编：《刑法分则实务研究》（下册），中国方正出版社 2001 年版，第 1283 页；张军主编：《刑法分则及配套规定新释新解》，人民法院出版社 2009 年版，第 1177 页。

动机"。对"恶劣下流的动机"这样一个感情色彩极浓的概念进行规范性判断，显然会产生认识上的诸多不确定性。① 第三，司法实践也表明，纯粹的无事生非，通过实施聚众犯罪斗殴活动来寻求刺激或者追求某种卑鄙欲念的满足的犯罪十分少见，大部分的聚众犯罪都是有起因的，而起因往往多样化。② 第四，既然设置本罪名的宗旨是保护社会秩序，那么无论行为人的主观动机如何，只要其在聚众斗殴主观故意的支配下，实施了聚众斗殴行为，扰乱了社会秩序的，即可认定行为人的行为构成聚众斗殴罪，对其进行刑事惩罚。

二、何强等人的行为是构成聚众斗殴罪，还是成立正当防卫

网上热传"菜刀队 VS 砍刀队"的视频给我们展示了一个这样的场景：曾勇等人进入被告人何强所在公司，进门就将刀架在被告人张胜的脖子上，并两次将被告人何强打到在沙发上，对本案其他被告人也进行了不同程度的殴打。在这种情况下，被告人何强等人不得不奋起反抗。网民看到这段视频后，易得出如下结论：何强等人面对曾勇等的不法侵害而实施的打斗行为，是一种基于保护自己人身安全的正当防卫行为。既然何强等人的行为成立正当防卫，那么法院为什么会判处何强等人聚众斗殴罪呢？难倒这是法院的误判吗？如果不是误判，那么事实的真相又如何呢？

经过法院的审理，整个案件的经过逐渐浮现在公众的面前。实际上，本案可以包括三个环节：首先，从起因上说，本案是由归还赌债引起的纠纷。在本案中，何强的老板徐建忠欠曾勇等人巨额赌债，徐建忠指派何强等人就归还赌债事宜与曾勇交涉，由此引发争端，为此后的斗殴埋下了伏笔。其次，在为归还赌债谈判未果的情况下，何强与曾勇之间互相产生冲突，主要表现在何强与曾勇在电话中双方恶语相向，互有挑衅，致使矛盾激化。最后是斗殴环节，即在上述冲突的基础上，曾勇纠集二十多人持刀赶往忠发公司，而何强预料到曾勇会打上门来，亦不示弱，电话召集多人，并准备了菜刀等工具，在办公室等候。以上三个环节可以说是环环相扣，这是一个事件从前因到后果的完整演变过程。基于此，正如陈兴良教授所指出的，对于本案性质的法律评价如果仅仅着眼于第三个环节，置前两个环节于不顾，就会

---

① 何柏松、范雪旺：《聚众斗殴罪疑难问题探析》，载《人民检察》2009 年第 8 期。
② 刘伟：《聚众斗殴罪基本问题新探究——以沪、苏、浙三地司法意见为样本》，载《云南大学学报（法学版）》2008 年第 2 期。

只看到曾勇率人打上门来，从而片面地得出何强等人是正当防卫的结论。如果我们把上述三个环节联系起来看，就会赞同法院的判决：这是一起由归还赌债纠纷引发的聚众斗殴案件。① 换言之，我们看到的那段网络视频反映的仅仅是该案的一个局部事实，何强等人在曾勇上门之前实际上已经积极为这次斗殴做了充分的准备工作。何强等人并不是无辜的受害者，而是聚众斗殴活动的积极参加者。

进言之，何强一方的行为是否构成正当防卫，需要结合以下两方面加以判定：一是要看何强一方实施的行为所要保护的利益是否正当合法。刑法典第二十条规定中所指的人身、财产和其他权利必须是合法正当的利益。经法庭审理查明，本案中双方纠纷的起因是因为赌债问题，系非法利益之争，并不能得到法律保护，曾勇一方为了实现非法债权，纠集多人上门，欲以暴力解决纷争。而何强一方也是为了实现减少赌债偿还的非法利益，积极以暴力进行还击。由此可见，双方的行为性质均具有非正当性。二是要看双方是否有斗殴的故意。对此，法院经审理已经查明，双方案发前在手机通话中均有明显的言语挑衅行为，以致矛盾升级，双方均作了不同程度的人员、工具等准备，表现出双方均具有较为明确的斗殴犯意，从而导致双方互殴的发生。因此，从整个事态演变的过程可以看出，双方均是为了保护自己非法的利益而实施的殴斗行为。何强一方为维护自己非法利益进行的所谓反击行为，并不应得到刑法的保护，其准备工具并非为了实施防卫之目的，而是出于逞强好胜、为了减少赌债，与对方发生互殴，其行为本质特征并不具备正当性和合法性，而具有现实的社会危害性、刑事违法性和应受惩罚性，依法应当给予否定的评价和刑事制裁。至于哪一方人数多、哪一方上门、哪一方先动手，并不是界定行为人是否构成正当防卫的本质特征，而应当根据案件的全部事实综合考量，从而准确认定是聚众斗殴还是正当防卫。②

总之，笔者也认为，何强等人构成聚众斗殴罪，而不是成立正当防卫。事实上，本案算不上重大疑难案件。之所以该案会引起大家广泛的关注与争论，主要原因还是在于民众对于案件的整体事实不甚了解，从而不能对案件的定性做出正确的判断。法院判决何强等人构成聚众斗殴罪并不是对外地人

---

① 参见陈兴良：《聚众斗殴抑或正当防卫："菜刀案"定性与界限区分》，http：//www.dffy.com/fayanguancha/sd/201204/28282.html，最后访问：2012年9月18日。
② 参见赵秉志：《关于何强等"菜刀队"案件定性的基本观点》，http：//www.dffy.com/fayanguancha/sd/201204/28284.html，最后访问：2012年9月18日。

三、事先准备防卫工具可否成立正当防卫

有律师为何强等人辩护时,引用最高人民法院编写的《刑事审判参考》第 30 期发布的《胡咏平故意伤害案——当人身安全受到威胁后,便准备防卫工具是否影响防卫性质的认定?》中的观点充当其辩护意见,其认为,"当公民受到威胁时,要尽可能向单位领导或公安机关报告,通过组织手段化解矛盾;确有必要作防卫准备时,选择的防卫工具要适当,要能灵活把握好防卫的限度,否则造成防卫过当仍需承担刑事责任。而且防卫准备行为本身不能触犯法律的禁止性规定,如不能借用枪支防身,否则非法持有枪支行为本身就构成违法犯罪。但是否有报告,是否事先准备防卫工具以及准备什么样的防卫工具,均属于另一个法律关系,不影响防卫行为的定性。"[①] 简而言之,该律师认为何强等人准备了防卫工具却没有向公安机关报告的事实并不影响何强等人正当防卫的成立。笔者同意"事先准备防卫工具是可以成立正当防卫的,行为人是否报告也并不影响防卫的认定"的观点,但是该律师的这段辩词显然有断章取义、以偏概全之嫌疑。因为何强等人提前准备防卫工具与胡咏平事先准备防卫工具的主观心态是完全不同的,该律师直接将彼案的结论套到此案上,而不区分具体情况,从而简单得出何强等人成立正当防卫的结论是站不住脚的。为了证明这一点,笔者认为有必要对胡咏平故意伤害案案情作一个大致介绍。

胡咏平故意伤害案案情大致如下:2002 年 3 月 19 日下午 3 时许,被告人胡咏平在厦门伟嘉运动器材有限公司上班期间,与同事张成兵(在逃)因搬材料问题发生口角,张成兵扬言下班后要找人殴打胡咏平,并提前离厂。胡咏平从同事处得知张成兵的扬言后,即准备二根钢筋条磨成锐器藏在身上。当天下午 5 时许,张成兵纠集邱海华(在逃)、邱序道在厦门伟嘉运动器材有限公司门口附近等候。在张成兵指认后,邱序道上前拦住刚刚下班的胡咏平,要把胡拉到路边。胡咏平不从,邱序道遂殴打胡咏平两个耳光。胡咏平即掏出一根钢筋条朝邱序道的左胸部刺去,并转身逃跑。张成兵、邱海华见状,立即追赶并持钢管殴打胡咏平。尔后,张成兵、邱海华逃离现场。被害人邱序道受伤后被"120"救护车送往杏林医院救治。被告人胡咏

[①] 参见易延友律师为何强、张人礼等人聚众斗殴案辩护词。

平被殴打后，先到曾营派出所报案，后在杏林医院就诊时，经邱序道指认，被杏林区公安分局刑警抓获归案。经法医鉴定，被害人邱序道左胸部被刺后导致休克、心包填塞、心脏破裂，损伤程度为重伤。在本案中，法院基于以下三点原因认定胡咏平的行为构成防卫而非聚众斗殴：第一，准备工具是为了防卫还是为了斗殴，要依据事实和证据来判断。胡咏平始终供称，他准备工具是为了防卫，如果张成兵不叫人打他，他不会主动去打人。事实也表明，胡咏平从同事处得知张成兵扬言在下班后要叫人殴打他后，并未向张成兵求证是否属实，也未纠集他人准备与张成兵一伙人斗殴。他不知道张成兵是否果真会叫人殴打他，以及会叫多少人，在什么时间、什么地点殴打他，他面临的只是一种威胁，双方并未达成打架或斗殴的合意。而且，胡咏平确实是在下班路上被人拦住殴打后才反击的，且反击一下就逃离，并未主动出击，也未连续反击。这说明胡咏平准备工具的目的是防卫而不是斗殴。第二，我国的公力防范手段有限，公安司法机关主要是进行事后救济，且胡咏平所受到的威胁并不确定，即使他事先向公司领导或公安机关报告，也难以得到有效保护。正因如此，为了更加有效地保护公民的生命和财产安全，我国刑法才规定了正当防卫制度。公民既然有正当防卫权，那么，当其人身安全面临威胁时，就应当允许其作必要的防卫准备。该案的抗诉机关认为，当一个人的人身安全面临威胁时，只能报告单位领导或公安机关，而不能做防卫准备，出门时只能徒手空拳，受到不法侵害时，只能呼救或逃跑，只有在呼救或逃跑无效时才能就地取材或夺取对方工具进行防卫。这一观点显然是不合情理的，不利于公民合法权利的保护，也与正当防卫的立法精神相悖。第三，在价值取向上，刑法应当伸张正义，惩治邪恶。胡咏平人身安全受到威胁，势单力孤，处于弱者的不利地位；而张成兵扬言要叫人殴打胡咏平，并提前离厂去纠集打手。邱序道、邱海华二人明知打人违法，仍积极充当打手，属于邪恶的一方。对于弱小无助的一方，不应当作过多的苛求、限制。因此，即使在胡咏平准备钢筋条是为了防卫还是为了斗殴难以界定的情况下，也应当作出有利于胡咏平的推定。只有这样，才能弘扬正气，打击违法犯罪分子的嚣张气焰。综上，应认定胡咏平准备工具的目的是防卫。[①] 概言之，胡咏平本人并未有斗殴的主观故意，他在人身安全受到威胁、势单力孤的情况下准备工具只是为了自保。在胡咏平准备防卫工具后，他并没有主动

[①] 最高人民法院刑事审判第一、二、三、四、五庭编：《刑事审判参考》2003年第1辑（总第30辑），法律出版社2003年版。

挑衅张成兵的举动。如果张成兵等人不前来对他进行伤害，那么胡咏平也不可能使用钢筋条，更不可能对法益造成损害。

在了解胡咏平案后，我们再来分析何强等人聚众斗殴案。在本案中，何强第一次主动拨打曾勇电话后，即对对方可能上门发生打斗有明确判断，并做了纠集人员、准备工具的充分准备；何强一方其余五人在斗殴发生之前并不在忠发公司，他们被何强叫至公司的目的就是为了准备斗殴。在人员到位、工具齐备的情形下，何强再次主动拨打曾勇电话，充分反映出被告人何强一方在主观故意上并非基于防卫的目的，而是具有与他人互殴的故意。在何强等人准备工具至对方上门约半小时内，并未采取相应措施以避免打斗。而当从监控视频中看到曾勇一方多人在忠发公司大门外下车持刀进入公司大楼时，何强等人敞开门持刀以待，充分表明何强等人对斗殴发生持积极态度，遂致斗殴发生。综合这些情况，我们可以认定何强等持刀守候一方主观上具有斗殴的故意，客观上纠集人员、准备工具、实施了相互斗殴的行为，完全符合聚众斗殴罪的犯罪构成要件，其行为性质不符合刑法规定的正当防卫的构成条件，不是正当防卫。

值得注意的是，虽然何强等人的行为不成立正当防卫，但是正如前文所述，我们并不否认事先准备工具可以成立正当防卫的情形。只是需要明确的是，事先准备工具的行为人准备工具应该是基于防卫意图而非攻击对方意图，同时还需要满足正当防卫的其他条件才可成立正当防卫。

四、互相斗殴过程中能否成立正当防卫

所谓互相斗殴，是指参与者在其主观上的不法侵害故意的支配下，客观上所实施的连续的互相侵害的行为。互相斗殴，按其性质的严重程度，可以分为两种：一是结伙斗殴，属于扰乱公共秩序的违反治安管理行为，为违法行为；二是聚众斗殴，属于我国刑法所规定的犯罪行为。① 相互斗殴的双方都具有侵害对方的故意，这种故意与正当防卫所要求的防卫意图背道而驰，双方均不具备正当防卫的主观条件；相互斗殴的双方所实施的均是殴打、伤害对方的不法行为，如果没有一方的不法侵害，也就没有另一方的不法侵害。因此双方均不具备实施正当防卫的前提条件。可见，相互斗殴与一方以侵害的故意实施的不法侵害而另一方以防卫的意图实施防卫行为这种侵害与防卫关系明显不同，斗殴双方中的任何一方都不得主张防卫的权利，不得借

---

① 赵秉志主编：《刑法学总论研究述评》，北京师范大学出版社2009年版，第437页。

口实施正当防卫而继续实施其斗殴行为。所以，在双方互殴的情况下，只有一方开始没有加害对方的意思与行为，为排除对方的不法侵害而还击时，才能认定为正当防卫。如果无法分辨意思及行为的先后，双方均不得主张正当防卫权。

当然，在相互斗殴的过程中如果一方已停止、放弃了其相互斗殴行为，或者已退出了斗殴现场，向对方明确表示中止斗殴的要求甚至已求饶、逃走，而另一方却不依不饶、紧逼不放，向放弃或求饶的一方继续攻击的话，放弃的一方因不再有侵害行为，如果他为了保护其人身权利不受损害而实施抵抗、反击行为的，应当认定为正当防卫。① 此时我们认定停止、放弃斗殴行为的一方成立正当防卫，是因为其面对紧迫的不法侵害时，已经具备了成立正当防卫的条件，故可认定为正当防卫。

五、如何区分聚众斗殴罪与群众间因民事纠纷而发生的一般打斗行为

江苏省高级人民法院、江苏省人民检察院、江苏省公安厅联合发布的《关于办理聚众斗殴案件适用法律若干问题的意见》规定，对于因民事纠纷引发的互相斗殴甚至结伙械斗，规模不大，危害不严重的，不宜以聚众斗殴罪处理，构成其他罪的以其他罪处理。浙江省高级人民法院、浙江省人民检察院、浙江省公安厅联合发布的《关于办理聚众斗殴案件适用法律若干问题的意见》也规定：因民事纠纷引起的斗殴，一般不以聚众斗殴罪处罚。民事纠纷引起的斗殴往往发生在邻里之间、熟人之间，对于这种斗殴行为予以刑法规制的话，不利于构建和谐的人际关系，也与宽严相济的刑事政策相违背。因此，群众间因民事纠纷而发生的一般打斗行为往往不作为犯罪处理。那么，如何区分聚众斗殴罪与因民事纠纷而产生的一般打斗行为呢？

有论者认为，二者的区别主要在于群众间因民事纠纷而发生的一般打斗行为不具有流氓动机、目的，不是流氓活动。② 笔者已经在上文论述，聚众斗殴罪并非一定要具备流氓动机，因此仅以行为人主观上是否有流氓动机来区分二者的做法是不科学的。有论者认为，对于公民间因日常生活中产生的民事纠纷激化而发生的多人之间的打斗，以及山区或少数民族地区村寨之间因土地、山林、水源等纠纷而发生的双方结伙斗殴行为，不宜按照聚众斗殴

---

① 王政勋：《正当行为论》，法律出版社2000年版，第175页。
② 张军主编：《刑法分则及配套规定新释新解》，人民法院出版社2009年版，第1177页。

罪论处。其中没有发生严重后果的，应视为情节轻微、危害不大的情况，按一般违法行为处理；造成严重后果的，则应根据严重后果的性质及行为人的主观心理状态以及其他有关犯罪论处。① 笔者同意这种区分方法，但是因民事纠纷发生的打斗也并非一律不构成聚众斗殴罪。如浙江省高级人民法院、浙江省人民检察院、浙江省公安厅联合发布的《关于办理聚众斗殴案件适用法律若干问题的意见》规定：如果民事纠纷当事人雇请打手或者纠集无关人员进行斗殴，符合聚众斗殴罪要件的，应以聚众斗殴罪论处。笔者认为将此情形规定为聚众斗殴罪是合理的，因为此种情形符合聚众斗殴罪的犯罪构成，乃是坚持罪刑法定原则的应有之义。民事纠纷当事人之间打斗是否构成聚众斗罪应该根据实际情况予以判断，不能一概将其排除在犯罪圈之外，否则有放纵犯罪之嫌，不利于社会秩序的维护。

[结论性观点]

根据上述分析，可以得出以下结论：

1. 聚众斗殴罪的成立并不一定需要以行为人具有流氓动机为主观要件。

2. 只要符合正当防卫成立条件，在事先准备防卫工具的情况下，同样可以成立正当防卫。

3. 相互斗殴过程中，只要双方均具有不法侵害对方的故意，就均不能成立正当防卫；但相互斗殴的过程中如果一方已停止、放弃了其加害行为，或者已退出了斗殴现场，另一方继续攻击的话，放弃或者退出一方可以成立正当防卫。

4. 聚众斗殴罪与群众间因民事纠纷而发生的一般打斗行为之间的区别在于情节是否严重或恶劣，是否具备了聚众斗殴罪的要件。

5. 被告人何强等人的行为由于已经超出了正当防卫的主客观特征，因而构成聚众斗殴罪，而不成立正当防卫。

"天网恢恢，疏而不漏"。何强等人原本试图通过网络视频来证明自己"清白"进而逃避法律追究的企图终究没有得逞。常熟市人民法院在此案审理过程中，坚持了司法独立和审判公开原则，将整个案情公布于众，说明了判案缘由，审判结果亦获得了百姓的认可，取得了良好的法律效果与社会效果。

---

① 参见赵秉志主编：《刑法新教程》，中国人民大学出版社2009年版，第594页。

行政执法证据与刑事司法证据的转换
——孙海根等人组织、领导传销活动罪

刘广三* 彭心韵**

[基本案情及裁判结果]

2009年9月28日，洛阳市西工区人民检察院以被告人孙海根、宁俊锋、夏文卓犯组织、领导传销罪，依法向洛阳市西工区人民法院提起公诉。公诉机关指称，2008年10月以来，被告人孙海根伙同宁俊锋、夏文卓、林警生、邱育文以推销MDG国际科技集团有限公司的mycool等软件产品为名，先后在洛阳市国旅5楼、西工区星河国际11楼、天力大厦12楼等处，通过培训、讲课、开会等方式，引诱客户购买MDG公司软件产品，并以高额返利为诱饵，引诱购买者继续发展下线。三被告人先后发展下线142人，从中非法获利36000余元。法院经审理认为，被告人孙海根、宁俊锋、夏文卓在开庭审理过程中对上述事实无异议，且有洛阳市工商局西工分局案件调查报告、洛阳市工商局西工分局关于孙海根、宁俊锋、夏文卓等人团体从事传销涉嫌犯罪案件卷宗、抓获经过、三被告人户

---

* 北京师范大学刑事法律科学研究院教授、博士生导师。
** 北京师范大学刑事法律科学研究院硕士研究生。

籍身份证明，证人郑某、王某、田某、刘某、李某等人证言等证据加以印证，事实清楚，证据确实充分，因此作作出了公诉机关指控罪名成立的判决。

[**裁判要旨**]

该案在事实认定方面，法院对与定罪量刑有关的事实和情节，都有证据加以证明，且这些证据共同指向同一待证事实，同时被告人对证据所推导出来的该结论无异议，法院据此认定该案事实清楚。而在证据运用方面，法院作出判决所依据的证据包括洛阳市工商局收集到的相关材料。

新刑事诉讼法第一百九十五条规定，合议庭依据查明的事实、证据和有关的法律规定，在案件事实清楚，证据确实、充分的情况下，依据法律认定被告人有罪的，应当作出有罪判决。该案中，属于犯罪构成要件的事实都有相应的证据加以证明，证人证言高度一致，书证物证查明属实，证据之间相互印证，形成完整的体系，法院据此认定证据确实充分，依法能够排除合理怀疑得出唯一结论，因此作出被告人有罪的判决。

[**蕴涵的理论问题**]

在刑事审判中，尤其是在经济犯罪案件审判中，有不少案件开始是由行政执法机关查处，发现有犯罪嫌疑后才移送公安机关作为刑事案件办理的，如涉税案件、扰乱市场秩序案件等。这就涉及到行政执法中所获取的证据在刑事诉讼活动中的转化和使用问题。由于相关刑事法律与司法解释没有明确规定，实务中争议较大。如上述案件，据以定罪量刑的证据很大部分来自洛阳市工商局所提供的材料，即在案件的审理过程中，法院将行政执法机关收集到的物证、书证、证人证言直接运用在刑事诉讼中，并基于这些证据对被告人定罪量刑。该种做法到底可不可取呢？本文将从以下两个方面进行分析。

第一个方面，行政执法过程中获得的证据材料能否转换为刑事诉讼中的指控证据，如果能够转换，其所依据的理论来源是什么。第二个方面，行政证据直接运用于刑事诉讼活动中，这种运用需不需要附加什么条件，即应该如何实现行政执法证据向刑事指控证据的有效转换。

[分析]

一、行政执法过程中获得的证据材料能否转换为刑事诉讼中的指控证据,依据何在

虽然学界对行政机关在执法过程中获取的证据能否转换为刑事指控证据有不同的认识,但是这并不影响司法实践中的大量行政执法证据进入刑事诉讼程序,正如上述案例所述,法院将行政执法证据材料直接运用于刑事司法审判中,在没有具体明确的法律对证据转化问题提供指引的情况下,司法机构处理这类问题主要以国务院制定的《行政执法机关移送涉嫌犯罪案件的规定》和最高人民检察院制定的《人民检察院办理行政执法机关移送涉嫌犯罪案件的规定》① 为准则进行处理,这两部法规虽然为行政执法证据转换为刑事指控证据提供了操作的标准,但是不可否认这两部法规的位阶较低,没有将证据的转换上升到法律的层面。

那这种转换是否有法可依呢?是否有理论支持呢?笔者认为,行政执法证据一定条件下是可以转换为刑事指控证据的,理由如下:

(一)刑事诉讼法的修订条文为证据转换提供了法律支撑

刑事诉讼法第五十条规定:"审判人员、检察人员、侦查人员必须依照法定程序,收集能够证实犯罪嫌疑人、被告人有罪或者无罪、犯罪情节轻重的各种证据……"有学者据此认为,我国法律将收集犯罪证据的权利主体限定在公检法三机关,其他任何机关都不具备该项职能。因此,由行政机关在执法过程中收集到的证据,因为主体资格不具备,而不能运用于刑事诉讼

---

① 《行政执法机关移送涉嫌犯罪案件的规定》第四条第一款规定:行政执法机关在查处违法行为过程中,必须妥善保存所收集的与违法行为有关的证据。第六条规定:行政执法机关向公安机关移送涉嫌犯罪案件,应当附有下列材料:(一)涉嫌犯罪案件移送书;(二)涉嫌犯罪案件情况的调查报告;(三)涉案物品清单;(四)有关检验报告或者鉴定结论;(五)其他有关涉嫌犯罪的材料。
《人民检察院办理行政执法机关移送涉嫌犯罪案件的规定》第四条规定:对于行政执法机关移送的涉嫌犯罪案件,人民检察院反贪、渎职侵权检察部门应当审查是否附有下列材料:(一)涉嫌犯罪案件移送书;(二)涉嫌犯罪案件情况的调查报告;(三)涉案物品清单;(四)有关检验报告或者鉴定结论;(五)其他有关涉嫌犯罪的材料。人民检察院可以要求移送案件的行政执法机关补充上述材料和证据。

活动中。这也是很多学者认为行政执法获取的证据不能运用于刑事诉讼中最直接的原因。新刑事诉讼法第五十二条第二款给这场争论来了场中场休息，该款规定："行政机关在行政执法和查办案件过程中收集的物证、书证、视听资料、电子数据等证据材料，在刑事诉讼中可以作为证据使用。"其虽然保留了旧刑事诉讼法第四十三条的规定，依旧将收集证据的主体限于公检法三机关，但条文的修订为行政机关收集到的证据转化为刑事指控中的证据提供了明确的法律依据，使得行政执法与刑事司法的证据转化实现了有法可依。而为什么是中场休息呢，因为这场争论还远没有停止，具体原因将在下文实现有效转换的论题下进行细述。

（二）行政执法和刑事司法程序的衔接性为证据转换提供了可能性

行政执法是指行政主体为了执行法律、行政法规、规章和其他具有普遍性约束力的决定、命令，直接对特定的相对人和行政事务采取措施，影响相对人的权利义务，单方面作出具有法律效力的具体行政行为。[①] 刑事司法是指国家司法机关对触犯刑法的严重危害社会的犯罪行为所采取的处罚行为。[②] 基于刑法谦抑性[③]的基本要求，对于一般违法、尚未构成犯罪的行为，在适用其他法律能够恢复社会秩序的情况下，刑法不会主动介入。但是，如果行政执法机关在查处某种行政违法行为时，发现该行为已经超出了行政法所能调整的范围而构成行政犯罪时，就需要将这些行为移送刑事司法机关，由刑法来履行维护社会秩序维的最后一道防线的保障职能。如上所述，行政执法与刑事司法的衔接关系主要取决于行政违法与行政犯罪（之所以只提行政犯罪，是因为在实践中涉及的证据转换问题主要是发生在经济领域的行政犯罪，而在法定犯罪中几乎不存在这种证据转换的问题）之间的逻辑关系。一方面，从社会危害性的角度来说，行政违法与行政犯罪都是违反行政法律规范的行为，妨害正常的行政管理秩序和行政权运作规则，二

---

① 中国社科院法学研究所法律辞典编委会：《法律辞典简明本》，法律出版社2004年版，第769页。
② 何习虎：《论行政执法与刑事司法的衔接》，载东方法眼2010年11月25日。
③ "即使行为侵害或威胁了他人的生活利益，也不是必须直接动用刑法。可能的话，采取其他社会统治手段过于激烈，有代之以刑法的必要时，才可以动用刑法，这叫刑法的补充性或谦抑性。"引自陈兴良：《刑法的价值构造》，中国政法大学出版社1998年版，第363页。

者都具有社会危害性；另一方面，既然行政违法与行政犯罪都是危害行政法秩序的行为，作为分别追究这两种危害行为的行政执法与刑事司法机制，都是在同一法律体系下发挥着保障正常的法制秩序的功能，最终目标都是维护社会的和谐发展，在统制社会的层面上，它们具有内在的一致性。

简而言之，当行政违法行为达到一定危害程度并触犯刑法时，行政违法行为就转化为刑事违法行为，从而行政执法就过渡到刑事司法。并且基于这种程序上的衔接性，为证据材料在这两种机制内部转换实现了有效的链接。

（三）证据内在的一致性为证据转换提供了可行性

行政证据是用以证明案件事实存在的材料①；刑事证据是指在刑事诉讼中以法定形式表现出来的能够对案件事实起到证明作用的一切事实。②从定义可以看出，行政证据和刑事证据都是证明案件真实情况的事实，其功能都是为了证明案件的真实情况。而证据是客观存在的，并不因为收集主体的不同而发生变化，当然，这里所说的证据指的是客观性很强的物证、书证、电子数据等。这种证据功能的内在一致性，为证据转换提供了可行性。

一方面，从证据种类的角度进行分析，行政证据和刑事诉讼证据的种类基本一致。例如，国家工商行政管理总局颁布的《工商行政管理机关行政处罚程序暂行规定》（已经废止）第十八条第一款规定："办案机关对案件进行调查，应当收集以下证据：（1）书证；（2）物证；（3）证人证言；（4）视听资料；（5）当事人陈述；（6）鉴定结论；（7）勘验笔录和现场笔录。"这与新刑事诉讼法规定的八种证据种类③在很大程度上保持了一致性，这种一致性即为证据在行政执法程序和刑事诉讼程序这两种程序中的转化提供了可行性。另一方面，如行政处罚法、行政诉讼法、《最高人民法院关于执行〈中华人民共和国行政诉讼法〉若干问题的解释》等法律、司法解释，对行政证据的收集程序作出了较为完整的规定，都要求行政主体必须遵守法定的步骤、方式对证据进行收集，通过合法收集的证据才能作为认定事实的依据。可见，行政证据同样具有刑事诉讼证据的"关联性、合法性和真实

---

① 朱维究、王成栋主编：《一般行政法原理》，高等教育出版社2005年版，第583页。
② 宋英辉主编：《刑事诉讼法学》，中国人民大学出版社2009年版，第222页。
③ 新刑事诉讼法第四十八条第二款规定：证据包括：（一）物证；（二）书证；（三）证人证言；（四）被害人陈述；（五）犯罪嫌疑人、被告人供述和辩解；（六）鉴定意见；（七）勘验、检查、辨认、侦查实验等笔录；（八）视听资料、电子数据。

性"的基本属性。但也必须指出的是，这种合法性在行政执法和刑事诉讼中的要求是不同的，刑事诉讼中对合法性的要求要明显高于行政执法程序中所要求的合法性。也就是说，这两种程序的合法性并没有保持绝对的一致性，但在原则上两种程序对合法性的要求并不相互排斥。因此，证据的基本属性的一致性即为证据转换排除了原则性的障碍。

二、如何实现行政执法证据向刑事指控证据的有效转换

首先，强调一下笔者的立场，通过上文的分析，笔者认为行政证据可以转换为刑事指控证据。但是同时，笔者也不否认这种转换是把双刃剑，有利有弊。其中有利的地方在于：第一，行政执法证据作为刑事诉讼证据使用，在一定程度上减轻了侦查机关的工作量。如果否认行政证据的效力，一方面，司法机关对证据的重新收集，其实质内容相同，更多的只是一种程序转换，而这种程序上的重复只是诉讼资源毫无意义的浪费，并且增加了讼累；另一方面，由司法机关重新收集证据，由于时过境迁，取证时机的丧失，极易导致证据损毁或人为地破坏，增加了取证的困难。第二，由于行政执法程序相比于刑事司法程序给被调查者或证人的心理压力会小一些，思想意识上也比较松懈，因此由行政执法机关调取证人证言，当事人陈述等更为容易。

但是，也不能否认这种不同程序之间的证据转换会给司法审判带来弊端。例如，行政执法人员的证据意识没有司法工作人员那么强，其在办理违法案件的过程中如果调取证据不够充分、不完整，或者程序不合法，就会使有些刑事案件降格处理，从而放纵了犯罪。又例如，对于证人证言、当事人供述和辩解这一类调查笔录，特别是对证人所作的询问笔录等，这类证据材料在获取时难以排除当事人的主观因素，在行政程序较为轻松的氛围内，证人可能会夸大其词，作出虚假供述，因此对于这种具有相当不确定性的证据，如果直接转换为刑事指控证据的话，必然会带给审判结果不必要的误差。

基于以上分析，如何才能避免这种误差从而实现行政执法证据向刑事指控证据的有效转换呢？

（一）限制行政执法中的证据转换为刑事指控证据的种类

1. 对于物证、书证和视听资料、电子数据这类证据，由于其所具有的很强的客观性，不因收集主体的不同而发生改变。因此由行政执法机关提取的这些证据，可以直接在法庭上使用，只要经侦查、公诉机关依法履行调取

证据的法律手续即可。而新刑事诉讼法第五十二条第二款规定的"行政机关在行政执法和查办案件过程中收集的物证、书证、视听资料、电子数据等证据材料，在刑事诉讼中可以作为证据使用"，就是对这些证据的转换最为直接的认可。

2. 对于证人证言、当事人供述等言辞类证据的转换应当加以严格限制，一般应当由司法机关重新提取后才可以作为证据来使用。一方面，这些证据很大一部分为直接证据，可能直接对案件的定性产生决定性影响；另一方面，这类证据在获取时难以排除提取人的主观因素，具有相当的不确定性，因此对这类证据的重新提取再使用，有利于法庭审理的顺利进行。当然，行政执法机关移送的上述材料，可以作为司法机关获取证据的重要线索。

3. 对于有关勘验笔录、鉴定结论、现场笔录、扣押清单等专门性证据材料，原则上只需进行形式审查，确认其系行政执法机关在法律规定的范围内依法定程序收集的证据，即可提交司法机关作为证据材料使用，而不需要经过司法程序的转换。但是，若司法机关对证据获取的合法性或者证据本身的真实性有怀疑的，要经过复验、复查后查证属实的，才可转换为刑事证据进行使用。

（二）应当明确行政执法机关在刑事诉讼过程中的法律地位

新刑事诉讼法第五十七条规定："在对证据收集的合法性进行法庭调查的过程中，人民检察院应当对证据收集的合法性加以证明。现有证据材料不能证明证据收集合法性的，人民检察院可以提请人民法院通知有关侦查人员或者其他人员出庭说明情况；……"这也就是说，如果行政执法收集证据的合法性需要证明，应当由原行政执法人员到庭加以说明。

既然行政人员在一定的情况下要出庭证明自己证据获取的合法性，那么就应该明确行政执法人员在刑事诉讼中的法律地位，笔者认为可以在刑事诉讼中把行政执法人员归入证人行列。因为他们对于证据收集合法性的证明，需要出庭加以说明，并且接受质证，通过合理说明的证据可以在刑事诉讼中使用。因此，他们对案件事实的陈述，可以当作证言使用。赋予行政执法人员证人的身份，可以保证执法人员有明确的身份参与到刑事诉讼中，进而保证了案件处理的连续性。

（三）检察机关提前介入程序，强化其监督职能

检察机关提前介入，是指对于行政执法机关查处可能涉嫌犯罪的案件，

检察机关认为有必要时可以主动派员提前介入，以引导行政执法机关围绕案件的定性进行收集、固定和保全证据。① 检察机关的检察权从涉嫌犯罪案件移送后向移送前拓展，从刑事诉讼环节向行政执法环节拓展，不但有利于充分发挥检察机关对案件定性、证据把握的优势，同时，还有利于增加对行政执法机关移送涉嫌犯罪案件的监督、增大行政执法过程的透明度。② 司法实践中，涉及证据转换问题的案件主要发生在经济犯罪领域，经济犯罪与普通犯罪相比具有其特殊性，该类案件一般是先由行政机关查处，再移送公安机关。而当前社会经济犯罪猖獗，打击力度不够的状况，使得检察机关监督的触角向前延伸具有必要性。只有检察机关对行政机关的证据收集、采纳、固定、保全、移送等问题进行有效的监督，并在监督的基础上适当加以指引，使得获取证据的过程在程序上更加透明，使得行政证据向刑事诉讼证据的过渡更为顺畅。

同时，在检察机关的监督下，行政执法机关与刑事司法机关应当保持信息交流的畅通，建立数据平台、技术资源等方面紧密的信息共享机制，逐步实现各行政执法机关信息管理系统与公安机关、人民检察院的信息联网共享，做到信息共享、密切合作，③ 使得证据转换中涉及的各种程序机制真正良性运转起来。

[结论性观点]

综上分析，行政执法获取的证据在符合一定条件下是可以转换为刑事指控证据在刑事审判中作为据以定罪量刑的依据的。这种在不同程序中证据的转换，并不是要使行政执法权与刑事司法权的界限模糊化，反而通过这种有效转换，一方面，可以更加便捷地处理行政执法与刑事司法衔接过程中出现的问题，顺利实现两者的过渡，使得行政执法与刑事执法这两个不同的执法体系形成良好的打击犯罪的合力；另一方面，这种证据的转换可以促使行政机关和公安机关对某些特定种类的违法行为进行联合执法，全方位地发挥调

---

① 周佑勇、刘艳红：《行政执法与刑事司法相衔接的程序机制研究》，载《东南大学学报》2008 年第 1 期。
② 徐燕平：《行政执法与刑事司法相衔接工作机制研究——兼谈检察机关对行政执法机关移送涉嫌犯罪案件的监督》，载《犯罪研究》2005 年第 2 期。
③ 徐燕平：《行政执法与刑事司法相衔接工作机制研究——兼谈检察机关对行政执法机关移送涉嫌犯罪案件的监督》，载《犯罪研究》2005 年第 2 期。

整社会秩序的作用。但是，也不可否认，在现阶段的法制体系下，行政执法证据转换为刑事指控证据在实现过程中，会不可避免地带来一些弊端，尤其是当前我国行政执法证据的转换程序还处在原则性规定多，具体操作规范不足，缺乏实际执行的刚性的阶段，证据转换没有统一的标准，给审判带来了不稳定因素。为了避免证据转换的随意性带来的这种不稳定因素，应当尽快出台相关司法解释，规定具体的配套措施和实施方案，制定统一的证据移送标准，力求早日实现行政执法证据向刑事指控证据的有效转换。

疑难案件探讨

传来证据的证明价值
——王某抢劫案

牟大钊* 樊传明**

[基本案情及裁判结果]

2003年3月，被告人王某因涉嫌抢劫罪被某市人民检察院提起公诉。公诉机关指控其于2000年1月3日在盗窃后为抗拒抓捕而使用暴力并致被害人蒋某死亡，构成抢劫罪。一审中，王某对指控事实予以否认，称自己未去过本案抢劫犯罪的现场；其在侦查期间对抢劫罪作有罪供述系逼供、诱供所致。其辩护人提出，作案凶器未找到，指控王某犯抢劫罪的证据基本上是间接证据，没有形成证据锁链，认定王某犯抢劫罪的证据不充分。一审法院以证据不足为由认定公诉机关对王某的指控不成立。一审判决后，该市人民检察院向省高级人民法院提出抗诉。抗诉机关举出了证人张某（系王某盗窃案件中同案犯，参与了盗窃行为的共同犯罪，但对于王某在抗拒抓捕的过程使用暴力的行为并未参与）关于其在事后听王某说自己用刀戳人的证言，以及证人孙某关于其曾听王某说自己在滨海

---

* 北京师范大学刑事法律科学研究院硕士研究生，北京市西城区国家税务局科员。
** 中国政法大学中欧法学院博士研究生。

有抢劫杀人行为的证言等证据，还举出黄某等十人的证言、张某对自己在现场遗留衣服、鞋子进行辨认的笔录、现场勘查笔录等，证明案发时村民追赶的小偷之一就是张某。对此，王某及其辩护人提出：指控王某犯抢劫罪，除王某在侦查阶段的供述和张某的证言外，没有其他直接证据证实王某到过案发现场并实施了抢劫杀人行为，王某在审查起诉阶段翻供后，张某的证言即成为孤证；王某在侦查阶段对抢劫罪作的有罪供述，内容存在多处矛盾，不能排除侦查期间被刑讯逼供、诱供的可能。故指控王某犯抢劫罪的证据不足，不能认定。某省高级人民法院经审理裁定驳回抗诉，维持原判。

[裁判要旨]

在本案二审控诉方所提出的证据中，黄某等十人的证言、张某对其在现场遗留衣服、鞋子进行辨认的笔录、现场勘查笔录，意在证明王某关于"从未去过（抢劫案）现场"的辩解不成立，但这仅仅证实"案发时村民追赶的小偷之一就是张某"，却不能证明王某到过案发现场。案发后侦查机关并未提取到本案的作案凶器。侦查机关出具的被害人蒋某死亡鉴定书中，并未对死者致伤锐器单、双刃的特征作出推断；王某辩解，其在侦查阶段所画刀具形状系应侦查人员要求画出，其没有该形状的刀具；二审期间向证人张某核实证据时，其亦称在侦查机关所画图形，系按侦查人员要求画出。这表明，检方认定作案刀具特征的事实不清，证据不足，通过对本案作案凶器特征的审查，不能得出检方据以证明的事实结论。而张某、孙某的证人证言形式的证据处于"孤立无援"的状态，缺少足够的其他证据与其相互印证，没有形成完整锁链。因此，二审法院认为抗诉机关和支持抗诉机关指控被告人王某犯抢劫罪并致一人死亡的证据不足，不予认定。

[蕴含的理论问题]

1. 本案中张某与孙某的证言的证据类型？
2. 如何认定证人张某与孙某证言的证明力？

[分析]

一、本案中张某与孙某的证言的证据类型

在本案二审控诉方所提出的证据中，其他证据均不能证明指控事实，王某又当庭推翻了其在侦查阶段的供述，因此争议焦点就落到了证人张某和孙某的证言这两项证据上。合理认定这两项证据的性质并评价其证明力对于控辩双方非常关键。

关于王某在大塘边等张某时，用随身携带的刀具对追赶的蒋某刺戳一刀并致其死亡这一指控事实，不存在任何目击证人。王某与张某在村外会合时，王某将以刀戳人之事告诉了张某；在案件发生之后，孙某听王某说起过他在滨海县有抢劫杀人行为。张某与孙某都没有亲身感知到这一事件，而只是在事后从王某口中得知。二人的证言实际上是在转述王某的话，以证明王有抢劫杀人行为。要正确认定这种转述证言的可采性和证明力，首先要认清它们的证据性质，从传闻证据、传来证据的角度来分析。

（一）张某与孙某的证言属于传闻证据

传闻证据规则，源于英美证据法，所谓的传闻，"是指陈述人在庭审外作出的用以证明所主张事项之真实性的陈述。"① 据此，传闻证据可以分为两类：一类是证人在审判期日以外，针对直接感知的案件事实所写的书面陈述，被提交给法庭作为证据；另一类是证人在审判期日以他人所感知的事实向法庭所作的陈述，即转述他人的陈述。本案中，张某和孙某都是在转述王某的陈述，是基于王某的直接感知经验而向法庭作证。因此，属于后一种传闻证据。"传闻是一个人的陈述，该陈述是在听审作证之外的其他时间作出的；并且被提供用以证明该陈述中所主张事项之真实性。""排除传闻证据的一般规则是英美证据法的特点之一。它建立了这样一个总的命题，即当陈述是由人们在法庭外作出时，在提出这些陈述以证明这些陈述所宣称的事项时，这些陈述不具有可采性。"②

"设立传闻证据规则的理由有三：首先，可以避免因为陈述虚假和重复报告产生的错误风险；其次，有利于保障当事人交叉询问的程序性权利；再次，有利于事实认定者更好地审查证据。证人出庭可以使审判人员观察到证人的表情，听见证人陈述的声音及语调、语气，这些都是审查判断证言必不可少的信息。因此，如果采纳传闻，证人证言所蕴涵的这些丰富信息都将无从知晓。传闻证据规则的主要价值在于其程序功能，法律对那些虽有相关性

---

① 张保生主编：《〈人民法院统一证据规定〉司法解释建议稿及论证》，中国政法大学出版社2008年版，第58页。
② ［美］罗纳德·J·艾伦等：《证据法——文本、问题和案例》，张保生、王进喜、赵滢译，满运龙校，高等教育出版社2006年版。

但会对程序的正当运行产生不利影响的证据进行过滤，限制其可采性。"①当然，排除传闻证据只是一个一般原则，有着多种情况的例外，如必要性例外、可靠性例外等，甚至可以基于法官的自由裁量发生例外。

传闻证据规则虽然源于英美法系，但大陆法系的直接言词原则与此可谓"殊途同归"。以致有学者认为，"直接审理主义加当事人之反对询问权即变成传闻法则。"② 因此，一些大陆法系国家和地区在近些年的诉讼制度改革中开始引入传闻证据规则。我国目前证据立法尚未确立传闻规则，司法实践中，也并不明确排除传闻证据，而只是在证明力上对这种证据打折扣。这种滞后的证据立法状况已经不能适应审判的需要。在合理范围内，从立法上确立并在司法实践中贯穿传闻证据排除规则，是完善证据制度、提高审判质量的要求。

（二）张某与孙某的证言属于传来证据

传闻证据及其排除规则在目前我国的司法语境下尚未得到明确的承认，从而难以在可采性方面规制转述证言的使用，那么，从原始证据与传来证据分类的角度来分析评价这种证据形式就更为可取。支持王某犯有抢劫罪的一系列证据中，张某是在同王某会合后，听到王某讲到用刀戳人之事；孙某是在事后听到王某说他在滨海有抢劫杀人行为。因此，张某与孙某的证言中关于王某用刀杀人的部分都是对王某本人说过的话的转述，而并非亲身经历。因为经过了转述的环节，所以它们在性质上属于传来证据。

原始证据与传来证据是从证据的来源即证据是否直接来源于案件事实的角度对证据的一种分类。原始证据是指直接产生于案件事实或直接来源于原始出处的证据，即证据是在案件中有关行为的直接作用影响下形成的，或证据包含的信息直接来源于该信息生成的原始环境。当事人和证人关于案件事实的亲身所为、亲自感受、亲见亲闻的陈述，物证的原物，书证和视听资料的原件，鉴定结论和勘验检查笔录等，均属于原始证据。本案中张某对其在现场遗留衣服、鞋子进行辨认的笔录、现场勘查笔录以及法医对死者伤口的

---

① 张保生主编：《〈人民法院统一证据规定〉司法解释建议稿及论证》，中国政法大学出版社2008年版，第58页。
② 黄东熊：《谈传闻法则》，载《军法专刊》第35卷（第1期），第17~18页，转引自黄朝义：《论刑事证据法上之传闻法则》，私立东海大学《法学研究》第13期（1998年12月出版），第167页，注六。

鉴定结论等等都是原始证据。传来证据，是指在原始证据的基础上经过复制、复印、传转、转述等方式生成的证据，它不直接产生于案件事实，也不直接来源于案件原始出处，而是经过某种中介从原始证据派生出来的。当事人、证人从其他人那里得知案件事实的陈述，物证、视听资料的复制品，书证的复本、复印件等，都属于传来证据。张某与孙某的证言显然属于转述证言性质的传来证据。

证人张某和孙某关于王某曾抢劫杀人的证言既然属于转述他人的传来证据，那么是否具有可采性或者证据能力呢？关于传来证据的可采性问题，最高人民法院的司法解释有一些初步的规定。《最高人民法院关于执行〈中华人民共和国刑事诉讼法〉若干问题的解释》第五十三条规定："收集、调取的书证应当是原件。只有在取得原件确有困难时，才可以是副本或者复制件。收集、调取的物证应当是原物。只有在原物不便搬运、不易保存或者依法应当返还被害人时，才可以拍摄足以反映原物外形或者内容的照片、录像。……"总而言之，是要求提交、出示原件、原物等原始证据，而复印件、复制品等传来证据形式的资料只在特殊情况下可采纳。但这些规定只是针对物证、书证、视听资料等，而不涉及证言形式传来证据的可采性。再加上我国诉讼法关于证据及证人资格的规定较宽泛，所以，转述证言这种传来证据并没有被目前我国的法律所禁止。当然，这并不意味着传来证据会具有与原始证据相同的证明力，恰恰相反，这种证据分类主要是着眼于两种证据在证明力或证明价值上的差异。

二、证人张某和孙某证言证明力的认定

按照前面的分析，证人张某和孙某的证言对于抢劫指控非常重要。因为被告人翻供且不排除刑讯逼供、诱供可能，各项间接证据不能形成闭合的证据锁链，于是，正确认定两位证人证言的证明力成为一个关键点。那么，传来证据的性质决定了它有多大的证明力或证明价值？

（一）张某、孙某的证言作为传来证据，具有间接性、易失真性

原始证据与所证明的案件事实之间没有任何中间环节，因此它能够比较客观地反映案件事实的本来面貌。而传来证据与案件事实之间没有直接的关系，经过了转述、转抄或复制，与案件事实之间有一个或多个中间环节。比如，被告人王某自己的供述与案件事实有直接的联系，是对案件事实的亲历描述。但证人孙某的证言却并非直接来源于他对案件事实的见闻，而是他听

王某说过关于盗窃杀人的事情后对王某说的话的转述，证言与案件事实之间有一个转述的中间环节。

传来证据容易失真。证据同它与所证明的案件事实之间的联系越密切、越直接，它的真实性、可靠性就越强。传来证据因为经过了转述、转抄、复制环节，真实可靠程度一般小于原始证据。转述、转抄、复制的次数越多，越容易出现差错，其中所蕴涵的有用信息越容易流失、失真。很可能王某是在向孙某夸大甚至虚构作案经过，以炫耀自己的"战果"；也很可能孙某听错了或记错了王某的话，从而无意地作了假证。

（二）张某、孙某的证言因属于传来证据而证明力减损

目前，我国基本法律没有对传来证据的证明力作明确界定，只是在司法解释中针对物证、书证、视听资料等实物证据的复制品、复制件的证明力问题作了较笼统的规定，而针对言词证据类型的传来证据证明力问题无明文规定。但在理论探讨及司法实践中，仍应明确原始证据与传来证据的分别，明确传来证据的特点和证据价值，合理收集和使用案件证据材料，以准确认定案件事实，最大限度实现司法公正。

证据的证明力以它的可靠性为基础，并取决于它与案件事实的关联性的紧密程度，"证明力是一种以相关性为基础的说服力。"[①] 既然传来证据具有间接性、易失真性，那么，在一般情况下，它的证明力要小于原始证据。并且，"传来证据的可靠程度同传递的次数成不规则反比，所谓不规则反比指的是一般来讲，传递的次数越多，证据的可靠程度越小，但也不排除在某些情况下由于传递过程中传递者对证据的原始状态保持得很完美，使传来证据同原始证据相一致。"[②] 具体到本案，因为张某和孙某的证言是在转述他人陈述的基础上形成的，所以，考虑到与案件事实有一定距离及在传递过程中失真的可能性，其证明力要小于直接感知案件事实并作证的证人提供的证言。

但是，应该注意：首先，"原始证据证明力优于传来证据的一般原则只适用于同源证据，如果原始证据与传来证据分别来自于两个不同的证据来源，那么，二者之间由于不具有可比性，不能简单地套用此一般规则。"其

---

① 张保生主编：《证据法学》，中国政法大学出版社2009年版，第27页。
② 汪建成、刘广三：《新刑事诉讼法论——刑事诉讼理论与实务研究》，红旗出版社1996年版，第452页。

次,"原始证据的证明力优于传来证据的一般规则对于言辞证据与实物证据在适用性上有所不同。实物证据不具有人的主观能动性和可变性,因而原始的实物证据的证明力一般较为稳定,具有较强的可靠性。而言词证据则受到陈述人主观意识的支配,具有较大的可变性,因而原始言词证据的陈述人在不同的情况下,所作的陈述并不完全相同,在某些情况下,原始言词证据的陈述人反而不比转述之人所提供的证言更能真实地反映案件情况。"[1] 在本案中,很难断言张某和孙某证言的可靠性要小于王某本人的无罪辩解,甚至从案情总体看来,他们证言要比王某在审判中的陈述更可靠些。因为被告人王某的陈述与自己有利害关系,并且他的翻供行为也一定程度上降低了他的可靠性(尽管不能排除刑讯逼供、诱供的可能)。

虽然传来证据的证明力一般小于原始证据,但绝不能忽略传来证据的价值。在有些案件中,原始证据已经灭失或者无法找到、无法提取,司法人员只能使用传来证据。另外,因为传来证据是从原始证据派生出来的,所以收集到传来证据后还可以追根溯源,寻找到原始证据。即使在收集到原始证据后,传来证据也并非毫无价值,因为司法人员可以对原始证据和传来证据进行互相对比和印证,传来证据还可以增强原始证据的证明力。

(三)司法实践中既应重视收集原始证据,又要合理使用传来证据

明确了这两类证据的特点,就为指导司法人员正确地收集和运用这两类证据提供了理论依据和原则。原始证据最显著的特点在于它能够比较客观地反映案件的本来面貌,比传来证据更为真实和可靠,因此在司法实践中,应当重视运用原始证据。司法人员在办案中只要有可能,就应当追根溯源,尽量收集和使用原始证据,在法庭审理中应当尽量运用原始证据认定案件事实。

本案中,案发后侦查机关并未提取到本案的作案凶器这一原始证据,致使指纹、刀具特征等许多关键性信息流失,无法确证指控事实,也无法印证被告人的口供。对于亲自感知案件事实的证人和当事人,司法人员应当尽可能地亲自询问,并制作详细的询问笔录;在法庭调查中,亲自感知案件事实的被害人、目击证人应出席法庭,亲自陈述并接受询问,以保证原始证据的客观真实性。对于原始物证、书证和视听资料的审查确认必须依法进行。按

---

[1] 刘金友主编:《证据法学》,中国政法大学出版社2003年版,第151~152页。

照诉讼法有关规定，原始物证、书证和视听资料必须当庭出示或者播放，经当事人、证人等当庭辨认、质证并经查证属实后，法院才能予以采信。

虽然应该重视运用原始证据，但也不能一概否定传来证据的价值。运用传来证据，应注意尽可能收集和运用最接近于原始证据的传来证据，即转述、转抄和复制次数最少的传来证据。因为转手次数越少、距离原始证据越近的传来证据越可靠，而转手次数越多，失实的可能性越大，越不可靠。传来证据的审查重点在于信息来源和传播方式。既要查明传来证据的来源、出处，没有确切来源、出处，不能作为定案根据；又要审查在传转过程中是否有失真和误差。传来证据要有确切的出处或经查证属实。如果经查证，传来证据没有确切的来源和出处，就不能作为定案的根据。假如本案中孙某不是听被告人王某告诉他案情经过，而只是道听途说，听别人传言，却又不能指认消息确切来源，那么他的证言就难以作为本案证据使用。当然，传来证据必须与其他证据互相印证，没有矛盾或矛盾得到合理排除后，才能采信作为定案的根据。在本案中，两位证人证言形式的传来证据处于"孤立无援"的状态，缺少足够的其他证据与其相互印证，形成完整锁链，因而最终不被采信。

[结语]

以上论述通过对本案中张某、孙某证言的分析，对传闻证据和传来证据的概念、性质以及国内外的相关规定作了分析，并进而分析了如何认定传来证据证明力的问题。传来证据由于并非直接来源于案件事实，具有间接性和易失真性的不利特点，导致传来证据的证明力较之同源的原始证据会产生较大的减损，从而可能影响整个案件的定罪。虽然传来证据的证明力一般小于原始证据，但是也绝不能一概否定传来证据的价值。在实践中，司法人员应当根据这两类证据的特点，正确地收集和运用这两类证据。首先，应该重视原始证据的运用，尽可能收集、使用原始证据；其次，也不能忽略传来证据的收集和使用，应该尽可能收集、运用最接近原始证据的传来证据，并在与其他证据相印证的基础上确立合理的定案依据。当然，目前更为重要还是尽快确立我国的传闻证据规则，并在刑事诉讼法中对原始证据与传来证据的收集和运用作出更为详细、完善的规定。

儿童作证资格及证言的审查判断
——章某盗窃案

刘 鹏* 彭少杰**

[基本案情及裁判结果]

被告人章某于某年春节在某市一居民小区趁被害人林某一家出去串亲戚之际,撬开林家的门入室盗窃,窃取现金1000元及贵重物品价值6000元。在其盗窃得手即将离去之际,林某儿子的同学赵某(小学生,男,10岁)来林家找林某的儿子,章某谎称自己是林家的亲戚来帮林某看家。赵某相信无疑,没有进屋就离开了。章某趁机溜走。林某回家后发现被盗,遂向公安机关报案。公安机关根据赵某提供的情况追查到章某。在讯问时,章某否认自己实施了盗窃行为。公安机关侦查终结后,认为章某虽否认犯罪,但有目击证人赵某的证人证言和起获的赃物证明章某的盗窃行为,遂将案件交检察院审查起诉。检察院经审查起诉也认为章某犯盗窃罪事实清楚,证据充分,于是在法定期限内向人民法院提起诉讼。人民法院在庭审的过程中,被告人章某的辩护人提出本案的主要证人赵某年仅

---

* 北京师范大学刑事法律科学研究院硕士研究生。
** 湖北省鄂州市人民政府办公室副科长。

10 岁，不具备作证资格，因此检察院指控被告人章某犯盗窃罪证据不足，要求人民法院判决章某无罪。

[蕴含的理论问题]

根据上述案例，我们可以看出，对于儿童作证问题以及儿童证人证言的审查判断，理论中和实践中都有很多争议和模糊的地方，笔者欲从以下三个方面探讨儿童作证的证人资格以及儿童证人证言的证据能力和证明力问题，并且明确对儿童作证的各种限制以求完善我国关于儿童作证的相关法律法规和配套制度：

1. 儿童是否具有证人资格，立法规定和司法实践是怎样的？
2. 在肯定儿童证人资格的基础上，儿童证人证言的证据能力和证明力如何判断，是否与成年人同等看待，是否需要补强？
3. 是否应当对儿童作证及儿童证人证言规定一定的限制措施，如伪证责任的承担或者证言的审查机制等？

[分析]

一、儿童的证人资格问题

（一）"儿童"的界定

刑事诉讼法第四十八条（新刑事诉讼法第六十条）规定："凡是知道案件情况的人，都有作证的义务。生理上、精神上有缺陷或者年幼，不能辨别是非、不能正确表达的人，不能作证人。"何为年幼？年幼的人究竟为何年龄段？刑事诉讼法没有规定。有些学者参照民法通则关于自然人民事行为能力的规定，认为 10 岁以下的儿童应该是无证人资格的，也有的学者将"年幼"等同于未成年人。笔者认为，按照刑法的有关司法解释，年幼的人应当是 14 周岁以下的人，即属于未成年人（18 周岁以下）范围中较小的年龄段。1989 年《最高人民法院关于拐卖人口案件中婴儿、幼儿、儿童年龄界限如何划分问题的批复》中曾指出："婴儿、幼儿、儿童年龄划分，应以不满一岁的为婴儿，一岁以上不满六岁的为幼儿，六岁以上不满十四岁的为儿童"，虽然该规定现已失效，但其划分标准仍具有一定的参照意义。按照约定俗成的理解以及国外证据法的普遍规定，我们将 14 周岁以下的未成年人称为"儿童"。① 并且我国的刑事诉讼法并没有以年龄为界限来界定证人的作证资格,因此年龄上的划分只是一个参考,是一个相对的而非绝对的概念。

(二) 儿童证人适格性的法律根据和理论依据

除了刑事诉讼法中规定外,《最高人民法院关于民事诉讼证据的若干规定》第五十三条第二款规定:"待证事实与其年龄,智力状况相适应的无民事行为能力人和限制行为能力人,可以作为证人。"表明在我国,只要能够辨别是非、正确表达意志的人都有证人资格。然而,"正确表达意志"和"辨别是非"的认定标准是很模糊的。我们说,"是非"并非一对法律上的概念而是存在于传统道德伦理的概念体系之中。法律的内容是立法者在经过价值评判、衡量之后的一个价值选择的结果。道德上的判断标准通常是"是或者非",法律上的判断标准通常是"合法或违法"。实践证明,把证言的真实性建立在证人道德自律的基础上不是十分可靠的,证人作证是对自己所感知的事实的客观表述,而无关主观的是非判断,对儿童证人的资格进行"辨别是非"的限制并没有实际价值。我国法律也没有规定对儿童的证明力如心智、表达力等进行测试的程序,实践中往往由审判法官自由裁量其是否有资格作证。我国立法尽管没有明文排除儿童的证人资格,但是,实践中许多人包括法官往往以年龄、以不能辨别是非为由,否认儿童的证人资格,或者对儿童证人资格加以限制,还有人以心理素质不健全、无民事行为能力或不到刑事责任年龄为由排斥儿童作证。②

笔者认为,根据刑事诉讼法的规定,证人的不可替代性决定了作证是每个公民应尽的义务,用实体法的责任年龄来作为是否具有证人资格的标准,混淆了证人资格和证言证明力的区别,儿童证人资格属于证明能力问题,而儿童证言可信性则属证明力的问题。证人资格的判断标准不应是能否"辨别是非",只要证人对基本事实具有认知、记忆和表达能力,就推定为具有证人资格,认为其没有证人资格的一方应当提出反证以推翻。年龄并不是决定性因素,单纯凭年龄剥夺儿童的作证资格,对查明案件事实及案件的审理都是极为不利的,甚至导致真正具有价值的证据被排除在法庭之外。就如本

---

① 参见吴丹红:《儿童作证问题之探讨》,载《政法论丛》2003 年 2 月第 1 期。
② 参见丁玉明、万里鹏:《证人资格若干问题辨析》,载《河南司法警官职业学院学报》2008 年第 2 期。

案中，10岁的赵某对章某出现的事实就完全有认知和表达能力。允许儿童作证，只是赋予其作证的资格，防止法庭排除可能重大的证言，而其证言证明力如何，则是由事实审理者具体加以判断的。

二、儿童证人证言的审查判断

（一）儿童证人证言的证据能力

如前所述，只要能够独立表达，对基本事实具有感知、记忆和表达能力就认为他具有证人资格，这是儿童作为证人作证的能力。进而在承认儿童证人适格性的基础上，儿童证人所作的证人证言这种法定证据又具有一定的特殊性，需要对其进行证据能力和证明力的审查判断。

证据的证据能力是指证据是否具有证据的特性而被法庭所采纳。一般认为，证据具有客观性、关联性和合法性，不具有这三种属性的证据材料将被排除出法庭之外。就儿童证言而言，客观性要求对儿童对于事实的认识和表达能力进行一定的判断，心理学研究表明，特定年龄段的儿童不能很好地区分想象与现实，有时会把想象的东西当成现实，有时会把现实的东西想象成游戏情节，因此应该从年龄段、表达真实度等方面判断其所作证言的客观性。关联性要求儿童所作的证言与待证事实之间具有关联关系，儿童并不能很好地筛选其所感知的信息，因此法官在审查儿童证言时要注意鉴别，防止与案件无关的证言信息进入庭审。最后，合法性是证据能力的保障，根据刑事诉讼法的一般规定和非法证据排除规则，儿童在受威胁、欺骗、诱导等情况下所作的证人证言应该予以排除。

（二）儿童证言的证明力判断——补强证据规则的运用

虽然儿童被赋予了证人资格，但是，我们不可否认，儿童证人缺乏生活经验，分辨是非的能力弱，并容易受外界的影响，易于用想象夸大甚至代替生活现实，并且在出庭过程中容易被诱导。因此儿童证人证言这种证据本身存在固有的缺陷，进而影响了其证明力。① 刑事诉讼法中关于儿童证人证言的证明力判断并没有明确的规定，根据《最高人民法院关于民事诉讼证据的若干规定》第六十九条规定："下列证据不能单独作为认定案件事实的依据：（一）未成年人所作的与其年龄和智力状况不相当的证言；……"《最

---

① 参见王花棉：《论儿童证人》，载《广西政法管理干部学院学报》2005年第3期。

高人民法院关于执行〈中华人民共和国刑事诉讼法〉若干问题的解释》（1998年9月8日）第五十七条规定："对于证人能否辨别是非，能否正确表达，必要时可以进行审查或者鉴定。"对于儿童证人证言的证明力，应当根据要求其作证的事项及案件的复杂程度，并结合该作证儿童的生理、心理、性格、习惯、受教育的条件和程度，以及证言形成的当时的客观环境因素等，具体进行综合判断。在判断时，不仅要注意其陈述的个别事实的情节，还要注意他所讲的整个事实的经过是否符合事情的发展过程。与其智力及精神状况不相适应的证人证言，应有其他证据予以佐证才能采纳。在法院审理中，如果当事人对证人的资格或能力提出异议的，必须先就证人作证能力双方进行举证和质证。证人对要求其作证的事项是否具有识别能力，由法官结合具体情况进行判断。如在本案中，辩护律师提出该儿童不能作证时，双方可就该儿童对此种情况的认知能力和表达能力进行举证和质证。如果其他证据形式，如被告人的供述、现场勘验的结果或其他证据线索等与赵某所述一致，则完全可以确认他不仅有作证的能力，而且其证言的证明力也得到了补强。

此外，儿童证言的证明力应当综合各种因素进行综合判断，如结合该儿童平时在生活中的表现以及其他证据或者证言的佐证，使法官对案件事实达到内心的确认，并且结合证据的关联性，来判断证明力的有无及大小。

三、儿童证人作证的限制

（一）明确儿童伪证的责任承担

刑法第三百零五条规定："在刑事诉讼中，证人、鉴定人、记录人、翻译人对与案件有重要关系的情节，故意作虚假证明、鉴定、记录、翻译，意图陷害他人或者隐匿罪证的，处三年以下有期徒刑或者拘役；情节严重的，处三年以上七年以下有期徒刑。"而14岁以下的儿童在刑法上是无刑事责任能力人，不可能构成伪证罪。但是，儿童证人容易受到暗示和威胁的事实可能会刺激不法分子教唆儿童作伪证，这不仅在本质上侵害了司法的公正，是对法院权威的极大蔑视，更是对儿童身心健康的巨大伤害。因此，有必要鉴别儿童证言的可信度，明确其伪证的责任承担，对教唆者或者监护人予以法律上的制裁。

在鉴定证言真伪的时候，还要区分儿童错证与伪证。错证，是指在某些情况下，证人虽无意作伪证，但由于受外界客观条件和证人本身客观条件的限制而导致的证言错误;儿童伪证,是指儿童故意提供虚假的陈述或书面证言。对儿童证人的陈述,要查清他是主动向他人讲述的,还是在别人的盘问下讲出来的。如果是后者,还要查清在查问时的情况如何,有无违反法律规定的情形。在判断时不仅要注意其陈述的个别事实的情节,还要注意他所讲的整个事实的经过过程是否符合事情的发展进程。与其智力及精神状况不相适应的证人证言,应有其他证据予以佐证才能采纳。如果年幼的人故意作虚假陈述,应查明有无教唆的情况,对教唆作伪证的人追究刑事责任。此外,赋予监护人一定的作证参与权,儿童伪证的民事责任一般由监护人承担,而责任转移的原因可归结为监护义务的不称职。因此,赋予监护人一定的作证参与权,可以使儿童证人尽可能地避免被利用或教唆,减少儿童证人出庭作证的压力,从而更好地保护儿童证人,也可实现监护人的责任与权利的平衡。①

(二) 应尽量避免儿童证人出庭作证

证人出庭作证是为了探寻案件的真实,经历一场诉讼,即使是身心成熟的成年人也会感到身心疲惫,觉得自己的尊严和隐私受到了伤害。对于心智尚未成熟的儿童而言,法庭上严肃的法官、诉讼双方严厉的、针锋相对的甚至是咄咄逼人的询问更易使其产生紧张感和恐惧感,尤其是儿童是间接受害人(如被告人杀害了其亲人)的情况下,儿童更加难以承受,也更容易受到第二次的伤害,而这种伤害对其一生的影响是很深远的。因此我们应当通过各种措施尽量地减少诉讼之恶对儿童可能带来的负面影响,在充分尊重和保障儿童人权的前提下,对儿童作证采取特殊的程序和措施,以确保儿童证人的合法权益不受诉讼之恶的影响。② 这也是对未成年人权益保护的应有之义。

刑事诉讼法第五十八条规定:"证人证言必须在法庭上经过公诉人、被害人和被告人、辩护人双方质证并且查实以后,才能作为定案的根据。法庭查明证人有意作伪证或者隐匿罪证的时候,应当依法处理。"那么未成年人是否也必须出庭作证,在法庭上接受控辩双方的询问?笔者认为,本着保护儿童身心健康的考虑,应尽可能避免儿童证人出庭作证。《最高人民法院关

---

① 参见章淑玲:《试论我国儿童证人制度的建构》,载《法制与社会》2011 年第 6 期。
② 参见屈芳、李丽:《论儿童作证的价值冲突与选择》,载《山西青年管理干部学院学报》2007 年第 2 期。

于执行〈中华人民共和国刑事诉讼法〉若干问题的解释》第一百四十二条规定,经人民法院准许,未成年证人可以不出庭作证;《最高人民法院关于审理儿童刑事案件的若干规定》第十二条规定:"儿童刑事案件的证人是儿童的,除法律规定外,经人民法院准许,可以不出庭。"同时,随着科技的发展,各种实时网络也可以在诉讼程序中发挥作用。如特设儿童询问室,庭审人员可通过闭路电视系统观看儿童作证的过程,可以安排儿童证人在庭前交换证据,使儿童证人不出席正式庭审等。

(三) 庭审中应采取特殊的质证方式

庭审中应当注意对儿童证人的询问技巧。尤其是禁止向儿童进行诱导性询问。诱导性问题,就是暗示了提问者希望得到的回答或者暗示了证人尚未作证证明的争议事实之存在的问题。我国立法中对于诱导性问题并没有明确的规定,但儿童对复杂提问的辨别能力不强,很难对诱导性问题作出符合他自身原意的回答。所以,为了让儿童的证言更准确、更贴近事实,一般情况下不应允许对儿童进行诱导性提问。[1]

(四) 赋予儿童拒证权

为充分保障儿童权益,在特定情形下应当充分保障儿童享有证言拒绝权。我国古代就有"亲亲得相隐"的司法传统,并且新刑事诉讼法也规定了亲属之间的拒证特权。"法律的发展不可能与其赖以存在的社会制度的变化以及社会的变化着的情感和要求相分离。"在涉及儿童近亲属的案件当中,若需要儿童作出不利于其近亲属的证言,那么很可能会恶化儿童与亲人之间的关系,对将来的生活造成不利影响。因此,法律应当规定,如果儿童证言会对自己的法定监护人或有抚养关系的人不利,儿童可以拒绝作证。提出拒绝作证的权利可以由其法定代理人来行使,这无疑有利于儿童日后的成长。

四、笔者关于本案的看法

本案中,首先,根据案情交代,10岁的赵某对于其在林某家撞见被告人章某的事实有完整的感知、记忆和表达能力,因此具有作证资格,可以作

---

[1] 参见屈芳、李丽:《论儿童作证的价值冲突与选择》,载《山西青年管理干部学院学报》2007年第2期。

为本案的证人；其次，法庭要对赵某所作的证人证言进行审查判断，先根据客观性、关联性、合法性等证据的基本属性判断其证据能力，然后判断其证明力的大小。若本案中只有赵某的证人证言当然不能作为定案的依据，但是案情中交代还有公安机关起获的赃物证明其盗窃行为，这时赵某所作的证人证言也得到了补强，只要证据确实充分，达到了定案标准，就可以定案。当然，如前所述，由于儿童作证的特殊性，也应该对其作证过程作一些必要的限制。所以，我们说，本案中被告人章某的辩护人提出的赵某只有 10 岁不具备作证资格的说法是没有法律依据的，只要对基本的事实可以正确表达，便具有作证的资格，而其证人证言是否被法庭所采纳以及是否作为定案根据则是该证据的证据能力和证明力问题。

[结语]

我国司法实践中对于儿童作证的必要性具有很大的轻视，儿童作为具有一定的认知和辨别能力的个体应该被赋予法定的作证资格。儿童证人作为证人中较为特殊的群体，应该在诉讼中受到格外的关照，程序设计应符合儿童的身心特征，考虑到他们的特殊需求。我国刑事诉讼法中，对于儿童证人的资格、证言收集方式、儿童作证方式等一系列问题的规定要么一片空白，要么过于原则，这都不利于司法实践中儿童证言的收集、采证和对儿童证人的保护，尤其是刑事诉讼中的证据很可能关系到被告人的人身自由、财产甚至生命权利。当然，我们看到，新修改的刑事诉讼法对于诉讼中对未成年人的保护做出了很大的努力，此外，法律应当对于儿童是否具有证人资格，以及儿童证人所作证言的证据能力和证明力的判断设置一定的量化程序和特殊措施，确定一些易于操作和运用的审查标准，使证言证明力的大小实现客观化和可预测化。同时，对儿童作证设置一些限制以及保护措施，达到寻求案件真实和保障儿童权益的平衡也是现代刑事诉讼理念的应有之义。

如何推定主观"明知"
——莫卫奇运输毒品案

毛立新[*]

[**基本案情**]

莫卫奇，男，51岁，湖南省湘潭市人，下岗工人。2008年春节前夕，在其附近租房居住的"熊总"在茶馆打牌时问莫卫奇，是否愿意到云南去运玉石，路上费用全包，另外每天给100元工资。莫卫奇答应后，先后到云南运输"玉石"两次，得款2000元。

2008年4月16日晚，莫卫奇被"熊总"带着从湘潭出发，19日达到云南瑞丽。一位叫"华哥"的接待了他们，"熊总"要莫等"华哥"发货，听"华哥"安排。4月23日上午，"华哥"在宾馆将一个装着两盒玉镯的黑色行李包交给莫卫奇，并当场把玉石从包中拿出来让莫卫奇作了验收。随后，莫卫奇乘坐"华哥"付了款的出租车到芒市后，按"华哥"定购的电子机票乘飞机到昆明，在芒市机场安检时，其托运行李包夹层内被查获海洛因1027克。当日，莫卫奇被芒市机场公安分局移交潞西市

---

[*] 北京师范大学刑事法律科学研究院讲师，法学博士。

公安局并刑事拘留，2008年5月20日被执行逮捕。

2008年9月17日，云南省德宏自治州中级人民法院作出一审判决，认定莫卫奇构成运输毒品罪，判处死刑，剥夺政治权利终身，并处没收个人全部财产。莫卫奇不服，提起上诉。2008年9月22日，根据莫卫奇家属反映的情况和提供的线索，湖南省湘潭市雨湖公安分局查明"熊总"即熊正江，系网上通缉的逃犯，并于9月26日下午抓获了熊正江。经审讯，熊正江交代了他和"华哥"（刘再华）共同贩毒，并蓄谋以运送玉石样品为幌子，骗请莫卫奇打短工做玉石"挑夫"藏运毒品的事实。根据熊的供述，莫卫奇对藏在行李包夹层中毒品确不知情，系被蒙骗。据此，云南省高级人民法院以事实不清、证据不足为由，撤销一审判决，发回重审。

重审期间，熊正江的供述出现反复，在接受云南警方讯问时，他又供称："我想，莫卫奇知道是带毒品，只是大家没有讲明这件事。"据此，德宏自治州中级人民法院于2009年3月11日再次作出一审判决，认定：熊正江的供述证实莫卫奇应当知道是带毒品。特别是莫卫奇之前已经来过两次，结合这次莫卫奇拿到行李包后，由熊正江在前探路，绕道盈江前往芒市的行为来看，其主观应该明知是毒品。据此，再次认定莫卫奇构成运输毒品罪，判处死刑。莫卫奇不服，再次上诉。

二审法院审理后，于2009年7月17日作出终审判决，认定：根据在案证据，能够证实莫系受他人蒙骗、主观不明知的情况下实施了运输毒品的行为，故不构成犯罪。原判所作判决与在案证据证实二人主观不明知是毒品而运输的事实不符，属事实不清，证据不足，依法改判莫卫奇无罪。莫卫奇被无罪释放，并获得国家赔偿。

[**争议焦点**]

本案的争议焦点，在于莫卫奇对行李包夹层内藏匿的毒品是否"明知"，因而是否构成运输毒品罪。对此，一审、二审法院作出了截然不同的认定。

一审法院的两次判决，均认定莫卫奇系明知是毒品而运输，因而构成运输毒品罪。其依据是：第一，被告人莫卫奇从云南瑞丽到芒市绕道而行多走了2/3道路，目的是绕开瑞丽江桥检查站，属于"行程路线故意绕开检查站点"的情形；第二，莫卫奇在最后一次运输前将名字故意改为"莫玮琪"，是为了避免因多次运输乘坐飞机引起警方注意；第三，在"上线"熊正江被抓获后，熊在接受云南警方讯问时，曾供述莫卫奇应该知道携带的是毒品。根据以上几点，同时结合其他案情，一审法院认为，莫卫奇对其携带的玉石包夹层中藏有毒品是明知的，运输毒品罪名成立。

二审法院认定莫卫奇并非明知毒品而运输，因而不构成运输毒品罪，其依据是：被告人莫卫奇虽然客观上实施了携带毒品的行为，但是根据查明的证据可以证明其是受他人蒙骗、主观不明知实施的，根据刑法及有关司法解释规定，故判决其不构成犯罪

[理论分析]

"明知"是一种主观心理状态，如果缺乏犯罪嫌疑人、被告人供述等直接证据，殊难证明。为解决这一难题，在证据法理论、刑事立法及司法实践层面，均允许通过推定的方式来认定"明知"。本案一审法院的两次判决，对莫卫奇明知的认定，也是通过推定方式实现的。但基于推定的风险性，在运用推定时，必须严格遵循推定的基本规则，否则就难免有造成冤错案件之虞。本案一审法院对刑事推定的运用，存在明显问题，值得分析总结，为司法实践提供镜鉴。

一、推定的概念及其规则

（一）推定的概念

所谓"推定"，是指在基础事实得到证实的前提下，根据法律规定或经验法则，在没有反证的前提下，得出推定事实的一种认定案件事实的方法。[1]在论证推定机制时，人们一般确认以下三点：一是推定依赖于一个或一批基础性事实，正是根据这些基础性事实，得出推定的事实结论；二是基础事实与推定事实之间的联系，是建立在经验基础上的逻辑关系，因此，经验法则和逻辑法则是推定运用的基本法则；三是推定适用的前提是允许对方反驳，推定事实只有在缺乏有效反证的情况下方可成立。[2]

可见，推定是一种不同于运用证据证明的事实认定方法。首先，它不同于直接证据证明，因为直接证据证明案件事实，不需要经过推理，而推定需要经过推理；其次，它也不同于间接证据证明，因为间接证据证明是针对待证事实进行，有一个完整的推理过程，其证明标准要求达到排除合理怀疑，

---

[1] 李富成：《刑事推定研究》，中国人民公安大学出版社2008年版，第9页。
[2] 龙宗智：《推定的界限及适用》，载《法学研究》2008年第1期。

而推定是通过对基础事实的证明进而完成对推定事实的认定，其中省略了从基础事实到推定事实的推理环节，其结论不可避免地具有或然性特征，证明标准相对较低。总之，推定是一种与证据证明并列的事实认定方法。

之所以采用推定方式认定案件事实，是因为一些特定事实难以用证据证明，包括无法用证据证明、证据收集困难、证据证明的成本过高等。例如，对被告人主观上是否具有明知、故意或目的认定，由于现有的科学技术难以直接探知人类的心理活动，在缺乏被告人供述的前提下，很难收集有效的证据予以证明。因此，一些国际公约和许多国家的立法，均允许通过推定的方法来认定主观心理状态。而之所以能够以推定方式认定案件事实，是因为基于经验法则，在基础事实与推定事实之间存在着常态联系，当基础事实存在时，推定事实通常也存在。这种常态联系，是推定的根据，也是推定结论可靠性的保证。

经验法则源于对既往经验的归纳，它所反映的事物之间的常态联系，不可避免地具有一定的或然性。因此，通过推定得出的结论，只能是一种盖然性结论，不可能达到百分之百的准确。基于此，推定既有其可靠性，因而可以作为证据证明的有益补充；同时也有其风险性，必须谨慎加以使用。在刑事司法领域，由于对案件事实的认定涉及对公民生命、自由、财产的剥夺，因而，除非有立法（包括司法解释）明确规定，一般不得以推定方式认定案件事实。即使刑事立法允许以推定方式认定案件事实，司法人员在运用推定时，也必须严格遵循推定的基本规则。

（二）推定的基本规则

一般认为，推定至少应遵循以下基本规则：

1. 无法用证据证明

如前所述，对案件事实的认定，应以证据证明为常态，推定仅为补充。在能够运用证据，包括直接证据、间接证据证明，而且能够证明到法定标准时，应以证据证明的方式来认定案件事实，没有必要启动推定。即使已经启动了推定，如果推定结论与证据证明的结论不一致，亦应以证据证明的结论为准。

2. 基础事实必须真实可靠

推定的过程，是一个逻辑三段论演绎推理的过程，其中基础事实与推定事实之间的常态联系（即经验法则）是大前提，基础事实是小前提，推定事实是基于小前提与大前提的符合性而得出的结论。推定的可靠性，取决于大前提（经验法则）的准确性及小前提（基础事实）的真实性。如前所述，作为大前提的经验法则本身具有不可避免的或然性，如果作为小前提的基础事实再不准确，则推定结论必然不可靠。因此，基础事实真实可靠，是推定事实可靠性的基本保证。

对基础事实真实性的认定，必须运用证据证明，而且必须证明到"确实、充分"、"排除合理怀疑"的程度。在刑事诉讼中，基础事实的证明责任通常由控方承担，被告人对基础事实不承担证明责任，但享有反驳、质疑的权利。对于控方的证明，被告人只需提出"合理怀疑"，即可动摇基础事实的真实性、可靠性。

3. 允许充分反驳

基础事实与推定事实的常态联系，是推定的基础，但这种常态联系并非必然联系，并不能排除有非常态联系、例外情形的存在。因此，必须允许被告人对推定进行充分反驳，以降低推定事实错误的风险。

被告人的反驳，可以从两个角度进行：一是反驳基础事实，即对基础事实提出反驳、质疑，以动摇基础事实的真实性、可靠性；二是反驳推定事实，即提出证据证明推定事实不存在或者不成立。对于基础事实，由于控方承担完全证明责任，被告人不承担证明责任，因而，被告人对基础事实的反驳，只需要提出"合理怀疑"即可。一旦被告人提出"合理怀疑"，证明责任便转移到控方，控方就有义务对"解释"中所涉及的事实、情节进行调查核实，承担排除"合理怀疑"的义务。否则，即应认定基础事实不真实，从而阻却推定。而在基础事实成立的前提下，被告人一方直接对推定事实进行反驳，一般认为应承一定的担证明责任，但其证明并不要求达到"排除合理怀疑"的程度，达到"优势证据"即可。

4. 不得二次推定

由推定事实的或然性所决定，不得以该事实为基础事实，进行二次推定。二次推定所得出的结论，其或然性会成倍扩大，可靠性较差，对于认定案件事实已无实际意义。为防止错误认定案件事实，应禁止二次推定。

以上规则，尤其是第2、3两项，涉及对基础事实、推定事实的证明责任分配和证明标准问题，对推定结论的可靠性影响甚大，必须严格遵循。

二、对司法解释中"合理解释"、"有证据证明确属被蒙骗"的理解

对于毒品犯罪中主观"明知"的推定，明确规定于最高人民法院、最

高人民检察院、公安部2007年12月18日印发的《办理毒品犯罪案件适用法律若干问题的意见》，因而属于立法允许的推定。其第2条规定："走私、贩卖、运输、非法持有毒品主观故意中的'明知'，是指行为人知道或者应当知道所实施的行为是走私、贩卖、运输、非法持有毒品行为。具有下列情形之一，并且犯罪嫌疑人、被告人不能做出合理解释的，可以认定其'应当知道'，但有证据证明确属被蒙骗的除外：（一）执法人员在口岸、机场、车站、港口和其他检查站检查时，要求行为人申报为他人携带的物品和其他疑似毒品物，并告知其法律责任，而行为人未如实申报，在其所携带的物品内查获毒品的；（二）以伪报、藏匿、伪装等蒙蔽手段逃避海关、边防等检查，在其携带、运输、邮寄的物品中查获毒品的；（三）执法人员检查时，有逃跑、丢弃携带物品或逃避、抗拒检查等行为，在其携带或丢弃的物品中查获毒品的；（四）体内藏匿毒品的；（五）为获取不同寻常的高额或不等值的报酬而携带、运输毒品的；（六）采用高度隐蔽的方式携带、运输毒品的；（七）采用高度隐蔽的方式交接毒品，明显违背合法物品惯常交接方式的；（八）其他有证据足以证明行为人应当知道的。"

上述八种情形中，第（八）系兜底条款，从其语义看，是指能够运用证据证明"应当知道"的情形，而并非据以推定的情形。其余七种情形，均为据以推定"应当知道"的基础事实。其中前三种情形，表现为执法人员检查时，从其所携带的物品内查获毒品，并且行为人有蒙蔽、逃避或者抗拒检查，或者未如实申报的行为，也不能对委托其携带物品人的姓名、住址等身份情况交代清楚。另外三种情形表现为采取高度隐蔽的方式携带、交接毒品，明显违背合法物品惯常携带和交接方式。还有一种情形表现为为他人携带、运输物品的报酬明显不合市场交易常规，违背常理。①根据经验法则，这些基础事实与推定事实（即"应当知道"）之间，具有常态的联系，通常情况下，只要证明了基础事实，即可认定推定事实，即行为人"应当知道"是毒品。因此，上述司法解释所创设的推定，有其必要性和合理性。

从上述司法解释的规定可以看出，允许以推定方式认定主观"明知"，实际上是减轻了控方的证明负担：一是变更了证明对象，把较为难以证明的主观心理状态"明知"，转换为较为容易证明的客观情形；二是转移了部分证明责任，一旦控方完成了对基础事实的证明，被告人就面临被推定有罪的

---

① 高君贵、王勇、吴光侠：《〈办理毒品犯罪案件适用法律若干问题的意见〉的理解与适用》，载《人民司法》2008年第5期。

风险，为避免对他的不利推定，被告人就有义务作出"合理解释"，否则，即可根据基础事实得出推定事实；三是降低了证明标准，通过推定得出的结论具有盖然性，不像运用证据证明必须达到"排除合理怀疑"程度。

研读上述规定，发现有两处语焉不详，有必要加以分析、澄清：一是如何理解"犯罪嫌疑人、被告人不能做出合理解释"；二是如何理解"有证据证明确属被蒙骗的除外"。下面，根据前述推定的概念和基本规则，分别加以阐明：

（一）如何理解"犯罪嫌疑人、被告人不能做出合理解释"

根据前述推定的概念和结构，此处"合理解释"，应指犯罪嫌疑人、被告人对基础事实的反驳。根据推定规则，对于基础事实和推定事实，均允许犯罪嫌疑人、被告人进行充分反驳。只有在缺乏有效反驳的前提下，才可以根据基础事实认定推定事实；如果反驳能够动摇基础事实的真实性、可靠性，则阻却推定适用。从司法实践看，对于司法解释规定的七种情形（基础事实），犯罪嫌疑人、被告人不作任何反驳或"解释"，是比较少见的。多数情况下，总会作出一定的"解释"或反驳，问题在于：对于犯罪嫌疑人、被告人"解释"是否"合理"，"反驳"是否"有效"，该如何判断？

这就涉及证明责任分配和证明标准问题。如前所述，对于基础事实，控方应承担完全的证明责任，而且必须证明到"排除合理怀疑"的程度；而被告人一方对基础事实不承担证明责任，其作出"解释"或反驳，仅需达到"合理怀疑"，使裁判者对基础事实的真实性、可靠性产生疑虑，即属"合理解释"、"有效反驳"。因此，此处所谓"合理解释"，应以被告人是否对基础事实提出了"合理怀疑"为判断标准。一旦被告人一方对基础事实作了"合理解释"，构成"合理怀疑"，证明责任便再次转移到控方，控方有义务对"解释"中所涉及的事实、情节进行调查核实，承担排除"合理怀疑"的责任。否则，裁判者即应认定基础事实不真实、不可靠，禁止推定适用。

（二）如何理解"有证据证明确属被蒙骗的除外"

从逻辑上讲，"确属被蒙骗"与"明知"是排斥关系，一旦认定"确属蒙骗"，即可排除"明知"。从认定方式上讲，"有证据证明"意味着能够运用证据证明"不明知"，从而直接否定推定结论。从证明主体上讲，既包括被告人一方运用证据证明自己"确属被蒙骗"，也包括控方运用证据证明被告人"确属被蒙骗"。对被告人而言，运用证据证明自己"确属被蒙骗"，实际上是对推定结论的反驳；对控方而言，运用证据证明被告人"确属被蒙骗"，是其客观义务的体现。

需要注意的是，在被告人一方运用证据证明自己"被蒙骗"时，是否需要证明到"确属"的程度？"确属"意味着确定无疑，其证明标准类似于"确实、充分"、"排除合理怀疑"，是一种很高的证明标准。但根据前述推定规则，被告人一方对推定事实进行反驳，其证明仅要求达到"优势证据"即可，并不要求达到"确实、充分"、"排除合理怀疑"程度。因此，如果把该规定理解为意在要求被告人一方对推定结论的反驳，必须证明到"确实、充分"程度，则明显有违反前述推定规则和刑事证明原理，实践中也无法实际做到。如此错误的理解，还会误导司法实践，使司法人员草率地以"被告人并未提出证据证明其确属被蒙骗"为由，轻易否定被告人反驳的有效性，错误认定案件事实。

根据推定规则和刑事证明原理，对于上述"有证据证明确属被蒙骗的除外"之规定，可作以下两种理解：（1）推定的适用必须"无法用证据证明"为前提，因此，在"有证据证明确属被蒙骗"的情况下，即可阻却推定的适用，不得再以推定方式认定"明知"，而应根据证据证明的结果认定"不明知"；（2）如果已经启动了推定的适用程序，而且通过推定得出的结论是"明知"，但后来有新证据出现，能够运用证据证明犯罪嫌疑人、被告人"确属被蒙骗"，则运用证据证明的结论可视为对推定结论的强力反驳，从而直接否定推定结论。上述两种理解，均符合推定规则和刑事证明原理。

三、一审法院运用推定中存在的问题

由于莫卫奇对"明知"问题一直未供，一审法院的两次判决中对莫卫奇"明知"的认定，均采用了推定的方法。但在推定的运用上，明显存在问题：

（一）初审没有正确对待莫卫奇的"解释"和反驳

一审法院的初审判决，对莫卫奇"明知"是毒品的推定，所依据的基础事实有三：一是其"行程路线故意绕开检查站点"；二是莫卫奇在最后一次运输前，将名字故意改为"莫玮琪"；三是"采用高度隐蔽的方式携带、运输毒品"。其中第三项，符合《最高人民法院、最高人民检察院、公安部办理毒品犯罪案件适用法律若干问题的意见》第二条规定的第（六）项情

形。根据推定规则，如果莫卫奇不能对上述基础事实作出"合理解释"，则一审法院通过推定得出莫卫奇"明知"结论，并无不当。

但问题在于，莫卫奇对上述三项基础事实，均提出了反驳。他供述了"熊总"、"华哥"让其到云南来运玉石的相关情况，对三项基础事实作出了"合理解释"：（1）行程路线是"熊总"、"华哥"事前安排的，机票是两人为其买好的电子机票，他只是服从安排，而且莫的家属还向警方提供了"熊总"即熊正江、"华哥"即"刘再华"的相关情况；（2）其并不知道行李包的夹层中藏有毒品，行李包是"华哥"交给他的，他也当场验了货，确认里面装有两盒玉镯，警方亦未从毒品包装上提取到他的指纹；（3）在最后一次运输前将姓名改为"莫玮琪"，是因为他母亲给他算了命，认为原名不吉利，因而到派出所申请改了名。在上述"解释"中，被告人一方提供了"熊总"、"华哥"的真实身份情况，对相关疑点也作了合理解释，按照前述推定规则和刑事证明原理，对于这些"解释"，控方应承担调查核实责任。但遗憾的是，云南德宏公安、检察机关均未对"解释"的情况进行认真调查核实，最终仅以云南省潞西市公安边防大队侦查队出具的两份《情况说明》，简单地否定了上述解释。其中一份内容为："莫卫奇涉嫌运输毒品一案中，犯罪嫌疑人莫卫奇的户籍证明和前科材料我队于2008年4月24日发函至莫卫奇户籍所在地的岳塘区派出所，但该所至今未见回函。"另一份内容为："莫卫奇涉嫌运输毒品一案中，所涉人员'华哥'、'姓熊的男子'因具体情况不详，我队无法查证；所涉电话经我队多次拨打均已关机，故无法查证。"这种不做任何实际调查，即否定被告人"合理解释"的做法，属于未尽法定责任，明显违法。

从熊正江归案后查明的情况看，莫卫奇的上述"解释"均得到了验证。但在初审时，由于熊正江尚未归案，因此不能以"事后诸葛亮"的眼光来苛求一审法院。但即便如此，根据上述分析，在熊正江归案前，由于被告人一方已对委托其携带物品人的姓名、住址等情况向警方提供清楚，已足以认定为"合理解释"，从而动摇基础事实的可靠性。在此前提下，控方有义务对"解释"进行调查核实，承担排除"合理怀疑"的责任。但在初审中，虽然基础事实已被被告人一方的"合理解释"所动摇，但一审法院并未要求控方对相关"解释"进行调查核实，也未依照职权自行调查核实，即根据并不牢靠的基础事实推定被告人"明知"，显属对推定的错误运用。

(二) 重审推定"明知"明显违反推定规则

重审时，熊正江已被抓获，莫卫奇之前的相关"解释"得到了验证，且熊在接受湘潭警方讯问时，曾供述莫卫奇不知道携带的是毒品。这就使初审的推定在两个方面出现动摇：一是对基础事实，由于熊正江归案，莫卫奇的"合理解释"得到进一步验证，基础事实已不再牢靠；二是对于莫卫奇是否"确属被蒙骗"，除了有莫卫奇本人的辩解外，还有熊正江的供述予以印证，推定结论亦被动摇。根据推定中的证明责任分配和证明标准要求要求，对于前者，即被告人对基础事实的"解释"和反驳，仅需达到"合理怀疑"，即足以动摇基础事实；对于后者，相关证据证明只要达到"优势证据"，即证明被告人莫卫奇"被蒙骗的可能性大于未被蒙骗的可能性"，即可推翻"应当知道"的推定结论。

应当说，在熊正江归案后，一审法院据以推定的三项基础事实，均得到"合理解释"，基础事实的可靠性已被动摇。另外，对于推定事实的反驳，虽然熊正江的口供有所反复，但综合各种证据，仍然可以得出莫卫奇"被蒙骗的可能性大于未被蒙骗的可能性"这一结论，亦足以否定推定结论。在基础事实、推定事实均遭到有效反驳的情况下，一审法院理应否定之前的推定结论，重新认定被告人"不明知"。但遗憾的是，重审判决仍坚持之前的推定，认定熊正江的供述证实二人应该知道是带毒品。特别是莫卫奇之前已经来过三次，前两次都是采用相同的携带所谓的"玉石"，结合这次莫卫奇拿到行李包后，由熊正江在前探路，绕道盈江前往芒市的行为来看，其主观应该明知是毒品。

重审判决的上述认定，比之初审判决已有所变化：一是增加了"熊正江的供述证实二人应该知道是带毒品"这一依据；二是否定了三项基础事实中的两项，仅剩下"行程路线故意绕开检查站点"一项。首先，应当指出，判决书认为"熊正江的供述证实二人应该知道是带毒品"，这属于以证据证明的方式认定案件事实，与推定无关。以证据证明方式认定案件事实，证明标准必须达到"排除合理怀疑"，否则便不能认定。而本案熊正江的口供时有反复、前后不一，并不足以证明莫卫奇确系"明知"。其次，剩余的一项基础事实，即"行程路线故意绕开检查站点"，本身并不是司法解释明确列举的七种情形之一，并不能作为推定的基础事实使用。而且，由于莫卫奇已对"行程路线"问题作出了"合理解释"，该基础事实本身的真实性、可靠性已被动摇，亦足以阻却推定适用。

总之，一审法院的两次判决，在运用推定认定被告人"明知"时，均明显违反了推定的基本规则。因而，所得出的推定结论不能成立。

[结论归纳]

刑事推定虽然是一种不同于证据证明的事实认定方法，但在其适用中，却始终贯穿有刑事证明活动，并涉及证明责任分配和证明标准设置等问题。根据推定规则和刑事证明原理，犯罪嫌疑人、被告人在对基础事实、推定事实进行反驳时，相关证明责任分配和证明标准要求如下：

（一）犯罪嫌疑人、被告人对于基础事实的反驳，仅需作出"合理解释"，即对基础事实的真实性、可靠性提出"合理怀疑"即可。一旦犯罪嫌疑人、被告人作出"合理解释"，控方即有义务对"解释"中所涉及的相关事实进行调查核实，承担排除"合理怀疑"的责任。否则，即应认定基础事实不真实、不可靠，阻却推定适用。

（二）犯罪嫌疑人、被告人对于推定事实的反驳，其证明标准仅需达到"优势证据"，即"被蒙骗的可能性大于未被蒙骗的可能性"即可。并不要求证明到"确实、充分"，即"确属被蒙骗"的程度。一旦犯罪嫌疑人、被告人对推定事实的反驳达到"优势证据"程度，即可直接否定推定结论。

"先供后证"的特殊证明价值

——赵某某故意杀人、盗窃案

刘静坤[*]

[基本案情及裁判结果]

2007年2月26日16时许，被告人赵某某从其在山东省东平县东平镇赤脸店村的租住处外出选择盗窃作案目标，当其步行至该村王恒云的租住处时，发现院门紧锁，家中没人，遂从院门南侧翻墙入院，将王恒云租住处堂屋东扇门下方贴糊的三合板揭开，钻入屋内行窃。赵某某在屋内翻东西时，听见外面大门响动，其随即躲在堂屋和东配房之间的夹道中。此时放学回家的王恒云之女王某某（被害人，殁年9岁）开门进院打开堂屋门后，被尾随的赵某某堵在屋内。赵某某强制王某某脱光衣服躺在卧室内的床上，后为灭口而用手掐住王某某颈部，又从东间屋南墙下的连椅上拿起一把菜刀连续砍击王某某数刀，致王某某颈部损伤致颈外动脉破裂大失血死亡。赵某某随后从现场床北侧地面上的背包内翻得现金170元。为毁尸灭迹，赵某某用随身携带的打火机点燃床单纵火焚烧现场。赵某

---

[*] 最高人民法院刑事审判第三庭法官，法学博士。

某另多次实施盗窃，窃取财物共计价值 11950 余元。

山东省泰安市中级人民法院经审理认为，被告人赵某某的行为已分别构成故意杀人罪和盗窃罪，应依法数罪并罚。赵某某持刀砍杀无辜幼女，并放火焚尸灭迹，犯罪手段特别残忍，犯罪情节特别恶劣，实属罪行极其严重，且系累犯，应依法从重处罚，对被告人赵某某以故意杀人罪判处死刑，剥夺政治权利终身；以盗窃罪判处有期徒刑六年，并处罚金人民币 1 万元，决定执行死刑，剥夺政治权利终身，并处罚金人民币 1 万元。宣判后，赵某某提出上诉。山东省高级人民法院裁定驳回上诉，维持原判。最高人民法院已于 2012 年 2 月 23 日核准被告人赵某某死刑。

[裁判要旨]

被告人赵某某杀人后放火焚烧现场，因放火行为导致犯罪现场、被害人尸体及物证遭到严重破坏，很难提取到有价值的客观性证据，给认定案件事实带来了一定的难度。赵某某归案之初对原始现场情况、作案过程等作出详细供述，侦查人员随后找到相关证人核实原始现场及证据的初始情况，据此可以认定赵某某供述具有真实性。赵某某此后翻供，否认杀人行为，结合在案证据分析，其翻供理由不能成立。基于赵某某的认罪供述，结合在案证据，足以认定赵某某的杀人犯罪事实。

[蕴含的理论问题]

1. 如何把握审查判断证据需要遵循的认识原理和规则？
2. 实践中如何把握"先供后证"的特殊证明价值？

[分析]

一、审查判断证据需要遵循认识原理和规则

对证据的审查判断是一项专业性和知识性很强的工作，为确保对证据的证明价值进行准确的认定，在实践中需要遵循相应的认识原理和规则。

从认识论的角度看，对于证明特定事实的诸多证据，通常需要整合起来予以分析，而不能孤立地看待每个证据。这种依赖于诸多关联性证据来检验单个证据真实可靠性进而证实整个论证结论真实性的做法，是科学探究的一般原则，犯罪重建领域将这种证明模式称为"整体论的证明模式"。整体论的证明模式强调对整个证据系统的把握。就证据的证明价值以及最终认定的

案件事实的真实性而言，在特定的案件中，所有已知的证据都具有相互依存的关系；每个证据、行为和事件的重要性程度都取决于其他的证据、行为和事件。最终的论证结论取决于整个证据系统的功能，包括最终获得的证据数量以及这些证据之间的关联方式和一致性程度。

与整体论的证明模式相契合，两高三部《关于办理死刑案件审查判断证据若干问题的规定》中确立了对证据证明力的综合分析规则，该规定第三十二条第一款指出："对证据的证明力，应当结合案件的具体情况，从各证据与待证事实的关联程度、各证据之间的联系等方面进行审查判断。"在司法实践中尤其是在疑难案件的办案过程中，只有根据上述规定的要求，整合存在关联的诸多证据，形成系统的证据链条，才能对证据的证明力作出准确的判断。

对于被告人杀人后放火焚烧现场的案件，因放火行为导致犯罪现场、被害人尸体及物证遭到严重破坏，很难提取到有价值的客观性证据，给认定案件事实带来了一定的难度。由于客观性证据的缺乏，被告人在侦查初期认罪之后通常会翻供，彻底否认自己的犯罪事实，或者避重就轻，仅仅承认入室盗窃但否认实施杀人行为。此种情况下，被告人供述及相关证人证言等言词证据对于案件事实的证明工作就显得非常重要。通过梳理被告人供述与相关证人证言证明相关事实的先后顺序，判断是否存在"先供后证"的情形，对于判断被告人的认罪供述是否真实，翻供是否合理，进而准确认定案件事实，具有十分关键的作用。

二、"先供后证"的特殊证明价值

我们在实践中强调要重视客观性证据和科学证据，摒弃"口供中心主义"的办案模式，但这并不是要否定或者贬低口供的证明价值。口供作为直接证据，如果经过查证属实，就能够一步到位地证明案件事实，成为定案的关键性证据。当然，根据刑事诉讼法的规定，只有被告人供述，没有其他证据的，不能认定被告人有罪和处以刑罚。这就要求对于口供证明价值的审查，需要结合其他在案证据进行。

就口供与其他证据的形成时间和来源来看，实践中主要存在以下两种情形：第一，被告人先作出认罪供述，侦查人员随后根据被告人供述提取其他证据；第二，侦查人员先提取其他证据，随后获得被告人的口供。

从证明价值上讲，第二种情形即"先证后供"的情形下，除非能够确保被告人供述的自愿性和合法性，否则无法确定被告人供述的真实性。相比之下，在第一种情形下，被告人供述产生在先，其他证据获取在后，即所谓的"先供后证"，如果其他证据经查证属实且与被告人供述相印证，就能够证明被告人供述的真实性，因为在侦查人员事先不掌握相应证据的情况下，被告人供述中提及了相应的案件信息和证据，就表明其掌握了普通人不可能掌握的案件信息，进而表明其与特定的证据和案件事实之间存在关联。

在"先供后证"的情形下，如果根据被告人供述、指认直接提取到隐蔽性很强的客观性证据，既能建立被告人与隐蔽性客观证据间的关联，又能表明被告人的供述具有可靠性，对于认定案件事实非常重要。对此，《关于办理死刑案件审查判断证据若干问题的规定》第三十四条专门规定："根据被告人的供述、指认提取到了隐蔽性很强的物证、书证，且与其他证明犯罪事实发生的证据互相印证，并排除串供、逼供、诱供等可能性的，可以认定有罪。"

实际上，"先供后证"的特殊证明价值不仅体现在根据被告人供述提取到客观性证据的情形，对于言词证据，"先供后证"也同样具有特殊的证明价值。尤其是对于室内放火案件等变动现场，侦查人员、被告人和熟悉原始现场情况的人（如户主）存在着信息不对称的情况。具体言之，侦查人员通过勘查现场了解变动后的现场情况，但不了解原始现场情况；被告人通常了解原始现场情况，但不了解变动后的现场情况；熟悉原始现场情况的人（如户主）也不了解变动后现场的情况。如果被告人先作出认罪供述，详细描述了原始现场和相关证据的初始情况、作案经过，侦查人员尽管能确定其供述的作案经过是否能够导致变动现场情况，但却不能确定被告人供述的原始现场和相关证据的初始情况是否真实，通过向现场户主或者其他熟悉原始现场情况的人调查核实原始现场和相关证据的初始情况，能够核实被告人的供述是否真实可靠。这种言词证据的"先供后证"同样能够帮助法官判断被告人供述的真伪。

三、实践中应当注意结合"先供后证"来认定案件事实

具体到本案，案件现场是一个封闭的室内现场，作案人杀死被害人后放火焚烧现场，导致现场未能提取到关联性的客观证据。被告人赵某某归案后供述，其进入被害人家盗窃过程中遇到小女孩回家，其强迫小女孩脱光衣服躺在床上，为制止小女孩呼救又从现场东间屋南墙下的连椅上拿起一把菜刀杀死小女孩，后从现场窃走170元现金，并放火焚尸灭迹，其离开现场时遗落在现场70元现金，并听见隔壁有狗叫声。

由于被告人赵某某的供述中涉及诸多与原始现场和证据相关的细节情况，公安机关随即针对这些细节展开调查，询问了相关的证人，核实了诸多重要细节的真实性。首先，被告人赵某某详细供述了现场布局及现场物品摆放情况，侦查人员随后询问被害人之母王恒云，王恒云证实了现场被火灾破坏之前的物品摆放情况，尤其是作案工具菜刀在案发前的摆放位置以及现场失窃的钱款中包含70元现金的情况，均与赵某某的供述相印证。其次，被告人赵某某供述离开现场时在现场遗落其窃得的70元现金，该情况得到赵某某同居女友的证实，侦查人员随后询问相关证人。证人吴绪芳证实，其在案发后消防队员救火期间发现现场东屋门前附近处有一张折叠的50元面值的钱，后告知燕伟将钱拾起，实际上该50元现金中还夹着一张20元现金。该情况得到证人燕伟和消防队员代圣龙、李斌、沈广安等的印证。再次，被告人赵某某供述其离开被害人家时听到隔壁狗叫，侦查人员随后询问被害人邻居王桂英，王桂英证实其家中养了两条狗，有人到其家东边的胡同时狗就叫。上述情况均是赵某某供述在先，相关证人证言印证在后，系先供后证，能够证实赵某某的供述具有真实性。此外，被告人赵某某供述的作案经过还与在案的其他证据相印证，足以认定。

　　被告人赵某某翻供后对案件事实作出诸多针对性的辩解，但始终承认入室盗窃和放火行为。其主要辩解如下：其入室盗窃离开现场后发现遗失70元现金，其重返现场找钱时在厕所位置看见堂屋门前有钱，还在该处看见大门从里面反锁；其基于好奇心进屋查看时发现被害人遇害，看见被害人颈部伤口往外冒血泡，其因担心牵连自己而放火焚尸灭迹。结合在案证据分析认为，赵某某辩称是为寻找遗失在现场的70元现金而重返现场，但其重返现场后却未拾走该现金，且因现场环境的限制，其在现场厕所位置既无法看见堂屋门前位置是否有钱，也无法看见大门是否上锁；如果其在现场观察几分钟后才进屋，并看见被害人颈部冒血泡，就说明被害人应当是刚刚被害，如系其他人作案，赵某某应当遇见所谓的作案人，可见该辩解存在明显的矛盾；此外，赵某某归案之初供述其与被害人交谈时得知被害人没有爸爸，且其能够证实被害人的衣着情况和体貌特征，该细节足以认定其与被害人有过接触和交谈。综上，可以认定赵某某仅去过一次现场且曾与被害人有过交谈，其提出的上述辩解均不能成立。结合赵某某的认罪供述，可以认定是其持刀杀死了被害人。

[结语]

本案中，司法机关正是根据赵某某供述中涉及的诸多与原始现场和证据相关的细节情况，以及公安机关针对这些细节展开调查所取得的其他证据，核实了诸多重要细节的真实性，从而在赵某某翻供的情况下，仍然以确凿的证据证明了被告人原始供述的真实性。可见，被告人的供述在司法实践中确实具有特殊的证明价值，应当特别注意其供述中的细节并通过其他证据予以印证。需要指出的是，实践中侦查人员往往未能明确记录被告人供述的时间点以及根据被告人供述进行查证的时间点，法官需要认真审查判断在案证据，确定究竟是"先供后证"还是"先证后供"，进而充分发挥"先供后证"的独特证明价值。

目击者辨认错误与刑事错案
——张海生强奸案与约瑟夫·阿比特强奸、盗窃、绑架案比较研究

王 燃* 廖 丹**

如果在你看似再平常不过的某一天中，突然被警察逮捕，随后数人纷纷指认你为某一案件的凶手，百口莫辩……这一惊险场景是不是非常戏剧化？但是请注意，这种荒谬的戏剧化情景往往就会发生在我们身边。

下面是两起分别发生在我国和美国的真实案例。

一、基本案情

（一）我国河南省张海生强奸案①

2003年12月12日，张海生到毗邻的河南省淅川县走亲戚，当日晚张海生正与亲戚聊天之时，几名自称派出所民警男子突然冲进房中，称因张海生涉嫌强暴党子口村幼女王某，对他实施抓捕。在仓房镇派出所，张海生称自

---

* 中国人民大学法学院硕士研究生。
** 湖北省鄂州市人民政府法制办副科长。
① 参见《老河口的强奸案丹江警察抓住真凶》，案例来源于湖北新闻网2012年4月18日。

己当天从未离开亲戚所在的村子,且有多人作证。但民警根本不听,找来三名男子和张海生坐在一起,让受害幼女王某及其三名同学辨认。开始时,王某和同学并没有指认张海生。办案民警反复提示"再看一遍",直到王某等人指认张海生后方才罢休。在之后的庭审程序中,受害人王某一口咬定作案者就是张海生;公诉机关出示其余三名小学生的辨认结果,也指向张海生。张海生的律师辩称:公安机关出示的侦查案卷中,张海生没有承认作案行为和作案细节,属零口供;公安机关通过对作案者留下的体液鉴定与张海生血液 DNA 鉴定结果比照,不能证明作案者是张海生;派出所进行受害人指认时,违背了被辨认人数应该在七人以上的法律规定;办案民警在王某等人辨认时屡屡提示,有诱导之嫌……然而同年 9 月 28 日,淅川县法院却判处张海生有期徒刑九年,后张海生提起上诉,二审法院裁定撤销原判,发回重审。就在等待重审的期间,真凶王玉平落网。在被关押了一年半的时间后,张海生终于得以洗清不白之冤。

(二) 美国北卡罗来纳的约瑟夫．阿比特案(Joseph Abbitt)①

1991 年 5 月 2 日的凌晨,在美国的北卡罗来纳的温斯顿塞姆勒,两名女孩在家中被侵入者捆绑后强奸。尽管看清罪犯面容的概率很小,但两名女孩还是声称袭击者是约瑟夫·阿比特。约瑟夫·阿比特之前是她们的邻居并且登门拜访过。两名女孩分别从照片列表中辨认出约瑟夫·阿比特。警察从犯罪现场提取了被害人衣物、床单等物证,但是 DNA 检测的结果与约瑟夫·阿比特并不匹配,其他的 DNA 检测也都具有不确定性。约瑟夫·阿比特于 1995 年 6 月被开庭审判,庭上被害人作证指认约瑟夫·阿比特就是袭击者。仅凭着两名年轻被害人的辨认,约瑟夫·阿比特被以强奸、盗窃和绑架罪判处监禁 110 年。约瑟夫·阿比特提出上诉,但是法院仍维持原判。2005 年,约瑟夫·阿比特向北卡罗来纳的"无辜者工程"申请帮助,无辜者工程受理此案后开始收集与之相关的 DNA 证据。案件审理当年还不要求警察保存证据,尽管案件的大部分证据都已被毁灭,但被害人内裤等物证还被保存在警察局。第一次的 DNA 检测所得出的结论仍是不确定性的,但第二次的检测结果排除了约瑟夫·阿比特。在服刑了 14 年之后,约瑟夫·阿比特于 2009 年 12 月 2 日被无罪释放。

---

① 参见:《Joseph Abbitt》,案例来源于美国 Innocence Project 网站 http://www.innocence-project.org,2012 年 10 月 17 日访问。

二、两起案件的相似之处

这是分别发生在中、美两国的两起真实案件,虽然在地域上相距遥远,但着两起案件具有高度的相似性:案件性质相同——强奸案幼女案;判决结果相似——都是无辜者被错判的"冤案";错判原因相似——都是主要由于被害人的辨认错误,导致无辜者被错认为是犯罪人;两起案件存疑之处均被忽视——两起案件都进行了 DNA 检测,且检测结果都不能确定被告就是作案者,但最终都是依据辨认结果就进行了有罪判决。当然,两起案件的纠错方式不同:张海生是由于真凶王玉平落网才得以洗冤,这对无辜者张海生来说也是不幸中之万幸了;约瑟夫·阿比特是在民间机构"无辜者工程"(Innocence Project)的帮助下,通过 DNA 手段证明其不是真凶,得以无罪释放。

在强奸案件中,被害人与犯罪者一般都有近距离的接触,被害人对犯罪人的面貌、体格会留下大致的印像。所以在强奸案中,往往会让被害人对犯罪人嫌疑人进行辨认,被害人的陈述也是重要的证据和案件侦查线索。

三、案件处理结果比较及原因分析

造成这两起错案的原因很多,本文主要从刑事证据的角度分析两起错案的发生原因,很明显,"目击者辨认错误"均是这两起案件错判的主要证据原因。[①]

在美国,据统计目击者辨认错误是导致刑事错案最重要的原因。通过对 DNA 纠错的 225 个案件的原因进行统计,77% 的错案中都包含有目击者辨认错误这一原因。如上文所提到的约瑟夫·阿比特案,定罪的主要依据就是被害人的证言和辨认结论,其实在美国还有很多被错判的强奸案件都有目击者辨认错误这一原因。

我国对于辨认的程序性规定比较简略,对"目击者辨认错误"这一证据原因在错案中所占比例也没有进行过系统分析(刑事诉讼法修改之前辨认笔录不是法定证据种类,目击者辨认错误往往会在证人证言中附带讨论),但笔者对我国一些错案进行分析后,发现很多案件中都包含有"目击

---

① 当然 DNA 检测结果没有得到正确采纳也是两起错案的证据原因之一,两起案件的 DNA 检测结果都不能确定被告就是真凶,但法庭均未予以采纳这一证据。但本文主要讨论目击者辨认错误这一原因,对 DNA 证据不予讨论。

者辨认错误"这一原因。强奸案件中,由于被害人与强奸者有过正面的接触,往往会让被害人对犯罪嫌疑人进行辨认,一旦被害人辨认错误,就很容易导致无辜者被错判。除了本文上述案例外,还有例如我国河南省的王俊超强奸幼女案、新疆何鑫敬强奸案(此案中,患有精神病的被害人进行了错误指认)。故意杀人案中,一般会由被害人家属进行尸体辨认,此类案件中的辨认错误也是导致错案的元凶之一,如四川罗开友故意杀人案、湖北佘祥林故意杀人案、河南赵作海故意杀人案(这三起案件系尸体辨认错误)。此外,还有因辨认错误导致错判的抢劫案件等等。

刑事诉讼程序中的辨认包括被害人、证人、犯罪嫌疑人对与犯罪有关的物品、场所、尸体、犯罪嫌疑人等进行辨认,辨认是一种重要的侦查行为。上述两案例,造成错案的原因都是对犯罪嫌疑人的辨认错误,故本文也主要讨论目击者辨认错误与刑事错案之间的关系。那么在实践中,造成辨认错误的原因都有哪些呢?

(一)没有遵循列队辨认规则(line—up)

《布莱克法律辞典》将列队辨认定义为:"警方的一种身份辨认程序,在这一程序中,犯罪嫌疑人和具有相似体貌特征的人一起被展示在受害人或证人面前,从而确定能否辨认出实施犯罪行为的嫌疑人。"[①]

列队辨认是对犯罪嫌疑人进行辨认时应遵循的最基本的规则。在美国,对于辨认有非常具体的规则要求。而我国关于辨认程序性规则的相关规定则相对很少,刑事诉讼法中没有关于辨认的具体程序性规定,只有《公安机关办理刑事案件程序规定》和《人民检察院刑事诉讼规则》两个法律文件中有相关规定,2010 年出台的《关于办理死刑案件审查判断证据若干问题的规定》(以下简称《办理死刑案件证据规定》)规定了对辨认结果的排除规则。根据现有法律规则,也有学者称之为混杂辨认规则。《公安机关办理刑事案件程序规定》第二百四十九条规定:"辨认时,应当将辨认对象混杂在其他对象中,不得给辨认人任何暗示。辨认犯罪嫌疑人时,被辨认的人数不得少于七人。"《人民检察院刑事诉讼规则》第二百一十三条规定:"辨认时,应当将辨认对象混杂在其他人员或者物品之中,不得给予辨认人任何暗

---

① Black's Law Dictionary (St. Paul, MN: West, 1991), p. 641, 转引自 [美] 罗纳尔多·V. 戴尔卡门:《美国刑事诉讼——法律和实践》,张鸿巍等译,武汉大学出版社 2006 年版,第 368 页。

示。辨认犯罪嫌疑人时,受辨认人的人数不得少于五人。"美国的列队辨认一般是要求由包括犯罪嫌疑人在内的至少五人组成列队。本文的张海生案中,警察找来三名男子和张海生坐在一起,让受害幼女王某及其三名同学辨认。警察的本意应该也是想在形式上遵守列队辨认规则,但是草率中辨认对象的数量没有达到法定要求,加上犯罪嫌疑人张海生在内只有四人,显然不符合我国关于"列队辨认"的辨认对象数量要求。

此外,即使在列队辨认程序中,下列因素也会造成辨认的错误:

1. 没有遵循队列组成对象相似性的要求。除了上文所述的数量要求外,在性别、种族、年龄上要相仿,组成对象要有相似的身高、肤色、头发、着装以及体形等。嫌疑人应被随机地安排在队列之中。如果在一组列队中,犯罪嫌疑人具有明显区别于其他人的特征,如是唯一的胖子、唯一穿囚服的,或是唯一的光头,那么很容易给证人或被害人以暗示——"他"就是犯罪嫌疑人。张海生案件中,张海生的辩护律师指出办案民警提示来辨认的小学生"看清楚鞋子",① 虽然案件当时的情景已难以考证,但可以推断出相比于其他辨认对象,张海生的鞋子很有辨识度,有暗示之嫌。

2. 侦查人员的不当暗示。"警察若自认抓对犯罪嫌疑犯,在证人为成列指证时,会无意识地将此讯息传递给证人。社会心理学家认为警察在旁的微笑、音调的改变、表情都会影响证人指认。"② 例如本文中的张海生案中,被害人王某和同学刚开始并没有指认张海生,但办案民警反复提示"再看一遍",直到王某等人指认张海生后方才罢休。警察这种高度诱导性甚至带有强迫意味的提示,严重影响了辨认结果的客观性与准确性。

3. 被害人或证人没有个别进行辨认。如果被害人或证人一起进行辨认,各个辨认人非常容易受他人所影响,一些被害人或证人在本就不确定犯罪嫌疑人的情况下,很容易形成"从众"心理,集体作出错误的辨认。例如张海生案中,受害幼女王某及其三名同学并非一个个单独进行辨认,而是在侦查人员的安排下一同进行了辨认,违反了分别辨认规则。关于这一点,我国《公安机关办理刑事案件程序规定》第二百四十八条规定:"几名辨认人对同一辨认对象进行辨认时,应当由辨认人个别进行。"《人民检察院刑事诉讼规则》与之规定类似,《办理死刑案件证据规定》第三十条规定如果辨认没有个别进行,辨认结果是不能作为定案依据的。

---

① 参见张丽云:《刑事错案与七种证据》,中国法制出版社2009年版,第83页。
② 王兆鹏:《美国刑事诉讼法》,北京大学出版社2005年版,第430页。

（二）被害人或证人本身原因所致的辨认错误

1. 客观原因

辨认是对过去场景、事情与人物的回忆，辨认与人的心理、记忆力息息相关。有学者研究认为辨认其实就是心理学中的再认，不仅会遗忘，也会因接触其他信息而进行重构，这样就会导致记忆出现偏差、不准确。[1]除此之外，从心理学角度研究，还会有其他种种导致记忆偏差的因素。所以，即使在辨认程序都得以正确遵守的情况下，也有可能因为人类认知的特性、记忆不准确的等因素导致辨认错误。张海生案中，受害人刚开始并没有指认张海生，但是在侦查人员的提示下，她们应该也开始怀疑记忆是否准确，在法庭上更是一口咬定作案者就是无辜的张海生；约瑟夫·阿比特案中的被害人在几乎没看清犯罪人面貌的情况下，凭着依稀的记忆就推断犯罪人是约瑟夫·阿比特。可见在这两起案件中，辨认人记忆的偏差也是导致辨认错误的很重要的因素。

被害人、证人的年龄和精神健康状况也会对辨认结果有影响。本文的张海生案和约瑟夫·阿比特案中，被害人、辨认人都是未成年人，相比于成年人来说，她们的认知能力、辨别是非能力还尚不成熟，加之侦查人员的不当引导，很容易辨认错误。在新疆何鑫敬强奸案中[2]，被害人更是本身就患有精神病，又怎能采信如此精神状态下得出的辨认结论呢？

2. 主观原因

还有一些被害人或证人会出于个人恩怨、包庇真正犯罪人等主观目的，故意作出错误辨认，即作"伪证"。被害人或证人可能会出于个人恩怨，进行无中生有的诬告；有些被害人或证人可能担心受到打击报复，不敢进行辨认；等等。本文对这些原因不作赘述。

四、两起错案引发的思考

虽然辨认在我国并没有被特别重视强调，但近年来随着大家对错案的广泛关注，辨认地位越来越不可小觑，尤其新刑事诉讼法又新增了证据种类——辨认笔录。我国现有的对辨认程序进行规定的法律文件主要是《人

---

[1] 参见姜丽娜、罗大华、应柳华：《心理学视野下的刑事辨认规则解析》，载《山东警察学院学报》2008年第1期。

[2] 参见《检方不起诉 名誉能否恢复》，载《新疆法制报》2010年12月24日。

民检察院刑事诉讼规则》和《公安机关办理刑事案件程序规定》，两个文件大致确立了如下规则：列队辨认规则、分别辨认规则、说明规则。前两项规则在上文中都已提过，现解释"说明规则"。《人民检察院刑事诉讼规则》第二百一十一条规定："在辨认前，应当向辨认人详细询问被辨认人或者被辨认物的具体特征，禁止辨认人见到被辨认人或者被辨认物，并应当告知辨认人有意作假辨认应负的法律责任。"《公安机关办理刑事案件程序规定》第二百四十七条与之规定类似。这一规定的原理在于了解辨认人对犯罪嫌疑人接触程度、感知程度如何，可将辨认人的事前描述与其实际的辨认结果对照，判断辨认人在辨认过程中是否作了假证或是进行了猜测，以督促辨认人正确规范地进行辨认。①

2010年颁布的《办理死刑案件证据规定》，对辨认作了进一步规定。除了对之前确立的辨认规则进行强调外，第三十条中关于辨认结果不能作为定案根据的第五种情形规定："辨认中给辨认人明显暗示或者明显有指认嫌疑的"，某种程度上这一规定可以看作是对"禁止侦查人员暗示规则"的确立，此规则在上文已讨论过，不再详述；第三十条第二款中还规定，"案卷中只有辨认笔录，没有被辨认对象的照片、录像等资料，无法获悉辨认的真实情况的"，此种辨认结果只有通过有关办案人员的补正或者作出合理解释的，才可以作为证据使用，此条规定可以认为是对辨认过程进行录像、拍照的规定，其实很多国家法律都要求对辨认过程进行录像、拍照保存，以便庭审中对辨认笔录发生争议时，可以依据当时的录像、照片作出正确判断。

虽然我国对于辨认程序已有基本的法律框架，但法律规定仍显单薄，在很多方面还缺乏实践的操作性。新修改的刑事诉讼法只规定了"辨认笔录"为法定证据种类之一，尚未有辨认的程序性规定。这些程序规定的缺失都为酿成刑事错案留下了隐患。鉴于辨认程序在预防刑事错案中的重要作用，我们是否也应该对我国的辨认规则在已有基础上进行进一步的改进和细化呢？笔者提出以下几点建议：

（一）对已有规则进行更细化的规定

如上文所述，我国的辨认程序大致已经建立，但相关规则的条文过于简单，具体操作性还不够。例如列队辨认规则，我国的两个规范性法律文件只规定了辨认对象的人数（且两个部门的数量规定不一致），没有要求辨认对

---

① 参见《检方不起诉 名誉能否恢复》，载《新疆法制报》2010年12月24日。

象具有相似性、更没有对相似性比对的具体要求进行规定。这些都是在司法实践操作中所现实面临的问题，法律规定的缺位也为辨认程序不规范、造成辨认错误埋下隐患。又如禁止侦查人员暗示规则，相关法律文件只有"不得给辨认人任何暗示"之类的条文，那么侦查人员的何种语言或行为、以及何种程度上的语言或肢体行为可以称之为"暗示"？这些在实践中尚处于模糊地带的程序，法律都未给出具体操作性的规定。有关部门或更应细化具体统一的操作规程。

（二）对缺失规则的补充建立

越来越多的人都认为刑事诉讼中的辨认程序是一项涉及法学、心理学等诸多学科的领域，在制定辨认规则的时候，不仅要从法律侦查的角度出发，也要考虑涉及的相关心理学等因素，以保证程序的科学性、合法性。[1]综合考虑我国的实际情况，建议在辨认程序中构建以下规则：

1. 辨认前的告知规则

研究及实践操作都表明，如果事前不告知辨认人犯罪嫌疑人有可能在也有可能不在队列中，那么大部分辨认人都会认为犯罪嫌疑人应该在队列中，从而很容易冤枉无辜者。对此笔者有过切身体验：在大学课堂上老师曾做过关于辨认的实验，辨认前老师没有对我们进行任何告知，大家都想当然地认为犯罪嫌疑人就在照片行列中，结果全班只有一名同学答对了——照片列表中根本就没有犯罪嫌疑人！侦查人员的告知与否对辨认准确度的影响，由此可见一斑。心理学家以实证研究证明，若在辨认前先告诉辨认人犯罪嫌疑人可能不在待指认的行列中，辨认人错误的比例为33%，若事先未作警告，辨认人出错的比例高达78%。[2]

2. 双盲辨认规则

双盲辨认规则（Double – Blind / Blind Procedure）是指辨认程序的组织者和辨认人都不知道队列有没有犯罪嫌疑人或者谁是犯罪嫌疑人。在实践中，让非本案侦查人员担任辨认程序组织者，以规避侦查人员对辨认人进行

---

[1] 如2001年，美国司法部发布了一份关于目击者辨认的研究报告，制定报告的研究组成员由包括法律、心理学以及其他领域的人员组成。

[2] 王兆鹏：《证人指证之瑕疵及防制》，载《台大法学论丛》第二十八卷第二期，第7页，转引自张丽云：《刑事错案与七种证据》，中国法制出版社2009年版，第109页。

暗示的可能性，保证辨认程序的公正和准确。

（三）相关保障制度的建立

1. 辨认过程中辩护律师在场制度的建立

我国目前对于辨认程序中见证人制度只规定了"必要的时候，可以有见证人在场"，那么到底何谓"必要的时候"？如果需要见证人在场，有权申请见证人在场的主体又有哪些呢？对于这些问题法律都没有规定，况且只是"可以"有见证人在场，那是否就意味着没有见证人在场也是合法的？

新刑事诉讼法强化了辩护律师的权利，依据新刑事诉讼法的精神，侦查阶段辩护律师对犯罪嫌疑人权利的保护大大加强，一般情况下，辩护律师无需批准即可与犯罪嫌疑人会见通信，那么是否让辨认中的"见证人"一角也可以由辩护律师来担任呢？这样既减少了程序上的繁琐，也更好地保护了犯罪嫌疑人的权利。关于辨认中律师在场的权利，美国有 Wade—Gilbert 规则（在被正式指控后，嫌疑人参加列队辨认或其他对质，有权利要求律师在场），律师参加并旁观辨认程序，既可以保护嫌疑人免受警方的偏见性影响，而且如果列队辨认中有任何不公正，辩护律师还可以在审判中就此向辨认询问。①

2. 辨认过程中录像拍照制度的建立

关于辨认中的录像、拍照程序，《办理死刑案件证据规定》第三十条中有相关规定："有下列情形之一的，通过有关办案人员的补正或者作出合理解释的，辨认结果可以作为证据使用：……（五）案卷中只有辨认笔录，没有被辨认对象的照片、录像等资料，无法获悉辨认的真实情况的。"此条规定可否说明我国辨认程序中的录像拍照制度已经建立，至少是在死刑案件中已经建立？这一制度与上述的律师在场制度的功能有异曲同工之处，都是为了对侦查人员组织辨认程序进行监督，避免辨认人受侦查人员的不当影响。相关的录像、照片也可以作为日后的证据使用，证明辨认过程是否遵守法定程序、辨认笔录是否能够采信。

（四）庭审中对辨认笔录的审查

对于辨认程序，新刑事诉讼法新增加了证据种类——辨认笔录。结合新

---

① 参见［美］罗纳尔多. V. 戴尔卡门：《美国刑事诉讼——法律和实践》，张鸿巍等译，武汉大学出版社2006年版，第368~374页。

刑事诉讼法确立的非法证据排除程序，对于存疑的辨认笔录，被告方应该可以申请法院予以排除，法官认为辨认笔录存有疑点的也可以进行法庭调查。如果保存有录像、照片等证据材料的，应在法庭出示予以质证，必要时可以申请侦查人员和相关证人出庭说明情况，对辨认笔录进行质证、认证。但是对于何种情况下的辨认笔录应当排除，何种情况下可以补正后采信，死刑案件可以依据《办理死刑案件证据规定》第三十条规定来执行；而对于非死刑案件应该执行何种法律标准，只能呼吁有关部门借刑事诉讼法修改的契机，尽快出台相关法律规定了。

在法庭审理中对辨认笔录这一证据进行审查，是对辨认结果的"二次把关"。退一步说，即使是在辨认程序中已经形成错误，但在质证认证的过程中，如果严格审查，错误的辨认结果还是可以被阻挡在定案证据的大门之外，进而减少错案发生的概率。

综上所述，辨认程序对于犯罪嫌疑人和案件事实的认定具有至关重要的作用，对辨认程序的规范可以有效地预防刑事错案。当然，还有很多具体的规则需要完善，需要公、检、法各部门的配合，需要侦查、起诉、审理各环节的严格把关。刑事错案一直是人类历史上的一个司法难题，除了目击者辨认错误外，造成刑事错案的证据种类还有很多，如被告的虚假供述、不可靠的科学证据等等。历史上无数事实证明，刑事错案一旦发生便会造成难以弥补的损失。我们能做的，除了事后纠错以外，从源头预防刑事错案更具有现实意义，努力完善刑事诉讼中的各项制度，保障刑事程序的公正，减少刑事错案的发生。

从"区别对待"到"平等保护"
——高尔特案（In Re Gault）评析

孟 军*

在美利坚合众国历史最初的100年里，未成年犯罪嫌疑人在诉讼程序中是与成年人同等对待的。在改革的进步时代，大多数州建立了少年法院系统和培训学校，以改造违法犯罪的未成年人。20世纪早期，美国大多数主要城市都有专门听审未成年人犯罪案件的法庭。通过这些特别法庭，推动进步的改革者试图在司法系统中营造温情的气氛。少年司法系统更倾向于将未成年犯罪人视为任性的孩子而不是潜在的犯罪者。少年法院本身也使用了一个法律概念——国家亲权，法院起着监护人的作用。法院对未成年人的处理程序是民事的而非刑事的，法庭审理的目的是对未成年人进行保护和矫正，而不是惩罚。[①]

1966年沃伦法院受理了高尔特案，这一事件的发生一点也不奇怪。当时美国联邦宪法第14修正案的正当程序和平等保护条款适用已经达到前所未有的广度，在美国历史上沃伦法院的一系列裁决对美国公民个人权利产生了

---

* 北京师范大学法学院讲师，法学博士。
① In re Gault, 1967, http://www.phschool.com/atschool/ss_web_codes/supreme_court_cases/gault.html。

深远影响。在高尔特案件中，曾经处理过米兰达案件的特别强调程序性正当权利的同一批法官，一年以后，开始考虑这些权利中的哪些权利应当被扩展到适用于未成年人。

一、案情介绍及处理结果

1964年6月8日上午10点，亚利桑那州吉拉县，警察将15岁的吉拉尔德弗兰西斯高尔特（Gerald Francis Gault）和他的朋友罗纳尔德勒维斯（Ronald Lewis）带到了拘留所。警察这么做的原因是高尔特的邻居库克夫人（Cook）报案说受到了色情电话的骚扰。高尔特被带走的时候，他的父母都在上班，没有得到任何通知。高尔特的母亲晚上下班后没有看到自己的儿子，最终在县拘留所找到了高尔特，但拘留所不允许母亲将儿子带回家，告知高尔特的母亲6月9日少年法庭将对此案进行听审。

6月9日，高尔特、他的母亲和他的哥哥、两名警察出席了法庭。报案人库克夫人没有出庭，庭审中没有人宣誓作证。麦吉法官（McGhee）主持听审。整个听审过程没有作任何记录，关于这次听审以及6月15日第二次听审的信息完全来自于两个月以后进行的人身保护令审查程序中原少年法庭法官、高尔特的父母、警察的说辞。这些说辞表明，6月9日听审中法官询问了高尔特有关电话的事，但有关高尔特的说法出现了矛盾，他的母亲回忆说高尔特承认他只是拨了库克夫人的电话号码并把电话交给了他的朋友罗纳尔德。警官弗拉格（Flagg）回忆说听审中高尔特承认打了色情电话，说了猥亵的话。麦吉法官也证实高尔特承认说了一些猥亵的话。听审结束时，法官说要对这个案件进行考虑。高尔特被带回了拘留所。6月11日，高尔特被释放回家，没有任何解释和说明为什么他被拘留以及为什么他被释放。弗拉格警官通知高尔特一家，麦吉法官决定于6月15日对高尔特案件进行进一步听审。这是高尔特一家得到的唯一一次通知。

按照约定的时间，高尔特和他的父母、罗纳尔德勒维斯和他的父亲、警察弗拉格和汉德森（Henderson）出席了法庭。6月15日听审中有关高尔特的说法，在后来的人身保护令审查程序中又发生了分歧。高尔特的父母回忆说高尔特再次证明他只是拨了电话号码而另一个男孩说了猥亵的话。在这次听审中弗拉格警官认同高尔特没有承认曾说过猥亵的话，但麦吉法官回忆说高尔特再次承认说了一些猥亵的话。这次听审中库克夫人依然没有出庭。高尔特的母亲要求库克夫人出庭，法官认为她没有必要出庭。法官从没和库克夫人交谈过，也从未和她联系过，弗拉格警官只是在6月9日通过电话和库克女士说过话。40 多年以后，高尔特说他仍然不知道那位夫人到底长得什么样。听审程序结束后，麦吉法官认为被告人当时 15 岁，属未成年犯罪人，裁决高尔特入州工读学校，直到 21 岁为止。该案在缓刑官的报告中被列为"色情电话案"。如果高尔特作为成人涉嫌此类案件，他最多会被判处两个月监禁和 5 至 50 美元的罚款。

当时的亚利桑那州法律不允许就未成年人案件提起上诉，所以高尔特的父母于 1964 年 8 月 3 日向亚利桑那州最高法院申请人身保护令以寻求儿子得到释放。州最高法院决定由州高等法院对人身保护令申请进行审查。麦吉法官对自己的裁决进行了充分论证，州高等法院拒绝了当事人的人身保护令申请。高尔特的父母于 1965 年向州最高法院提出申诉，申诉的理由为：1. 亚利桑那州少年法违宪。（1）被指控人以及他的父母不享有受指控知悉权；（2）听审中未成年人的父母无在场权；（3）无上诉权。2. 少年法庭法违反正当法律程序。（1）针对被告人的不利指控高尔特缺乏知情权；（2）法庭没有告知高尔特享有寻求律师帮助权、对质权以及沉默权；（3）法庭使用了未经宣誓的传闻证言；（4）对整个诉讼过程没有记录。亚利桑那州最高法院维持了州高等法院的决定。州最高法院认为少年法庭的诉讼程序应当符合正当法律程序的要求，但亚利桑那州少年法以及高尔特案件的审判程序并没有违反正当法律程序。最终高尔特的父母将案件申诉到了美国联邦最高法院。①

美国联邦最高法院最终裁决，高尔特入工读学校的判决"因被剥夺了律师帮助权、未被正式告知对他不利的指控、未告知其享有不自证其罪的权利、未能面对指控人以及未被赋予就判决向高级别法院上诉的权利，这些都明显违反了宪法第 14 修正案关于正当程序性权利的规定。"高尔特被释放并进行新一轮的听证。美国联邦最高法院提出，少年法庭必须保证未成年人享有以下几项具体权利：（1）被告知指控的权利，以便有充分的时间准备辩护；（2）在可能作出关押决定的案件中，儿童或父母有权向他们自己的或法院指定的律师咨询他们所应享有的权利；（3）反对自证其罪的权利；（4）在缺乏有效供述的情况下，有权面见证人，并对证人宣誓过的证言有交叉询问的权利。

---

① In re Gault, From Wikipedia, the free encyclopedia, http://en.wikipedia.org/wiki/In_re_Gault。

二、案件处理过程中引发的争议

（一）联邦最高法院的判决意见

美国联邦最高法院对高尔特案件进行了审查。本案的争议焦点是关于宪法第 14 修正案和未成年人的正当程序性权利，面临刑事指控的未成年人同成年人一样受宪法规定条款的保护吗？州政府所做的保护未成年人的努力在未成年人享有权利方面违反了宪法规定吗？联邦最高法院于 1967 年 5 月 15 日作出裁决，认定亚利桑那州少年法庭违宪，撤销了少年法庭对高尔特的判决。联邦最高法院对该案件裁决投票结果为 8 比 1，阿贝福塔斯（Abe Fortas）法官撰写了法庭的多数意见书。和他一样持赞同意见的有首席大法官厄尔沃伦（Earl Warren）、大法官胡果布莱克（Hugo Black）、威廉姆 O. 道格拉斯（William O. Douglas）、汤姆 C. 克拉克（Tom C. Clark）、威廉姆 J. 布热南（William J. Brennan Brennan）、拜伦怀特（Byron White）、约翰 M. 哈兰（John M. Harlan）。

多数大法官对亚利桑那州少年司法制度提出了尖锐的批评。福塔斯写道，"在宪法框架之下，对未成年人审判的不应该是一个袋鼠法庭。①……正当程序是公民个人自由基本的和不可或缺的基础。""根据社会契约理论，正当程序是一个基础的、特别的词语，它界定了公民个人的权利并划定了政府的权力范围……""无论是联邦宪法还是人权法案都不仅仅是为成年人制定的。"即使一个未成年人案件不是一个刑事案件，将一个未成年人送到监禁中心，剥夺他的自由，"他不是和他的父母、兄弟姐妹、朋友、同学在一起，他的世界被保安、看守人、政府雇员所围绕。而且他还面对其他不良人员，这些人有的是强奸犯、杀人犯等。"

未经过公正审判，政府不能剥夺包括未成年犯罪人在内的任何一个人的自由。福塔斯认为高尔特案件的审判是不公正的，因为他不知道他被指控犯有何罪，未得到相关通知且没有律师帮助，高尔特不能很好地为自己辩护；未能面对并交叉询问证人，高尔特无法验证库克夫人说的是否是事实；不知道享有不自证其罪的权利，高尔特有可能迫于压力而承认没有实施的罪行。福塔斯法官认为当一个未成年人面临监禁的刑罚时，在听审中他必须享有这些权利并受到保护。

---

① 袋鼠法庭，即非正规的法庭，也指私设公堂或不合法律规程和正常规范的审判。

(二) 斯图尔特大法官的少数派意见

波特斯图尔特（Potter Stewart）大法官是唯一持反对意见者。他认为少年法庭的目标是矫正，而不是惩罚，有关刑事审判的宪法性正当程序保障条款不适用于少年审判。斯图尔特大法官反对法庭对少年刑事审判程序的变更，认为这种变更导致一种倒退到19世纪的大退步。"我既没有专业的经验也没有专门的知识，因此我无法预见在对待严重的少年犯罪方面，改进的最大希望在哪。但是我能确信，这个希望不在这个案件的法院意见中，因为它更可能将这个少年处理程序变成一个刑事诉讼。"斯图尔特同意在听审中未成年人享有相应的权利，然而他不同意未成年人享有同成年刑事被告人相同的权利。未成年人司法系统的目标是将未成年人与成年犯罪人区别对待。斯图尔特担心联邦最高法院的裁决会将未成年人案件转化成成年人案件的刑事审判，使美国退回到将12岁的孩子和成年人一样判处死刑的时代。

三、值得反思的问题

（一）国家亲权

国家亲权（Parens Patriae）来自于拉丁语，其字面上的含义即"国家家长"（Parent of the Country），传统的含义则是指国家居于无法律能力者（如未成年人或者精神病人）的君主和监护人的地位。国家亲权是从父母亲权中逐步脱胎而来的，中世纪时期，英国大法官法庭首先开始运用国家亲权理论作为干预未成年人的合理化根据。大法官法庭奉行的一个重要理论是认为未成年人和其他无行为能力人都处于国王的保护之下，国家亲权理论便由此而来。"国家亲权"理念认为，国王的代表——法庭的大法官，作为一个仁慈的父母，可以违反正当的法律程序，以使儿童免受为各种刑事犯罪设定的刑罚处罚，而且可以监管那些没有犯罪但与流浪、懒惰、难以矫正或与不受欢迎的人联系的人。① 后国家亲权成为英美法系少年司法基础，"当生父母无力承担教育子女的义务时，应用国家亲权代替"并"以孩子的福利为本位"。正是在这样的教育保护理念的指导下，1899年美国伊利诺伊州建立了世界上第一个少年法庭，随后各州相继建立了少年法庭或少年法院，美国少年司法系统逐步建立了起来。

---

① 袁彬：《美国少年法院模式及其借鉴》，载《青少年犯罪问题》2008年第5期。

国家亲权理论是英美法系国家少年司法制度的基本理论根基，它强调国家对未成年人的积极保护责任，要求超越报应主义观念，遵循"未成年人最大利益原则"来处理少年罪错行为。国家亲权理论对于克服刑事古典学派的弊端，推动少年司法制度的进步发挥了重要的作用。但是，在少年司法系统的司法实践中，国家亲权理论也暴露出了一些问题，理论与实践产生了落差。① 其中最大的问题就是少年法院权力行使缺乏规制。表现为：一是由于法律的规定十分抽象，少年法院极力扩大案件管辖范围，几乎美国少年的所有问题行为都有可能受到少年法院的管辖；二是警察、司法人员的执法行为不受控制，司法人员可以在自认为是保护未成年人利益的情况下对涉案未成年人采取各种措施，这些措施有可能是武断的、歧视性的、不公正的。在刑事审判中未成年人也不享有沉默权、律师在场权等诉讼权利。高尔特案件处理过程中，这些问题突出显现。福塔斯法官在裁决意见中写到"早期少年法庭的理念是，一个慈父般的法官，在与一个犯错误的青年就他的问题进行交流过程中，通过家长似的建议和警告，触及他的内心和良知"，"当时和现在一样，善意和同情是得到普遍尊重的理念。但最近的一些研究惊人一致地表明，这种柔和的理念的有效性已经引发了尖锐的争议"，"改革者们所希望的，通过建立一个针对未成年人的独立的司法系统以帮助培养他们重新回到社会做出自己的贡献，这一想法被证明是不成功的。"在高尔特案件以及随后案件的裁决中，国家亲权理念得到修正。

（二）区别对待

基于国家亲权理论，少年司法系统在少年违法犯罪案件处理程序方面与成年人犯罪区别对待，表现在对违法犯罪少年的审理和处遇，无论是审理机关，还是审理方式、审理对象、处罚方法等，都与普通刑事司法制度有原则区别。成年人刑事司法制度的重点是打击刑事犯罪，维护社会利益；少年司法制度的目的除了保护社会利益之外，更重要的是预防、矫治少年犯罪，保护少年健康成长，使保护社会与保护犯罪少年相统一，从而达到公正与功利的价值目标。② 当时少年司法系统在处理未成年人违法案件过程中，以教育保护未成年犯罪人为目的，将适用于未成年违法者的程序与普通刑事诉讼程

---

① 姚建龙：《国家亲权理论与少年司法——以美国少年司法为中心的研究》，载《法学杂志》2008 年第 3 期。
② 孙谦、黄河：《少年司法制度论》，载《法制与社会发展》1998 年第 4 期。

序相分离，以避免给未成年人贴上罪犯的标签。少年司法改革者的初衷是好的，他们认为社会应该用一种父母式的关怀而不是惩罚的方式来对待他们，有罪还是无罪或者处罚都不应该再是刑罚系统最关注的问题，诉讼采用什么样的程序也不应该是关注的问题。

但是未成年人司法程序的区别对待在司法实践中遇到了挑战。当时出于对未成年人隐私的考虑，未成年人案件处理过程往往是不公开的，未成年被告人也不享有成年被告人的一些基本权利。正像高尔特案件中表现出来的，高尔特在诉讼中不享有控告知悉权、对证人质证权、寻求律师帮助权等，这些权利为宪法所规定，是公民享有的基本权利。在实体问题处理上也出现了尴尬情形，法官宣判将高尔特作为少年犯送入州工读学校，在那里他将度过5年多的监禁直到他满21岁。而如果是成年人实施了这样的罪行，其所遭受的最重的刑罚也不过是2个月以下的监禁或者是50美元罚款而已。为了保护未成年人在诉讼程序上加以"区别对待"，在诉讼结果上造成了未成年人进一步的不利益，恶化了未成年人的处境，这确实值得反思。即使这种现象不具有普遍性，但问题是存在的。

（三）平等保护

高尔特案涉及的根本问题就是平等保护的问题。平等保护是每个国家都要面对的，平等保护应该有两个最基本的要求：第一，便是程序上的平等。程序上是否需要区别对待，如果需要，什么样的程度才是合理的，这是本案的一个焦点问题。事实证明，无论是这种特殊对待的初衷如何，对某些基本的程序性权利的剥夺只会导致对个人的损害而不是保护。因此，保障当事人最低限度的程序性权利，是平等对待的重要内容。平等保护另外一个基本内容是实质上的平等。实质上的平等要求法律不应该仅仅对某一类人或某一种群体作简单划分，也不能仅仅是对他们进行机械的特殊对待，我们更应该关注的是，这种区别对待之后的实际结果和社会效果，未成年人、老年人、妇女、残疾人、少数民族等这些都是需要我们给予特殊对待的群体，我们的法律也有相应的规定，但是，这种法律上的规定在现实中是否转化成了法律所期望达到的效果，是否在现实中又导致了另一种不平等？这才是我们最应该关注的问题。①

从高尔特及其家人的诉求来看，他们要求的不是"区别对待"，他们要

---

① 刘卓：《高尔特案》，http：//wenku.baidu.com/view/ee4dba53f01dc281e53af092.html。

求的是"公平对待"、"平等保护"。根据美国联邦宪法第5修正案规定，不得在任何刑事案件中被迫自证其罪；未经正当法律程序，不得剥夺任何人的生命、自由或财产。第6修正案规定，在一切刑事诉讼中，被告应享受下列权利：由犯罪行为发生地的州和地区的公正陪审团予以迅速和公开的审判，该地区应事先已由法律确定；获知控告的性质和原因；同原告证人对质；以强制程序取得有利于自己的证据；并取得律师帮助为其辩护。这两条规定确立了刑事诉讼中被告人享有的基本诉讼权利。在高尔特案件中，被告人恰恰被剥夺了这些基本权利。他们的诉求得到了美国联邦最高法院的支持。在这一过程中美国联邦宪法第14修正案起了决定性作用。第14修正案规定，无论何州均不得制定或实施任何剥夺合众国公民的特权或豁免权的法律；无论何州未经正当法律程序不得剥夺任何人的生命、自由或财产；亦不得拒绝给予在其管辖下的任何人以同等的法律保护。这一条款确立了诉讼中的正当程序原则，正当程序也就意味着公平审判。联邦最高法院认为第14修正案的规定适用于未成年人案件。

在高尔特案件以后的两个案件中，美国联邦最高法院进一步明确了"少年司法正当程序"标准。在1970年的温士普（In re Winship）[1]案中，最高法院要求少年法院对未成年人作出最终处理决定前确定未成年人涉入某一事件应该达到"排除合理怀疑"的标准。这一要求取代了以前所使用的民事法律"优势证据"标准，"排除合理怀疑"对给未成年人定罪提出了更高的标准。在1971年麦克维尔诉宾夕法尼亚（McKeiver v. Pennsylvania）[2]案中，最高法院否决了少年司法程序中要求陪审团审判的做法，因为少年司法与成年人司法系统并不相同。这表明最高法院在强调对未成年人平等保护的同时，并没有一味强调在形式上未成年人诉讼程序和成年人诉讼程序完全一样，而是考虑到未成年人特点，追求实质上的平等。

四、可供借鉴之处

（一）未成年犯罪嫌疑人、被告人权利的特殊保护

高尔特案件是美国少年司法制度发展的一个重要事件。联邦最高法院重申了对未成年人诉讼权利保护的重要性，扩展了未成年人案件审判"基本

---

[1] In re Winship, 397 U. S. 358 (1970).
[2] McKeiver v. Pennsylvania, 403 U. S. 528 (1971).

公平"的标准。在最低限度上，应该保证未成年人享有知悉受到的指控权、聘请律师权、质证权、面对指控人权以及陈述或保持沉默权。福塔斯大法官撰写的法庭意见也成了一份未成年人权利宣言。那么为什么要强调对未成年人诉讼权利的特殊保护以及平等保护？

1. 弱势群体保护的必然要求

弱势群体是一个相对的概念，在具有可比性的前提下，"一部分人群（通常是少数）比另一部分人群（通常是多数）在经济、文化、体能、智能、处境等方面处于一种相对不利的地位。"[①] 这主要是从社会主体所处地位和处境的角度来界定"弱势群体"的。在刑事诉讼中，未成年人属于典型的弱势群体。他们是因诉讼行为能力的欠缺和实质力量的不对等而造成对诉讼参与的不充分，最终导致在诉讼中的弱势地位和处境。第一，未成年犯罪嫌疑人、被告人诉讼行为能力的弱势化。由于未成年无论是在能力上还是智识上，很难独自承担诉讼职责。他们多数是孤立的个人，力量单薄、地位被动，而且往往不掌握法律专业知识。而与未成年人相对的代表国家的追诉方不仅拥有强大的政权力量作后盾，可以使用一切必要的强制措施和侦查手段，而且其成员往往都是熟悉侦查、控诉技巧，长期从事侦查、控诉活动的专门人员，受过系统专业训练，具有丰富办案经验。第二，未成年犯罪嫌疑人、被告人诉讼心理素质脆弱化。未成年人本身心理不成熟，对犯罪行为的追诉实际上是对其行为的否定性评价，这使得未成年诉讼当事人在刑事诉讼中的心理压力高于一般诉讼主体。未成年人在刑事诉讼中有比较严重的顾虑感、比较严重的挫伤情绪和普遍的社会支持缺失感，其诉讼心理素质极易受到触动和影响。[②]

作为社会弱势群体的未成年犯罪嫌疑人、被告人之所以要得到法律的特别保护，是因为他们相对于其他群体而言处于权能较低的相对不对等状态。为此，在立法上，各国普遍在刑事诉讼程序中赋予未成年犯罪嫌疑人、被告人更多的诉讼权利，设置特别的未成年人诉讼程序。在未成年人司法中，注重各种对未成年犯罪嫌疑人、被告人的保护和帮教措施，例如心理辅导、案件追踪、就业指导等等，这些都体现了对未成年人的特殊保护。

---

① 李林：《法治社会与弱势群体的人权保障》，载《前线》2001年第5期。
② 廖永安：《我国民事诉讼中弱势群体保护论纲》，载《河南省政法管理干部学院学报》2007年第1期。

2. 社会平等原则的应有之义

社会平等原则要求对未成年犯罪嫌疑人、被告人权利同成年犯罪嫌疑人、被告人权利予以同等保护。美国联邦最高法院对高尔特案件的裁决就传达了对处理未成年人犯罪问题的一种态度。联邦最高法院宣称，未成年人同样是社会的公民，当他们在少年法庭诉讼程序中被剥夺自由时，有同样受权利法案保护的权利和自由。

未成年人作为自然人群的组成部分，他们所享有的基本权利与成年人所享有的基本权利是基本一致的，这些权利是宪法和法律所赋予和保障的，法律对未成年人权利应当予以平等保护。一般说来，在刑事诉讼中，未成年犯罪嫌疑人、被告人和成年犯罪嫌疑人、被告人都享有以下权利：（1）知情权。未成年人诉讼程序中，司法人员应使其详尽了解自己享有的权利和应当履行的义务，并清楚合法权利受到侵犯后的相应救济手段。（2）生命权、健康权等人身权利。公民的人身权利不受非法侵犯是宪法赋予的，任何组织、个人都不得以各种理由侵犯未成年犯罪人的合法权利。（3）隐私权。隐私权是公民依法享有的私人、生活安宁与私人信息依法受到保护，不被他人非法侵扰、知悉、搜集、利用和公开的一种人格权。像成年人一样，每个未成年人都有不愿为他人所知的秘密，都希望拥有安全自由的空间。在诉讼中，他们不愿意让自己部分信息和其他私人事务为司法人员所知悉，而追究未成年刑事责任事件本身也希望知道的人越少越好。（4）辩护权。未成年人在刑事诉讼中有权自行辩护或者聘请律师帮助其行使辩护权。未成年人犯罪嫌疑人、被告人还享有上诉权、申诉权等一系列诉讼权利。

我们认为，如果对未成年犯罪嫌疑人、被告人权利保护的理解仅限于此是不够的。成人社会这一概念的提出，意在确立儿童社会是一个相对独立的利益群体。如果始终把儿童利益并入到整体社会的利益之中，不分你我，儿童利益就无法得到彻底的和有针对性的保护，因为保护整体的社会利益、根本的社会利益就是行动的全部目的。① 但是从社会责任的观点来看，未成年人犯罪作为一个社会病态现象，更多的是学校、家庭、社会等各个方面的责任。从某种意义上说，未成年人本身就是受害者。为了实现对未成年人的"补偿"和挽救，在刑事诉讼中，相对于成年人，国家应当更加凸现对未成年人的关照和保护职责，未成年人在诉讼中也应当享有更多的诉讼权利。同时，相对于成年人，未成年人社会经验不足，对法律了解更加欠缺，对自身

---

① 皮艺军：《儿童权利的文化解释》，载《山东社会科学》2005 年第 8 期。

的保护意识和防御能力更加不强，因此，他在诉讼中弱势地位更加明显。这也决定了其在诉讼中更加需要关照和保护。例如监护人或法定代理人到场，对未成年犯罪嫌疑人、被告人尽量少用强制措施，对未成年人实行无偿法律援助制度，不公开审判等等。①

（二）未成年人的司法处遇

高尔特案件的裁决强调了正当程序适用于未成年人案件，未成年人司法程序应当符合"基本公正"标准。这里的公正不仅是指形式上的公正，还包括实质上的公正。这里需要引入司法处遇的概念。"处遇"一词是 treatment、traitement、Behandlung 等词的翻译词，它含有吸入、处理、对待、治疗等意思。现代社会的犯罪者处遇包括三种类型：第一种是司法处遇，即在刑事司法程序中的警察、检察及裁判阶段的处遇；第二种是设施内的处遇，即在监狱等刑事设施内的处遇；第三种是社会内处遇，即边维持社会上的生活边实施的处遇。② 和未成年人司法联系紧密的主要是司法处遇。

司法处遇是针对个人的，是基于特殊预防的观念而产生的，特指以防止犯罪及便于犯罪人重返社会为目的而对犯罪人所施加的国家处置和待遇的总体，它不是我们通常所说的广泛意义上的犯罪人的地位和待遇。③司法处遇是基于刑事政策的考虑，在刑事司法过程中对被追诉者展开的以防止再犯、促进其顺利回归社会为目的而采取的相关措施与手段。这些措施与手段必然体现在未成年人司法程序之中，有的措施和手段直接构成未成年人司法程序的内容。例如在侦查阶段，对未成年犯罪嫌疑人少用强制措施，尽量不使用羁押性强制措施。在起诉阶段，一方面，对于无辜的未成年人，通过控制刑事追诉程序的启动，适时终止对未成年犯罪嫌疑人的诉讼程序，能够防止无辜的未成年人被强行纳入刑事追诉的轨道，免受因不适当的对待而导致的诸种消极后果，及时回到公民的社会日常生活；另一方面，对于构成犯罪的未成年人，除了必须提交审判的以外，对未成年犯罪嫌疑人采取各种简易的追诉程序或者非司法的处理方法，包括各种专项处分，在客观上增加了刑事追诉的途径。在审判阶段，从实体的角度看，法官应当根据每个未成年被告人的具体情况来对其作出实体性的认定与处理，实现刑罚的个别化；从程序的

---

① 陈光中、汪海燕：《〈刑事诉讼法〉再修改与未成年人诉讼权利的保障》，载《中国司法》2007年第1期。
②③ 孙文红：《刑事政策视野中的司法理念》，中国检察出版社2006年版，第49页。

角度看，审判活动中的有关程序性的司法处遇类型主要有以下三种：犹豫型处遇，如暂缓宣告判决；迅速型处遇，如选择简易审判；保护型处遇，如对犯罪新闻报道与审判公开的限制。① 这三种程序性的司法处遇在未成年人司法程序作用更加明显。

未成年人司法程序中贯彻司法处遇，一是有利于减缓未成年犯罪嫌疑人、被告人与国家追诉机关的对抗，促进其悔改自新。国家追诉机关在诉讼过程中对未成年犯罪嫌疑人、被告人采用什么样的态度和措施，将直接影响未成年犯罪嫌疑人、被告人认罪态度。如果一味采用高压手段，追求强制措施的高使用率，有可能增加未成年犯罪嫌疑人、被告人的对抗性，也会影响对其矫正改造的效果。二是有利于保护未成年犯罪嫌疑人、被告人的合法权利。未成年犯罪嫌疑人、被告人因涉嫌犯罪，其权利势必受到一定限制，但这并不意味着在追诉过程中，他不享有任何权利。对于其享有的合法权利司法机关有义务予以保护。司法处遇尽量避免对未成年犯罪嫌疑人、被告人合法权利的侵害，减少各种追诉措施给未成年人身心造成的不利影响。例如，对于未成年犯罪嫌疑人尽量少用羁押措施。三是有利于减轻刑事司法过程对未成年犯罪嫌疑人、被告人的消极影响，为其重新融入社会创造条件。未成年人年龄小，人生道路还很漫长，在刑事司法中受到什么样的待遇会影响其价值观、对自己的认识以及将来重新融入社会的程度。

---

① 孙文红：《刑事政策视野中的司法理念》，中国检察出版社2006年版，第71~75页。

亲属盗窃的实质解释认定
——以日本夫妻盗窃案为例分析

=姜金良*

[基本案情及裁判结果]

被告人和被害人昭和43年结婚，结婚十年后协议离婚，其后，被告人一直居无定所，经常访问被害人的住所，哀求被害人允许居住。后来被告人和被害人同居，被告人趁被害人不在家时，盗用被害人钥匙，将被害人金库打开，将725万日元现金盗走。

第一审东京地方法院平成17年9月27日判决，根据日本刑法第244条第一款，配偶仅限于是民法上有效缔结婚姻的场合，但是本案中两人的关系可以准用婚姻关系之内，因此适用刑法第224条第一款的规定。第二审，东京高级法院平成18年1月18日退回重审，被告人上诉。最高裁判所平成18年8月30日第二法庭判决［平成18年第334号盗窃罪判决］不适用日本刑法第244条第一款。

[争议问题]

日本刑法第244条第一款规定："配偶、直系血亲或

---

* 江苏省扬州市中级人民法院干部。

者同居的亲属之间犯235条之罪、第235条之二之罪或者这些罪的未遂罪的，免除处罚。前款规定的亲属以外的亲属之间，犯前项规定之罪的，告诉的才能提起公诉。"① 对有关立法规定加以分析，如果被害人的配偶、直系亲属或者同居的亲属犯盗窃的，不管是既遂或者未遂，都应该免除处罚，如果是上述三类亲属以外的亲属之间犯盗窃罪的，属于亲告罪，非经被害人告诉不能进入刑事程序。

本案适用的焦点在于被告人与被害人之间是否具有婚姻关系，虽然婚姻关系已经解除但是两人共同生活的，是否可以作为配偶适用日本刑法第244条第一款的规定，这涉及日本刑法第244条第一款中亲属关系规定的理由。

在刑法理论以及司法实践中，对于亲属关系的认定尤其是夫妻关系的认定，是否局限于民法上有效缔结的婚姻，还是从实质的刑法解释论，夫妻之间关系应该以两人是否具有实际共同生活的意思为判断基准。

[学理探讨]

一、关于亲属间盗窃的各国刑法规定

对于亲属盗窃立法特别规定，不仅仅日本刑法典中，大陆法系中各国法典几乎都有所规定。

德国刑法典第247条规定："盗窃或侵占家属、监护人、照料人的财物，或被害人与行为人同居一室的，告诉乃论。"② 法国刑法典第311-12条规定：盗窃属下列情形的，不得引起刑事诉讼：1. 盗窃尊、卑直系亲属之财物；2. 盗窃配偶之财物，但夫妻已分居或者允许分别居住之情形例外。③ 瑞典刑法典第13条也有规定，即"在重盗窃罪外的其他犯罪：1. 与被告人共同生活的人，临时性居住的人除外；2. 配偶、直系血亲、姻亲、兄弟姐妹、姻兄弟、姻姐妹；3. 与被告人有相似密切关系的任何其他人，盗窃亲属或家庭成员财物的，告诉乃论。"④ 意大利刑法典也有相类似的规

---

① 《日本刑法典》（第二版），张明楷译，法律出版社2005年版，第78页。
② 《德国刑法典》（2002年修订），徐久生、庄敬华译，中国方正出版社2004年版，第120页。
③ 《法国新刑法典》，罗结珍译，中国法制出版社2003年版，第108~109页。
④ 《瑞典刑法典》，陈琴译，谢望原审译，北京大学出版社2005年版，第14页。

定，第 627 条规定，盗窃共有物的，经过告诉才处罚。①

我国刑法典中没有直接关于亲属盗窃的规定，但是在司法解释和司法实践中却已经较早的进行了区分。1984 年 11 月 2 日，《最高人民法院、最高人民检察院关于当前办理盗窃案件中具体应用法律的若干问题的解答》中指出："要把偷窃自己家里或近亲属的，同在社会上的作案加以区别"。1985 年 3 月 21 日，最高人民检察院在一件批复中说："经与最高人民法院共同研究，对盗窃自己家里或近亲属的财物的案件，一般可不按犯罪处理；对确有追究刑事责任必要的，处理时也应同在社会上作案的有所区别。"1992 年 12 月 11 日《最高人民法院、最高人民检察院关于当前办理盗窃案件中具体问题应用法律的若干问题的解释》第一条第（五）项规定："盗窃自己家里的财物或者近亲属的财物，一般可不按犯罪处理；对确有追究刑事责任必要的，在处理时也应同在社会上作案有所区别。"1998 年 3 月 17 日起实施的《最高人民法院关于审理盗窃案件具体应用法律若干问题的解释》，第一条第四款也规定，偷拿自己家的财物或者近亲属的财物，一般可不按犯罪处理；对确有追究刑事责任必要的，处罚时也应与社会上作案的有所区别。

这就表明，对盗窃自己家里或近亲属财物的案件，虽然不是一律不按犯罪处理，但是都是与普通的盗窃进行区别，一般作为自诉犯罪，或者不作为犯罪处理，或者免予刑事处罚。我国刑法理论中，也承认偷窃自己家里或亲属的财物的行为一般不宜作为盗窃罪追究刑事责任。②

关于亲属之间的特例采用免除刑罚的法律性质，有认为是政策说、专属一身的刑罚阻却事由说，也就与法不入家庭的这一法律谚语所表明的一样，这一特殊规定实际与国家以不干涉家庭内部纷争为善这一法律政策而制定的，是一种与行为的违法性、责任毫无关系的专属于个人的刑罚阻却事由[大冢仁]；有认为从违法性角度进行论述，家庭内的财产属于共同所有、占有，而无所严格区分，因此阻却可法的违法性，即违法阻却事由[佐伯千仞、中山研一]，或者违法性得以减轻，即违法减少说[平野龙一、中森喜彦]；也有认为从责任的角度进行论述，由于亲属关系这一诱惑性要素，而不能过于期待形成反对动机，因而阻却责任，即责任阻却说[泷川幸辰]，或者责任减轻，即责任减轻说[增根威彦、西田典之]。

---

① 《意大利刑法典》，黄风译，中国政法大学出版社 1998 年版，第 180 页。
② 王作富：《刑法分则实务研究（中）》，中国方正出版社 2006 年版，第 1094 页。

我国刑法中认为亲属盗窃作为特殊规定的例外，也大多是从法益侵害和刑事政策的角度考虑的。例如陈兴良教授认为亲属盗窃不按照犯罪处理的理由是：（1）按照我国目前的家庭状况，在一般家庭中，家庭财产基本上都是共同共用的，盗窃数额无法确定；（2）在我国目前的社会中，家庭是社会的细胞，家庭成员之间有着特殊关系，一般的家庭成员都不希望自己的亲属受到刑事追究。①

其实亲属盗窃例外规定，不仅仅由从违法性的考虑，也有基于期待可能性的责任角度，还有刑事政策的意义。

二、关于亲属间盗窃例外规定的根源

（一）犯罪成立要件的分析

德日犯罪成立体系一般认为犯罪是由构成要件符合性、违法性和有责性三个要素构成。② 构成要件符合，即刑事犯罪第一必须是符合刑法各本条及其刑罚法规的具体规定的行为，在罪刑法定主义为铁则的今日刑法中，犯罪必须是刑罚法规预先规定的；违法性，即犯罪第二必须是具备了违法性的行为，因为构成要件本来是将违反社会的行为类型化规定，因而符合构成要件的行为一般就是违法，但是也存在一些例外情形。形式上符合构成要件但是不具有实质违法性，因而阻却违法，不构成犯罪。有责性是行为除了符合构成要件、具有违法性以外，行为人还要具备刑事责任能力，具备故意或者过失的心态，具有非难的可能性，否则不构成犯罪。

构成要件是刑罚法规规定的个别犯罪类型，构成要件可以区别不同的类型，例如抢劫罪和放火罪、故意杀人罪、盗窃罪的构成要件不同，互相不相同，在客观方面就可以表现出来，不同的行为去寻找不同的构成要件，构成要件具有区别不同犯罪的机能。盗窃罪即以非法占有为目的，秘密窃取他人财物的行为，亲属盗窃和普通盗窃在构成要件符合性的基础上是相同的，不同的是基于违法性和有责性的不同。

---

① 陈兴良：《当代中国刑法新境遇》，中国政法大学出版社2002年版，第690~691页。
② 日本刑法中也具有多种犯罪论体系参见［日］大冢仁：《刑法概说（总论）》，冯军译，中国人民大学出版社2004年版，第104~106页。本文以构成要件符合性——违法性——有责性通说论述展开。

1. 基于违法性的考察

侵犯财产罪是以非法占有为目的故意侵犯他人财物，或者故意破坏生产经营的行为。在日本对于侵犯财产罪的保护法益，一般是所有人的财产权、对于财物的占有、持有状态的争论。本权说提出，无论是从严格来看还是从社会状态来看，应认为是盗窃罪的法意不仅仅是一般的占有权，而是所有权及其其他本权。根据占有说，盗窃罪保护的仅仅是盗窃的占有本身，与保护所有权相比，更应该把盗窃罪的机能之重点放在保护被占有的财物的财产性秩序上。① 在我国一般认为侵犯财产罪的客体，是公共财产和公民私人财产的所有权。财产所有权是财产所有人依法按照自己的意志通过对其所有物进行占有、使用、收益和处分等方式，独占性支配其所有物并排斥他人非法干涉的永久性权利。② 不论是采用本权说，还是占有说，③ 亲属之间作为生活的共同体对于财物，或者形成共同共有的关系或者形成了共同占有的关系。占有是物权的基础，所有权中也当然的包括了占有、使用、处分、收益的内容。④

刑法免除亲属间盗窃的根本理由在于，亲属之间是消费的共同体，具有共同的利益关系，家庭之间对于家庭的物品具有共同的占有，个人对于家庭中的物品占有和支配性比较弱，基于法益侵害说的立场，因而亲属间盗窃对于侵害的法益较弱，因而具有可以考虑阻却违法性或者违法性的减少。违法性的根据在于亲属间属于生活共同体，具有互相协力扶持的关系，因为法益侵害性较弱。⑤

我国刑法理论中也认为一般盗窃和普通盗窃在物质属性上没有差别，其行为特征与一般盗窃行为也没有差别，所不同的只是财物所有权关系上的差异。⑥ 在我国刑法中也有将近亲属盗窃作为共同财产盗窃的情形处理的，认

---

① ［日］大冢仁：《刑法概说（各论）》，冯军译，中国人民大学出版社2004年版，第182～183页。
② 孙国祥：《刑法学》，科学出版社2002年版，第500页。
③ 其实采用何种立场对于解释亲属的范围也有影响的。参见［日］西田典之：《日本刑法各论》，刘明祥、王昭武译，中国人民大学出版社2007年版，第130页。
④ ［日］山口明辉：《物权法》，陆庆胜译，法律出版社2001年版，第138页。
⑤ ［日］内海朋子：《亲属盗窃的适用》，载《法学教室特刊——判例研究2006年》，有斐阁，第37页。
⑥ 赵秉志：《侵犯财产罪》，中国人民公安大学出版社1998年版，第200页。

为夫妻共同财产、未分家析产的子女与父母家庭共同财产等。①

2. 基于有责性的考量

责任是能够对犯罪行为人非难的可能性，责任的要素一般包括刑事责任能力、责任的故意或者过失、期待可能性。亲属盗窃一般认为是从期待可能性上阻却责任或者减轻责任。

期待可能性是根据具体情况，有可能期待行为人不实施违法行为而实施其他适法行为。期待可能性的理论认为，如果不能期待行为人实施其他适法行为，就不能对行为人的行为进行非难，因而就不存在刑法上的责任。② 关于期待可能性的标准法律上存在行为人标准说、平均人标准说和法规范标准说，行为人标准说是以行为时的具体情况下的行为人自身的能力为标准；平均人标准说是对处于行为人状态下的通常人、平均人，能够期待其实施适法行为；法规范标准说或者国家标准说主张以国家或者国家的法秩序的具体要求为标准来判断期待可能性。作为期待可能性的标准属于通说，但是既然问题回到具体的谴责可能性上，应该采用行为人标准说。③

亲属间盗窃，从责任的目的来考察，也要考量亲属间财物对于被害人的诱惑作用，可以适用期待可能性的问题。行为人和亲属生活在共同的场所中，对于财物的防范必然是减弱的甚至是没有防范的，期待可能性降低。在贯彻个人主义的家族关系中，由于黯然许诺而成立的相互所有、占有的观念日益淡薄的同时，实际上期待不要盗窃的场合也越来越多。④

（二）刑事政策的考察

刑事政策是由国家或者社会团体以预防和镇压犯罪为目的所采取的各种措施，不仅仅停留在立法政策上，而是包括了司法、行政上的各种措施。因此对待犯罪的措施不仅仅包括刑罚还包括各种措施，从这个意义上讲与其称为刑事政策不如称为犯罪政策更为贴切。⑤ 作为亲属盗窃的规定，是对待犯

---

① 丁天球：《侵犯财产罪重点疑点难点问题判解研究》，人民法院出版社2005年版，第131页。
② 张明楷：《外国刑法纲要》，清华大学出版社2007年版，第255页。
③ ［日］西田典之：《日本刑法总论》，刘明祥、王昭武译，中国人民大学出版社2007年版，第240页。
④ ［日］大谷实：《刑法各论》，黎宏译，中国人民大学出版社2008年版，第202页。
⑤ ［日］森本益之等：《刑事政策学》，戴波等译，中国人民公安大学出版社2004年版，第1~2页。

罪的一种政策，有利于防止犯罪。

对于家庭或者近亲属盗窃，一般不按照犯罪处理的是因为家庭或者亲属间的盗窃涉及很多复杂因素，行为人往往情有可原，主要危害的是家庭内部的利益，对于社会整体利益的危害甚微，刑法过渡干预反而会影响既有的社会稳定。同时从受害人的主观愿望看，他们所关心的是财产能否被取回。由于与行为人之间千丝万缕的亲情关系，荣辱与共，也怕家丑外扬，硬要是以刑罚手段解决，未必能收到良好的效果。①

我国刑法也认为亲属盗窃的规定符合我国刑事政策的规定。首先，家庭成员共同生活在一起组成社会单位，成员之间的关系不可和社会上一般人与人之间的关系相提并论。而近亲属之间由于血缘或法律上的影响，相互之间的关系也较为特殊，甚至有时家庭成员和近亲属之间可能基于法律的规定产生相互扶助的义务，并且很多家庭成员之间、近亲属之间由于某些原因，使他们对一些家庭财产形成共有关系，因此，盗窃自家或者近亲属的财物不能和普通盗窃罪相提并论，其社会危害性显然小于普通盗窃。② 其次，把盗窃自己家里或近亲属的财物，同在社会作案的加以区别对待的刑事政策是符合我国的传统伦理道德的，一方面，它有利于维护家庭稳定和促进家庭成员的和睦相处，从而维护社会的稳定；另一方面，它有利于打击情节恶劣的盗窃自己家里或者近亲属财物的犯罪行为。③

从刑事政策角度考虑，国家对于家庭内部矛盾纠纷的干涉还是很慎重的，一般根据日本通说中的刑罚处罚阻却事由，考虑被告人和被害人之间的亲属关系和被害人的特殊地位和个人立场意见等情况。被害人可能觉得家庭内部盗窃是可耻的事情，不愿意对外曝光，认为将家庭内部犯罪曝光会导致对其社会评价的下降。其次，亲属间还可能具有相互扶持、抚养的关系，被害人和被告人之间可能将来还会面对扶养、赡养关系，如果加以制裁，造成亲属关系的紧张和严峻，并不是刑罚的初衷。所以日本刑法第 244 条第二款规定，对于一般亲属间盗窃采用自诉的形式，根据被害人的意思进行自主决定。同第一款规定紧密结合，家庭内部关系的处理还是以恢复法秩序和关注社会评价为主，家庭内部关系在是否运用刑罚进行处理的时候要特别的谨慎

---

① 孙国祥：《刑法学》，科学出版社 2002 年版，第 512 页。
② 董玉庭：《盗窃罪研究》，中国法制出版社 2002 年版，第 95 页。
③ 丁天球：《侵犯财产罪重点疑点难点问题判解研究》，人民法院出版社 2005 年版，第 134 页。

小心，从法文化的角度考虑免除刑罚是对的。

日本刑法中将近亲属盗窃作为免除处罚的情形处理，将一般亲属间盗窃采用自诉的形式，对于亲属盗窃作出的特别规定，分为四种类型，一是采用自诉原则，二是不予定罪，三是免除处罚，四是同时采取自诉或者免除处罚原则。① 我们国家立法没有明确规定处理方式，也有观点提出以告诉为处理的原则，对其可以调解的做法。② 在具体案件处理决定是否予以处罚时，也考虑被害人的因素，例如在实践中，有的家庭成员或近亲属经常违法乱纪，其家庭成员或者近亲属对其深恶痛绝，甚至有的已与其断绝关系，行为人盗窃了他们财物，他们也往往明确希望追究行为人的刑事责任的，有必要追究行为人的刑事责任。③

三、实质解释的应用

（一）配偶关系的认定

1. 与何人的亲属关系

本条所规定的亲属关系，是行为人和何人的亲属关系，是所有人还是占有人上存在争论：（1）只要与占有人之间存在亲属关系即可；（2）只要与所有人之间存在亲属关系即可；（3）需要所有人和占有人之间均存在亲属关系。④

这种关系的纠纷其实开始于关于财产犯罪的法益的争论，在日本刑法中关于财产犯罪法益有本权说和占有说的争论，如果认为盗窃犯罪侵害的法益是占有说，则亲属关系是行为人与占有人之间的亲属关系。从法益的角度论证，日本刑法实践中一般承认本权说，所以认为亲属关系是从所有权人和行为人之间的亲属关系上认定。

2. 配偶关系的认定

关于配偶关系如何认定，是否以民法上的有效婚姻为判断的标准？在日本刑法学研究中作为新的学派之争即"形式的犯罪论"和"实质的犯罪论"

---

① 张明楷：《外国刑法纲要》，清华大学出版社 2007 年版，第 605 页。
② 孙国祥：《刑法学》，科学出版社 2002 年版，第 512 页。
③ 王作富：《刑法分则实务研究》（中），中国方正出版社 2006 年版，第 1095 页。
④ ［日］西田典之：《日本刑法各论》，刘明祥、王昭武译，中国人民大学出版社 2007 年版，第 130 页。

之间的对立是近年来的事情。① 实质的犯罪论认为现在刑法解释的核心，是按照国民的常识，在条文的范围之内，确定实质上值得处罚的行为，在符合该条文的行为之内，将不值得处罚的行为排除出去。形式的犯罪论认为刑罚是非常残酷的制裁，为了不侵害国民的自由和人权，在法律上必须事先明确规定什么是犯罪，只能将在形式上符合构成要件的行为作为犯罪。②

从实质的犯罪论出发，夫妻之间的关系，具有同居和相互扶持的义务，在日常的家庭事务关系中也负有连带责任，是民法上最强的扶持关系共同体，根据亲属间盗窃的自行解决的必要性，夫妻之间盗窃关系更应该谨慎处理。从这个道理论述处罚，不论是法律上的婚姻还是事实上婚姻关系，婚姻关系都是夫妻协力扶持的关系，都是一个生活共同体，所以（法律婚姻和事实婚姻）都适用刑法第 244 条第一款的规定，也符合刑法规定的本意，事实婚姻者亦同样适用。③ 在配偶关系上认为包括非婚同居关系已经得到日本理论界普遍认可。配偶关系不包含存在姘居关系的人，即使提出了婚姻申请书，但是当事人之间不存在婚姻的意思，婚姻无效时，不应该作为配偶对待。同居的亲属，是指事实上共同居住、共同进行日常生活的亲属。暂时居住的人，即便是借用一室设定区域，分别进行物资分配、饮食和起居等生活的人，不能说是同居的亲属。④

从实质的解释论出发，即使是户籍上的婚姻关系，但是仅仅是为了骗取财物的手段而结婚的，也不适用本条的规定。⑤ 法律对夫妻之间相盗窃行为实行区别对待不应当过于机械和原则，以免与司法现实不符，而应当视夫妻之间的实际关系而定，比如，对于处于正常夫妻状态的配偶，应当不以犯罪论或者从宽处理；而对于处于实际分居等关系下的夫妻关系，则不适用区别对待、从宽处理的原则。⑥

---

① 黎宏：《日本刑法精义》，法律出版社 2008 年版，第 53 页。
② ［日］曾根威彦：《刑法学基础》，黎宏译，法律出版社 2005 年版，第 182 页。
③ ［日］林干人：《刑法第 244 条第一款（亲属相盗）适用的否定判例》，载《实用法律杂志》临时增刊《重要判例解说》2007 年 4 月。
④ ［日］大冢仁：《刑法概说（各论）》，冯军译，中国人民大学出版社 2004 年版，第 208 页。
⑤ ［日］西田典之：《日本刑法各论》，刘明祥、王昭武译，中国人民大学出版社 2007 年版，第 130 页。
⑥ 赵秉志：《中国刑法案例与法理研究》，法律出版社 2004 年版，第 424 页。

(二) 案情回溯及结论

根据实质的刑法解释论，夫妻之间关系应该以两人是否具有实际共同生活的意思为判断基准。

本案中被告人仅仅是由于经济贫困的关系来被告人的住宅居住，两人之间没有夫妻之间共同生活的意思，因此不具有相互扶持的生活关系，也当然不适用刑法第 244 条第一款规定，如果适用则属于类推解释。① 因此，本案不能适用配偶盗窃的规定，也不能适用关于亲属盗窃的规定，属于普通盗窃。

---

① ［日］内海朋子：《亲属盗窃的适用》，载《法学教室特刊——判例研究 2006 年》，第 37 页。

刑事法判解研究

两个证据规定中的非法口供排除规则之评析

廖 明[*]

两院三部颁布的《关于办理死刑案件审查判断证据若干问题的规定》（以下简称《死刑证据规定》）分类规定了死刑案件中物证、书证、证人证言、被害人陈述、被告人供述和辩解、鉴定意见、勘验、检查笔录、视听资料等七种法定证据的审查与认定规则。其中，对于被告人供述和辩解，《死刑证据规定》第十八条规定了口供审查判断的内容，第十九、二十、二十一条规定了非法口供的排除及其例外规则，第二十二条规定了口供的采信规则。两院三部颁布的《关于办理刑事案件排除非法证据若干问题的规定》（以下简称《非法证据规定》）则对刑事案件中的非法证据排除，尤其是非法口供的排除进行了规定。而《死刑证据规定》虽然是"办理死刑案件审查判断证据若干问题的规定"，但办理一般刑事案件审查判断证据也应参照适用。据此，《死刑证据规定》并不单纯适用于死刑案件，也适用于其他刑事案件。[①]

---

[*] 北京师范大学刑事法律科学研究院讲师，法学博士。
[①] 陈光中先生2010年11月18日晚在北京师范大学刑事法律科学研究院所作题为《两个证据规定的理论与实践问题》的讲座。

与之前的法律和司法解释相比，两个证据规定中的非法口供排除规则有着明显的进步，但与英美等证据制度发达的国家相比，仍有着相当的差距。即便从证据法学的原理和司法实践的需求出发，也有待进一步完善。此外，两个证据规定之间对一些问题规定的不同，也会给司法实践带来困惑。

一、两个证据规定中的非法口供排除规则之突破

从广义上理解，非法证据包括证据表现形式、收集或提供证据的主体、程序或方法不符合法律规定的证据。两个证据规定之前的法律和司法解释仅规定禁止以刑讯逼供、威胁、引诱、欺骗等非法的方法收集证据以及以上述方法收集的口供不得作为定案根据，对于讯问主体不合法的口供、不具备法定形式的口供能否作为定案根据没有作出规定。

相较之下，两个证据规定对于口供审查判断的内容和非法排除规则进行了较为详细的规定。具体来说：（1）《死刑证据规定》第二条明确规定了证据裁判原则。据陈光中先生考证，证据裁判的对立物是口供主义。[1] 而口供主义往往与刑讯逼供结合在一起，因此，证据裁判原则的确立为非法口供排除规则的确立和运行提供了保障。（2）《死刑证据规定》第十八条规定讯问的主体、讯问笔录的表现形式、讯问的程序和方法是口供审查判断的重点。（3）《死刑证据规定》第十九条和《非法证据规定》规定刑讯逼供等非法手段取得的口供不具有可采性。（4）《非法证据规定》规定了排除刑讯逼供等非法手段取得的口供的具体程序，包括：检察机关在批捕和审查起诉阶段负有排除非法口供的义务；审判前供述的合法性的证明责任由公诉方承担；公诉方应当提供原始的讯问过程录音录像，提请讯问人员出庭作证；公诉方承担证明责任的证明标准是确实充分；法庭对证据有疑问时应依职权主动调查核实。（5）《死刑证据规定》第二十条第一项、第二十一条对形式上有瑕疵的讯问笔录是否绝对排除作出了区分，形式上有某些瑕疵的讯问笔录不具有可采性，形式上有某些瑕疵的讯问笔录必须通过补正或者合理解释才具有可采性。可以说，两个证据规定对于非法口供排除规则的规定，有着非常大的进步。尤其是对于刑讯逼供等非法手段取得的口供的排除程序的规定，是非常大的亮点。

---

[1] 陈光中先生 2010 年 11 月 18 日晚在北京师范大学刑事法律科学研究院所作题为《两个证据规定的理论与实践问题》的讲座。

二、两个证据规定中的非法口供排除规则之批判

虽然两个证据规定较之此前的法律和司法解释，有着非常多值得称赞和肯定的地方。但两个证据规定中的非法口供排除规则仍存在着不少问题，笔者这里仅选择几个重要的进行讨论。

（一）两个证据规定不一致的条文如何适用

《死刑证据规定》是"办理死刑案件审查判断证据若干问题的规定"，但是办理一般刑事案件审查判断证据也应参照适用；《非法证据规定》是"办理刑事案件排除非法证据若干问题的规定"，对所有刑事案件均同等适用。然而，两个证据规定对于某些问题的规定并不一致。

如前所述，非法证据从广义上理解包括证据表现形式、收集或提供证据的主体、程序或方法不合法的证据，但从《非法证据规定》的文本来看，其对于非法证据中"非法口供"的范围界定仅限于刑讯逼供等非法手段取得的口供，并不包括表现形式非法的口供和讯问主体非法的口供；对于未采用非法手段，但程序违反法律规定，例如讯问前没有告知诉讼权利的口供也并不排除。也就是说，《非法证据规定》对于非法口供排除规则采取了狭义上的理解，其规定仅适用于对刑讯逼供等非法手段取得的口供的排除。但另一方面，《死刑证据规定》却明确规定形式上有瑕疵的讯问笔录要排除，但排除程序是否适用《非法证据规定》对于刑讯逼供等非法手段取得的口供的排除程序却避而不谈。这两个规定同时颁布，同时生效，主体相同，效力并无等级层次之分，司法实践中适用时对于此类矛盾冲突的地方如何把握呢？是否可以理解为形式上有瑕疵的讯问笔录仅在死刑案件中需要排除，在其他刑事案件中不用排除？又是否可以理解为检察机关的排除义务、证明责任和证明标准以及法庭的调查核实职责等，仅对于排除刑讯逼供等非法手段取得的口供需要适用，对于形式上有瑕疵的讯问笔录的排除不需要适用？这些问题不明确，势必会为两个证据规定在实践中的贯彻带来困难，公安司法机关很可能会避重就轻，导致该排除的不排除，该严格排除的却敷衍了事，最终使得两个证据规定中某些不一致条文的适用大打折扣。

笔者认为，两个证据规定的目的之一就是要排除非法口供，杜绝冤假错案。对于两个证据规定不一致的地方，我们不能认为它们是矛盾、是冲突，作为不执行的借口，而应当认为它们是互补的关系。暂且把非法证据排除规则应从狭义上理解还是从广义上理解的学术争议放在一边，笔者认为，形式

上有瑕疵的讯问笔录在其他刑事案件中也应排除，并应遵循《非法证据规定》的排除程序。

（二）非法手段的范围如何界定

对于取得程序、方法非法的口供，两个证据规定只是规定刑讯逼供等非法手段取得的口供不具有可采性，但对于刑讯逼供之外的其他非法手段，却没有作出界定。对于刑讯逼供，古人云："棰楚之下，何求不得"，"严刑之下，能忍者不吐实，不能忍者吐不实"。当一个人被折磨到生不如死、心理防线完全崩溃的境地时，便很有可能按照公安司法人员的明示或者暗示"完成"其口供，甚至于被刑讯者因为不能忍受惨无人道的折磨，陷入精神异常状态，不仅按照刑讯者的要求全部供认，还会无中生有、故意加重、杜撰犯罪情节，以求从这种折磨和痛苦中尽快解脱出来。绝对排除刑讯逼供取得的口供的可采性，完全有必要。但是，对于其他非法手段取得的口供，是否要一概绝对排除？是否要根据手段的种类、非法的严重程度进行区分？这是值得探讨的。笔者认为，对于精神折磨，由于其与刑讯会产生同样的结果；对于威胁，由于其会给人以强大的心理压力，这两种方法取得的口供同样应当排除。但从司法实践的需要出发，对于以"引诱"、"欺骗"的方法取得的口供一律排除并不适合，应当有程度上的要求。因为在侦查谋略中，一定程度的"引诱"、"欺骗"是必不可少的。即便在高度强调人权保障和程序公正并严格排除非法证据的美国，适度的引诱、欺骗也是刑事审讯的基本方法。例如，美国刑事审讯专家弗雷德·英博指出：审讯人员必须合法取得嫌疑人的供述，然而，"审讯人员也应该了解法律所允许的审讯策略和技术，这些策略和技术建立在以下事实基础之上：即绝大多数罪犯不情愿承认罪行，从而必须从心理角度促使他们认罪，并且不可避免地要通过使用包括哄骗因素在内的审讯方法来实现。这种方法被恰当地规定下来。"[①]因此，引诱、欺骗到何种程度合法，何种程度非法，何种程度的引诱、欺骗取得的口供具有可采性，何种程度的引诱、欺骗取得的口供不具有可采性，需要进一步思考和明确。笔者认为，只有当引诱、欺骗达到比较严重的程度时，所取得的口供才不具有可采性；对于刑讯逼供、威胁、精神折磨等方式取得的口供，则应当一律排除。

---

① ［美］弗雷德·英博：《审讯与供述》，何家弘等译，群众出版社1992年出版，第275页。

（三）讯问主体非法的口供为何不排除

如前所述，非法口供包括讯问主体非法的口供、表现形式非法的口供和取得程序、方法非法的口供。《死刑证据规定》并没有明文排除不合法主体取得的口供的可采性。笔者认为，既然刑事诉讼法和司法解释对讯问犯罪嫌疑人或被告人的主体进行了规定，《死刑证据规定》也规定讯问人的身份、讯问被告人的侦查人员是否不少于二人等内容是口供审查判断的重点，两个证据规定为何却又没有规定讯问主体不合法的口供的排除规则，实在令人费解。笔者认为，不合法讯问主体取得的口供，不应当具有可采性。这主要又包括三种情况：

1. 刑事诉讼法和司法解释规定，在侦查阶段，讯问犯罪嫌疑人必须由人民检察院或者公安机关的侦查人员负责进行。据此，如果讯问主体不合法，其取得的口供不应采纳。在我国，相当数量的贪污贿赂案件都是纪检监察部门先行对涉案人采取"双规"或者"双指"措施，将案件事实查清后，再移送检察机关的自侦部门。对于纪检监察部门在刑事诉讼程序启动之前获取的涉案人供述如何处理，是值得探讨的问题。实践中的普遍做法是直接采纳。还有一种情形就是，本属于检察机关管辖的职务犯罪案件，公安机关侦查获得了犯罪嫌疑人的供述，之后案件移送检察机关，对于公安机关获取的供述，实践中的普遍做法也是直接采纳。笔者认为，存在不等于合理合法。如果一味迁就公安司法机关办案的便利性，而忽视或忽略程序的正当性和司法的公正性，则完全没有必要就证据的采纳制定规则，因为证据规则就是要限制和约束公安司法机关运用证据的行为。在司法权威性严重不足，国际社会和国内专家学者广为诟病我国纪检监察机关恣意超越司法权力等大背景下，证据的采纳规则，尤其是非法口供的排除规则绝不能妥协于不合理不合法的所谓"司法实际"。刑事司法除了打击犯罪外，还有一个很重要的目的和功能就是要保护人权，而打击犯罪也是为了维护社会稳定，保护人民的整体性利益和根本性利益。在个别公安司法人员抱怨办案难之余，又有谁去关注那些在刑事诉讼过程中处于劣势地位的犯罪嫌疑人、被告人呢？他们并不一定就是犯罪分子！据此，笔者认为，非法口供排除规则绝不能随意开口子。一方面，对于公权力，法律没有明确规定，就不能行使；对于私权利，法律没有明确禁止，就可以行使。纪检监察部门获取的涉案人口供以及并非对案件有管辖权的公安机关获取的犯罪嫌疑人口供的合法性值得商榷。另一方面，既然法律已经明确规定公安人员、检察人员、审判人员才是口供的合法提取者，而法律不应是可以随意揉来揉去的发面团儿，否则，法律就永远没有权威，永远不能神圣，也就永远没有真正的法治。① 因此，对于公安人员、检察人员、审判人员之外的不合法主体取得的口供，一律不应具有可采性。当然，如果在案件正式进入刑事诉讼程序之后，对案件有管辖权的公安司法机关中具体承办案件的公安司法人员以纪检监察部门获取的涉案人陈述或者是对案件无管辖权的公安机关获取的犯罪嫌疑人口供为线索或者为依据，将其转化为合法主体取得的口供，则另当别论，可以采纳。

2. 司法实践中，还有一种情况就是，讯问人员只有一人。在这种情况下，发生讯问人员刑讯、威胁、引诱、欺骗犯罪嫌疑人的可能性增大；发生犯罪嫌疑人攻击讯问人员或者逃跑的可能性也增大。为避免这两种可能性的发生，法律规定讯问人员不得少于二人。如果只有一名讯问人员，其取得的口供不应采纳。结合第一种情况，如果讯问人员虽有两名，但一名是侦查人员，另外一名则是协警或者保安，所取得的口供如何处理？笔者认为，在这种情形下，取得的口供也不应当具有可采性。

3. 讯问人员应当与案件及案件的当事人无利害关系，不存在刑事诉讼法第二十八条、第二十九条规定的五项回避事由。实践中，如果侦查人员、检察人员或者审判人员与案件或者案件的当事人有利害关系、或是目击证人，此时依据回避规定，他就不应该参与案件的侦查、检察、审判工作。如果他违反了回避的规定，参加了讯问，其取得的口供不应采纳。

三、两个证据规则所缺失的自愿性规则之研讨

当今世界，无论大陆法系，还是英美法系，凡现代法治国家均已明确规定或认可自愿性是言词证据具有可采性或证据能力的基本条件，对于犯罪嫌疑人、被告人供述或辩解尤其如此。也就是说，自愿性是采纳犯罪嫌疑人、被告人供述或辩解的基本标准。对于自愿性标准，有的国家规定为自白任意性规则，有的国家则纳入非法证据排除规则的范围。考察自白任意规则的历史沿革，其最先的标准为自白是否为自愿，即与非法证据排除标准有异；而后发展成虽自白为自愿，但若程序上存在不当，便要排除其作为证据的可能，即其标准与非法证据排除规则趋于一致。例如，日本刑事诉讼法第319条规定："出于强制、拷问或胁迫的自白，在经过不适当的长期扣留或者拘

---

① 王尚新：《立法工作二三事》，载宫本欣主编：《法学家茶座》第2辑，山东人民出版社2003年版，第90页。

禁的自白，或者其他可以怀疑为并非出于自由意志的自白，都不得作为证据。"因此，说自愿性规则是非法证据排除规则的内容和要求，不无道理。

按照自愿性规则的要求，提取犯罪嫌疑人、被告人口供必须遵循自愿性原则，凡是违反犯罪嫌疑人、被告人自由意志而获得的口供都应当排除。制定自愿性规则的理由主要在于反对强迫性自我归罪的价值观和鼓励公安司法人员依法取证的政策考虑。采纳犯罪嫌疑人、被告人在非自愿情形下作出的供述，是司法实践中发生冤假错案的重要原因。

虽然我国宪法、刑事诉讼法、刑法以及最高人民法院、最高人民检察院关于实施刑事诉讼法的司法解释中均有关于严禁以非法的方法收集犯罪嫌疑人、被告人口供以及违法者将受到处罚的规定，但均没有将自愿性作为口供采纳的必要条件。《死刑证据规定》和《非法证据规定》也没有对口供的自愿性进行规定。据此，现行的非法口供排除规则体系，对于口供"非法性"的判断主要以"讯问方式"是否合法为标准，在讯问笔录符合法定形式的前提下，讯问方式合法即为合法口供，不予排除；否则，即为非法口供，予以排除。据此，如果侦查人员在实施刑讯逼供之后，再次通过合法讯问方式获取的重复供述，因其"讯问方式"合法，就具有了合法性，无法按照非法口供排除予以排除。这就导致在司法实践中，一些地方的侦查机关采用"二次讯问法"，来规避非法口供排除规则。所谓"二次讯问法"，是指先以刑讯逼供等非法手段获取犯罪嫌疑人、被告人的供述，然后再以合法讯问方式让犯罪嫌疑人、被告人重复供述。例如，某个犯罪嫌疑人在第一次讯问时，受到了刑讯，作出了有罪供述；第一次讯问后的第三天、第五天，被告人又分别接受了第二次、第三次讯问。第二次、第三次讯问时虽然没有受到刑讯，但其仍然做了有罪供述。这样，虽然第一次供述因讯问手段违法而被排除，但第二次、第三次供述如何处理，却存在难题。如果排除，显然缺乏法律根据，因为它们在形式上具有合法性，不属于非法口供；如果不予排除，则非法口供排除规则就面临被架空的危险，无异于姑息和纵容刑讯逼供等非法取证手段，导致其难以禁绝。

为了解决"二次讯问法"所带来的问题，笔者认为，我国对于口供的合法性标准和非法口供排除规则应当引入自愿性标准和规则，以弥补"程序合法性"标准的不足。如果单纯以讯问方式的"合法性"来判断口供应否排除，必然难以适应纷繁复杂、千变万化的司法实践。实际上，无论是刑讯逼供，还是精神折磨、威胁，以及程度严重的引诱、欺骗，之所以要排除通过这些手段取得的口供的可采性，除其严重侵犯犯罪嫌疑人、被告人的人权,违背正当程序外,也均是因为它们违背了犯罪嫌疑人、被告人的自由意志。

何谓"自愿性"?在英国的 Ibrahim v. R.（[1914] AC 599）案中,审理法官对于犯罪嫌疑人、被告人供述与辩解的自愿性规则作出了如下表述:"控诉证据具有可采性的根本条件是,它应该是自愿提供的,意思是它不是因为担心受到损害,或者是希望得到官方人员提供的利益,或者是受压制而取得的。对于任何人提供的对警察提问的回答以及该人作出的任何陈述也是如此。"① 而美国联邦最高法院前大法官法兰克福特先生则于 1961 年将自愿性要求概括如下:"根本的检验标准……（是）自愿性。该供述是供述者基本上自由且非被迫之选择的产物吗?如果是的话,如果他是愿意供述的,那么该供述可以用来反对他。如果不是的话,如果他的意志被压制,而且他的自我决定能力受到关键性削弱,那么使用他的供述就违反正当程序规则。""这种区别在于失去自我控制的能力和外界的压迫,无论是什么性质或无论以何种方式灌输推动或帮助推动了该供述。"②

在司法实践中,对于"自愿性"如何把握呢?犯罪嫌疑人、被告人的供述是不是具有自愿性,在司法实践中并没有一个单一的或者说是确切的标准,而是要根据不同案件的具体案情综合考虑各种因素进行全面审查和具体分析,也即是依靠公安司法人员,尤其是法官的自由裁量。有学者将公安司法人员需要考虑的因素总结如下:（1）犯罪嫌疑人的年龄、智力、受教育程度、出生地、种族、以前与法律有关的经验、是否知道自己的权利、生理和心理状况、是否饮酒过量、有无不准吃饭或睡觉的情形等;（2）具体提问和回答时的特点,如是否使用了武力或者以武力相威胁,讯问官员是否承诺或者暗示给予从轻处罚,是否使用了某种计谋,是否告知了犯罪嫌疑人其拒绝回答的权利,犯罪嫌疑人是否要求停止讯问或者与律师或亲友会见;（3）讯问的特点,如每次讯问的时间长短,讯问的次数,不同讯问之间的间隔时间,为了减缓戒烟、戒毒的反应而提供烟、药的情况,犯罪嫌疑人与家庭、朋友或律师的隔离程度,律师是否试图与犯罪嫌疑人取得联系,以及

---

① 转引自郭志媛:《刑事证据可采性研究》,中国人民公安大学出版社 2004 年版,第 336～337 页。
② [美]乔恩·R·华尔兹:《刑事证据大全》,何家弘等译,中国人民公安大学出版社 2004 年版,第 334 页。

对犯罪嫌疑人羁押场所的变更等等。①

四、代结语：我国非法口供排除规则之展望

两个证据规定所规定的非法口供排除规则体系较之前的法律和司法解释有着非常大的进步，非常多的亮点。但罗马不是一日建成的，制度的完善也不是一朝一夕之功。除上述缺陷外，两个证据规定中的非法口供排除规则还存在着其他一些问题，例如，《死刑证据规定》第二十一条中的"合理解释"，如何理解和把握？又如，对于非法口供的排除，如果犯罪嫌疑人、被告人并不懂何为"非法手段"等，辩护律师举例为犯罪嫌疑人、被告人进行解释和说明，因为刑法第三百零六条"辩护人妨害作证罪"的存在，是否会将辩护律师置于不利的境地？等等。

实践来源于真理，实践是检验真理的唯一标准，真理在实践的检验中不断趋于完善。我们期待，两个证据规定通过司法实践的检验，将更多的问题暴露出来，以便将来在刑事诉讼法再修改时，我国的非法口供排除规则体系能够得到更进一步的完善。

---

① 孙长永：《沉默权制度研究》，法律出版社2001年版，第133页。

社区矫正主体在中国的变迁[①]
——对相关司法解释性文件的解读和评析

廖 明[*] 廖 丹[**] 高 阁[***]

社区矫正是指将符合社区矫正条件的罪犯置于社区内，由专门的国家机关在相关社会团体和民间组织以及社会志愿者的协助下，矫正其犯罪心理和行为恶习，促进其顺利回归社会的非监禁刑罚执行活动。我国自 2003 年在北京、上海等六省市先行开展社区矫正试点工作，至 2009 年在全国全面试行社区矫正工作，至社区矫正于 2011 年、2012 年分别正式写入刑法典和刑事诉讼法典，迄今已十年。这十年既是社区矫正制度在中国的实践从试点到成熟，不断积累经验的过程；也是理论界和实务界对

[①] 本文为 2011 年度北京市社科联青年社科人才资助项目"北京市社区力量参与社区矫正的实证研究"（课题号 2011SKL008）和 2012 年度北京市哲学社会科学规划项目"北京市社区力量参与社区矫正的实证研究"（课题号 12FXC029）的阶段性成果之一；本文亦为中央高校基本科研业务费专项资金资助项目（supported by "the Fundamental Research Funds for the Central Universities"）"未成年人刑事司法职权优化配置研究"（课题号 105563GK）的阶段性成果之一。

[*] 北京师范大学刑事法律科学研究院讲师，法学博士。
[**] 湖北省鄂州市人民政府法制办副科长。
[***] 北京师范大学法学院法律硕士研究生，英国救助儿童会未成年人司法项目顾问助理。

社区矫正的认识不断深化的过程。作为社区矫正制度的重要组成部分，社区矫正主体的理论和实践同样经历了这样一个过程。本文拟以时间为顺序，以社区矫正主体在最高人民法院、最高人民检察院、公安部和司法部（以下简称两院两部）2003年7月10日联合印发的《关于开展社区矫正试点工作的通知》（以下简称《试点通知》）、两院两部2005年1月20联合印发的《关于扩大社区矫正试点范围的通知》（以下简称《扩大通知》）、两院两部2009年9月2日联合印发的《关于在全国试行社区矫正工作的意见》（以下简称《试行意见》）、两院两部2012年1月10日联合印发的《社区矫正实施办法》（以下简称《实施办法》）等司法解释性文件中名称和规定的变化为研究对象，考察社区矫正主体在中国的变迁。

一、社区服刑人员

虽然社区矫正制度自试点以来，已在中国实施十年之久，但理论界和实务界仍有相当数量的声音将在社区中服刑的罪犯作为社区矫正的对象而非社区矫正的主体看待。笔者认为，如同犯罪嫌疑人、被告人是刑事诉讼的主体而非刑事诉讼的对象一样，在社区矫正的法律关系中，在社区中服刑的罪犯也应是社区矫正的主体而非社区矫正的对象。当然，亦可将其称之为社区矫正的工作对象，以与社区矫正的工作主体等相对应。社区矫正工作对象与社区矫正工作主体等都是社区矫正的主体。

2003年的《试点通知》对社区矫正的工作对象进行了规定，将其称之为"社区服刑人员"，亦即在社区中服刑的人员之简称。此后，2005年的《扩大通知》、2009年的《试行意见》均延续了2003年《试点通知》的做法，将社区矫正的工作对象称之为"社区服刑人员"。但是，2012年的《实施办法》却改变了此前一贯的称呼，将社区矫正的工作对象称之为"社区矫正人员"。笔者认为，"社区矫正人员"的名称容易引起歧义，可能会被人误解为社区矫正的执法人员或者工作人员，不如社区服刑人员的名称来得直观。实际上，从立法和司法解释性文件的规定以及司法实践的操作来看，社区矫正的工作对象也均是在社区中服刑的人员。笔者建议，以后制定司法解释时，将"社区矫正人员"的名称改为"社区服刑人员"更为合适。

至于社区矫正服刑人员包括哪些，根据2003年的《试点通知》，社区矫正的适用范围主要包括下列五种罪犯：（1）被判处管制的。（2）被宣告缓刑的。（3）被暂予监外执行的。具体包括：①有严重疾病需要保外就医的；②怀孕或者正在哺乳自己婴儿的妇女；③生活不能自理，适用暂予监外执行不致危害社会的。(4) 被裁定假释的。(5) 被剥夺政治权利，并在社会上服刑的。其后的2005年《扩大通知》、2009年《试行意见》均没有改变2003年《试点通知》对于社区矫正适用范围的规定。

根据2011年2月25日通过的刑法修正案（八）的规定，对判处管制、宣告缓刑、假释的犯罪分子，依法实行社区矫正；根据2012年3月24日通过的刑事诉讼法修正案的规定，对被判处管制、宣告缓刑、假释或者暂予监外执行的罪犯，依法实行社区矫正。刑法和刑事诉讼法是国家的基本法律，司法解释性文件对于社区矫正工作对象的规定应当与刑法和刑事诉讼法的规定相一致。也许正因为此，从2012年《实施办法》的文本来看，被判处剥夺政治权利并在社会上服刑的人员并没有被纳入"社区矫正人员"的范围。《实施办法》第三十二条规定："对于被判处剥夺政治权利在社会上服刑的罪犯，司法行政机关配合公安机关，监督其遵守刑法第五十四条的规定，并及时掌握有关信息。被剥夺政治权利的罪犯可以自愿参加司法行政机关组织的心理辅导、职业培训和就业指导活动。"《实施办法》其他条款对于被判处管制、宣告缓刑、假释或者暂予监外执行的人员均使用了社区矫正人员的提法，但对于被判处剥夺政治权利在社会上服刑的人员，则没有使用社区矫正人员的提法；此外，社区矫正人员的执行机关是司法行政机关，但被判处剥夺政治权利在社会上服刑的罪犯的执行机关是公安机关，司法机关只是起到配合作用。可见，《实施办法》的旨意对于管制、缓刑、假释、暂予监外执行的社区矫正人员与被判处剥夺政治权利在社会上服刑的罪犯是加以区分的。

被判处剥夺政治权利并在社会上服刑的人员应否纳入社区矫正的适用范围？如果将社区矫正定位为一种非监禁刑执行制度，执行的是刑法和刑事诉讼法的规定，那么无论在司法解释中，还是在实践操作中，社区矫正的工作对象就不能与刑法、刑事诉讼法的规定冲突。但是，《实施办法》之前的法律文件和司法实践均将被判处剥夺政治权利并在社会上服刑的人员纳入社区矫正的适用范围，作为社区矫正的工作对象。实践中的考虑是，将这类人员纳入社区矫正的适用范围，有助于更好地帮助这类人员回归社会。《实施办法》亦规定，被剥夺政治权利的罪犯可以自愿参加司法行政机关组织的心理辅导、职业培训和就业指导活动。也就是说，《实施办法》虽然没有对被判处剥夺政治权利在社会上服刑的罪犯适用社区矫正人员的提法，但倾向于这类人员参与社区矫正。笔者认为，以后制定司法解释时，应当对刑法和刑事诉讼法的规定作扩大解释，将这类人员也纳入社区服刑人员的范围。

对于社区服刑人员，2003年的《试点通知》和2009年的《试行意见》中均将罪行轻微、主观恶性不大的未成年犯作为重点对象，适用非监禁措施，实施社区矫正。但2003年的《试点通知》和2009年的《试行意见》均未体现出未成年犯社区矫正区别于成年犯矫正的特殊性。2012年的《实施办法》则专门关注到了未成年犯社区矫正的特殊性，第三十三条规定："对未成年人实施社区矫正，应当遵循教育、感化、挽救的方针，按照下列规定执行：（一）对未成年人的社区矫正应当与成年人分开进行；（二）对未成年社区矫正人员给予身份保护，其矫正宣告不公开进行，其矫正档案应当保密；（三）未成年社区矫正人员的矫正小组应当有熟悉青少年成长特点的人员参加；（四）针对未成年人的年龄、心理特点和身心发育需要等特殊情况，采取有益于其身心健康发展的监督管理措施；（五）采用易为未成年人接受的方式，开展思想、法制、道德教育和心理辅导；（六）协调有关部门为未成年社区矫正人员就学、就业等提供帮助；（七）督促未成年社区矫正人员的监护人履行监护职责，承担抚养、管教等义务；（八）采取其他有利于未成年社区矫正人员改过自新、融入正常社会生活的必要措施。犯罪的时候不满十八周岁被判处五年有期徒刑以下刑罚的社区矫正人员，适用前款规定。"该规定有助于实现未成年犯社区矫正的专业化，也契合联合国《少年司法制度最低限度标准规则》（以下简称《北京规则》）的要求。《北京规则》之规则2.3要求，"应努力在每个国家司法管辖权范围内制定一套专门适用于少年犯的法律、规则和规定，亦建立受权实施少年司法的机构和机关。"

实际上，不仅未成年犯社区矫正应当区别于成年犯社区矫正，对于老年社区服刑人员、女性社区服刑人员、外国籍、无国籍社区服刑人员、精神障碍社区服刑人员、吸毒社区服刑人员等特殊群体也应当有特殊的规定。这是迄今为止的司法解释没有注意到的地方，今后在制定新的司法解释时应当予以补充完善。

二、社区矫正机构

根据2003年的《试点通知》，涉及社区矫正的国家机关既包括人民法院、人民检察院，也包括司法行政机关、公安机关。据此，有学者认为我国社区矫正的执行主体不是采取由单一司法机关执行的集中制，而是采取由四个司法机关执行的分散制。① 不过，更多的观点则认为社区矫正机构是负责社区矫正工作的机构。例如，有学者认为，社区矫正机构是指我国社区矫正试点阶段的管理机构和工作机构。② 还有学者认为，社区矫正的工作机构应包括管理机构和执行机构。③

社区矫正是非监禁刑罚执行活动，属于国家刑罚执行的范畴，必须由有关的国家权力机关依法行使。据此，虽然相关社会团体和民间组织也参与社区矫正工作，但他们不是国家权力机关，不应属于社区矫正机构。那作为国家权力机关的人民法院、人民检察院、公安机关、司法行政机关是否都是社区矫正机构呢？笔者认为，对于何谓社区矫正机构以及社区矫正机构包括哪些机关，不能简单地以《试点通知》提到哪些机关作为判断依据。社区矫正机构应是社区矫正的执法机构，是从事社区矫正工作的刑罚执行机构，亦即社区矫正执法人员所在的机构。④ 从这个观点出发，依据《试点通知》和《试行意见》以及司法部2004年5月9日发布的《司法行政机关社区矫正工作暂行办法》（以下简称"《暂行办法》"），作为我国社区矫正工作机构的司法行政机关是社区矫正机构，而分别作为社区矫正决定机关和法律监督机关的人民法院和人民检察院不是社区矫正机构。

在刑法修正案（八）发布和2012年刑事诉讼法修改之前，在社区矫正试点和试行阶段，按照当时刑法和刑事诉讼法的规定，管制、缓刑等非监禁刑的执行机关是公安机关，因此，公安机关也应是我国的社区矫正机构，《试点通知》和《试行意见》将其确定为社区服刑人员的监管机关。只不过公安机关是刑事诉讼法和刑法规定的非监禁刑执行机关，司法行政机关则是《试点通知》和《试行意见》等社区矫正的规范性文件规定的社区矫正工作机构。这种"双主体"模式导致互相扯皮，效率低下。

在试点阶段和试行阶段，在国家层面的法律文件中，还未有社区矫正机构的提法。虽然国家法律文件层面未有社区矫正机构的提法，并且存在执行主体和工作主体并行的"双主体"模式，但在司法实践中，社区矫正的工作机构都是司法行政机关，具体实施则由乡镇、街道等基层司法所负责，公

---

① 周国强：《社区矫正制度研究》，中国检察出版社2006年版，第113页。
② 刘强主编：《社区矫正制度研究》，法律出版社2007年版，第352页。
③ 但未丽：《社区矫正：立论基础与制度构建》，中国人民公安大学出版社2008年版，第275页。
④ 吴宗宪：《论社区矫正工作人员的种类与名称》，载《中国司法》2005年第12期。

安机关实际上并没有承担社区矫正的执行职责。

2012年的《实施办法》第二条规定："司法行政机关负责指导管理、组织实施社区矫正工作。人民法院对符合社区矫正适用条件的被告人、罪犯依法作出判决、裁定或者决定。人民检察院对社区矫正各执法环节依法实行法律监督。公安机关对违反治安管理规定和重新犯罪的社区矫正人员及时依法处理。"在司法解释性文件中明确了司法行政机关是唯一的社区矫正机构。第三条第一款规定："县级司法行政机关社区矫正机构对社区矫正人员进行监督管理和教育帮助。司法所承担社区矫正日常工作。"在司法解释性文件上明确了县级司法行政机关社区矫正机构和司法所是具体的社区矫正执行主体。第三条第二、三款规定："社会工作者和志愿者在社区矫正机构的组织指导下参与社区矫正工作。有关部门、村（居）民委员会、社区矫正人员所在单位、就读学校、家庭成员或者监护人、保证人等协助社区矫正机构进行社区矫正。"据此，有关社会工作者组织、志愿者组织，有关部门、村（居）民委员会、社区矫正人员所在单位、就读学校等只是社区矫正的参与机构或协助机构。而2012年修改后的刑事诉讼法第二百五十八条规定，对被判处管制、宣告缓刑、假释或者暂予监外执行的罪犯，依法实行社区矫正，由社区矫正机构负责执行。结合刑事诉讼法第二百五十八条的规定和《实施办法》第二、三条的规定，社区矫正机构应从狭义上来理解，亦即社区矫正的执行机构，也就是2009年的《试行意见》等司法解释性文件中所提到的社区矫正工作机构。

既然社区矫正机构是司法行政机关，那么，是否有必要将社区矫正机构划分为管理机构和执行机构呢？这种观点有相当的市场。例如，有人认为，县级及其以上司法行政机关是社区矫正的管理机构，县级司法行政机关及其派出司法所是社区矫正的执行机构。①《实施办法》第二、三条似乎也包含了这种意思。笔者认为，将社区矫正管理机构和执行机构予以区分完全没有必要。以人民法院为例，既有刑事审判庭负责刑事审判工作，也有民事审判庭负责民事审判工作，还有行政审判庭负责行政审判工作，但我们不会说人民法院的刑事审判庭才是刑事审判机构，而直接说人民法院是我国的刑事审判机构。此外，人民法院的组织体系分为四级，大部分刑事案件由基层人民法院审判，最高人民法院很少审判刑事案件，主要对刑事审判工作进行指导

---

① 郭健：《我国社区矫正机构论纲》，载《刑法论丛》第28卷，法律出版社2011年版，第128页。

及负责死刑复核工作，但我们说，最高人民法院也是审判机构，而不说其是审判指导机构或审判监督机构。与人民法院的组织体系类似，司法行政机关负责指导管理、组织实施社区矫正工作。但除社区矫正工作外，司法行政机关还有其他的工作，例如律师管理、法制宣传教育等。司法行政机关必然会在内部设置专门的部门来负责社区矫正工作，可能在国家司法部、省（直辖市、自治区）、市（地区、州）层面主要是指导和管理，在县（市、区）层面主要是组织实施。但不同层级的司法行政机关工作重心的不同，以及司法行政机关会在内部设置专门的部门来负责社区矫正工作，这些并不能否定司法行政机关作为一个整体是我国的社区矫正机构，就如同人民法院作为一个整体是我国的审判机关一样。司法行政机关既然作为一个整体是社区矫正机构，那么根据其层级和职能的不同来区分管理机构和执行机构没有实质意义。当然，不同层级的司法行政机关工作侧重点不同，县级以上司法行政机关侧重于管理和指导；县级司法行政机关和基层司法所侧重于执行。

三、社区矫正工作人员

（一）社区矫正工作人员概览

虽然两院两部2003年的《试点通知》没有对参与社区矫正的工作人员使用具体的名称，但司法部和一些试点地区的有关部门制定、颁布的规范性文件，对于参与社区矫正工作的不同人员，使用了很多名称。从目前使用的名称来看，呈现出种类繁多、含义混乱、人员重叠的现象。[①] 为了促进我国社区矫正工作中人员分类和人员名称的统一，有学者提议用"社区矫正工作人员"、"社区矫正人员"或"社区矫正工作者"来作为统称所有参与社区矫正工作的人员的概括性名称。[②] 司法部2004的《暂行办法》使用的是"社区矫正工作者"的名称。2009年的《试行意见》则使用了"社区矫正工作人员"的名称。笔者这里选择使用社区矫正工作人员作为所有参与社区矫正工作的人员的概括性名称。

《暂行办法》第十二条规定："社区矫正工作者应当由司法所工作人员、有关社会团体成员和社会志愿者组成。"按其文义解释，社区矫正工作者包括司法所工作人员、社会团体成员和社会志愿者三支不同的队伍。《试行意见》明确使用了社会工作者、社会志愿者的名称。《实施办法》则明确使用

[①][②] 吴宗宪：《论社区矫正工作人员的种类与名称》，载《中国司法》2005年第12期。

了社会工作者、志愿者的名称。从《试行意见》和《实施办法》的文义来看，社区矫正工作人员既包括县级司法行政机关和司法所从事社区矫正工作的人员，也包括社会工作者和社会志愿者。为便于研究，根据社区矫正工作者的法律地位和身份特点，结合我国社区矫正试点工作的经验，可以将社区矫正工作者划分为社区矫正官、社会工作者、社区矫正志愿者三大类。① 其中，社区矫正官属于社区矫正执法人员，这类人员担负具体的刑罚执法职能，负责办理社区服刑人员的法律手续，负责监督和控制社区服刑人员的行为，落实法律规定的对社区服刑人员的惩罚。社会工作者和社会志愿者属于社区矫正辅助人员，他们的主要职责就是在社区矫正执法人员的组织、领导或者指导下，根据工作职能的划分，对社区服刑人员开展某些方面的工作。社会工作者和社会志愿者是社区矫正工作中最为重要的社区力量，笔者拟放在社区力量部分展开论述。

（二）社区矫正官

社区矫正官是在社区矫正中承担执法职能的国家工作人员，也就是我们前面所提到的社区矫正执法人员。从2003年的《试点通知》可以看出，基层司法所的正式工作人员即司法助理员，是社区矫正的执法人员。他们是社区矫正工作的主要承担者，既是帮教者、改造者、管理者，也是执法者。但遗憾的是，关于社区矫正执法人员的工作职能，《试点通知》没有作出规定；司法部2004年的《暂行办法》也仅规定了司法所的工作职责，没有规定司法所工作人员的职责。

再好的制度也需要人去执行。2009年的《试行意见》明确指出，全面实行社区矫正工作的主要任务之一，是"切实加强社区矫正工作机构和队伍建设"。笔者认为，社区矫正官是社区矫正中最重要的专业工作人员，其法律身份和地位相当于监狱的狱警，只不过其工作场所是在社区而非监狱。当前，已有个别试点地区开始使用社区矫正官的名称。② 为推动社区矫正工作更好地开展，立法和司法解释应当进一步明确社区矫正官的名称、任职资格、法律地位、权利义务和职能职责等内容。

作为专门从事社区矫正工作的执法者，社区矫正官应具备国家公务员的

---

① 吴宗宪：《论社区矫正工作人员的种类与名称》，载《中国司法》2005年第12期。
② 《安徽200名"社区矫正官"苦练基本功》，http://news.sohu.com/20060411/n242752673.shtml，2009年7月14日。

身份。这不仅是保障执法工作权威性与稳定性的需要,也与我国的刑事司法职能分配与实际状况相契合,符合国际社会的普遍做法。① 笔者认为,社区矫正官纳入公务员序列,在任职前应当接受社区矫正技能培训和考核,经考核合格后开展社区矫正工作。此外,参考《暂行办法》第九条所规定的基层司法所应当履行的职责以及《实施办法》的相关规定,笔者认为,社区矫正官依法履行以下职责:(1)贯彻落实国家有关社区矫正工作的法律、法规、规章以及其他规范性文件;(2)组织、指导社会工作者、社区矫正志愿者等开展社区矫正工作;(3)对社区服刑人员实施日常管理,制定个别化矫正方案,进行监督、考察、评估;(4)对社区服刑人员进行考核,依照规定开展奖惩方面的工作;(5)依法履行其他职责。

四、社区矫正的相关职能部门

社区矫正作为一种复合性质的罪犯处遇制度,刑罚执行功能与矫治、服务功能贯穿社区矫正的全过程,这种特殊性决定了社区矫正工作是一项综合性的、系统性的工程,需要多个职能部门共同参与和协作配合。早在2003年,《试点通知》就指出:"试点工作要在各级党委、政府的统一领导下进行。各有关部门要积极参与,大力协作,切实解决试点工作中的实际困难和重大问题,使社区矫正试点工作顺利开展。"社区矫正的相关职能部门中,最为重要的就是公安机关、检察机关和人民法院。这里仅对公安机关和检察机关展开论述。

(一)公安机关

根据2003年《试点通知》的规定,社区矫正的工作主体是司法行政机关,公安机关主要负责对社区服刑人员的监督考察。也就是说,自2003年《试点通知》发布后,对社区服刑人员的日常监督管理任务转由司法行政机关及基层司法所来承担。但当时的公安机关仍是社区矫正的执行机关,仍担负着协助、配合司法行政机关对社区矫正人员进行监督考察的职责。社区矫正执行主体和工作主体的分离带来了一些负面的影响。虽然很多学者对此提出质疑,例如,有人认为,公安机关的侦查职能决定了其与犯罪人之间存在尖锐的情绪对立和矛盾冲突,罪犯会因为侦查人员的侦查、拘留、逮捕行

---

① 吴宗宪主编:《社区矫正导论》,中国人民大学出版社2011年版,第112页。

为，以及个别情况下的刑讯逼供行为而产生强烈的排斥感。① 仍将公安机关作为社区矫正的执行主体，也与刑事司法权力的合理分工和相互制衡原则不符。但由于公安机关的治安管理职能，能够及时掌握社区服刑人员的各种情况；由于公安机关执行刑罚的强制手段，对社区服刑人员有较强的威慑力，公安机关在社区矫正试点工作中起到了不可替代的作用。因此，虽然很多学者对执行主体和工作主体分离的做法提出了质疑，主张由司法行政机关作为社区矫正的执行主体和工作主体，2009年《试行意见》仍然指出："公安机关要加强对社区服刑人员的监督，对脱管、漏管等违反社区矫正管理规定的社区服刑人员依法采取惩戒措施，对重新违法犯罪的社区服刑人员及时依法处理。"

2012年《实施办法》第二条第一款则正式确立了司法行政机关是社区矫正的唯一执行机关，同时意味着公安机关在社区矫正工作中的角色从法定执行主体变为社区矫正工作的重要参与机关。公安机关不再承担协助、配合司法行政机关对社区矫正人员进行监督考察的职责。这一司法解释性文件的出台彻底解决了公安机关和司法行政机关对于社区服刑人员的重复交叉管理的问题，加大了司法行政机关的执法考察力度，有着重要的意义。

不过，2012年《实施办法》仍然强调了公安机关参与社区矫正的重要性及其职能，《实施办法》第二条规定："公安机关对违反治安管理规定和重新犯罪的社区矫正人员及时依法处理。"

（二）检察机关

检察院是国家的法律监督机关，对刑罚执行活动进行监督是检察院法律监督的一项重要内容。2003年《试点通知》第三条第三款规定，"人民检察院要加强法律监督，完善刑罚执行监督程序，保证社区矫正工作依法、公正地进行。"在社区矫正工作中，检察院是唯一法定的法律监督机关。其具体的工作职责是要加强对社区矫正的适用、执行、管理、考核、奖惩、解除等全过程的法律监督，防止社区矫正中可能出现的腐败等违法犯罪活动，确保社区矫正工作依法、公正进行。

检察机关在社区矫正工作中的法律监督职能具体包括哪些？2009年的《试行意见》指出："人民检察院要加强对社区矫正各执法环节的法律监督，发现有违法情况时应及时提出纠正意见或者检察建议，保障刑罚的正确执

---

① 高铭暄：《社区矫正写入刑法的重大意义》，载《法制日报》2011年1月5日。

行。"但是，《试点通知》和《试行意见》的规定仍然相当原则，不利于检察机关法律监督职能的实施。

2012年《实施办法》对检察机关的法律监督职能作了进一步规范。《实施办法》第一条规定："人民检察院对社区矫正各执法环节依法实行法律监督。"《实施办法》第五条、第十四条、第二十五条第二款、第二十六条、第二十八条、第三十条第四款、第三十一条等规定，社区矫正的相关法律文书应当抄送或者通报检察机关，以便于充分发挥检察机关在社区矫正工作中的监督职能。第三十七条规定了检察机关法律监督的方式："人民检察院发现社区矫正执法活动违反法律和本办法规定的，可以区别情况提出口头纠正意见、制发纠正违法通知书或者检察建议书。交付执行机关和执行机关应当及时纠正、整改，并将有关情况告知人民检察院。"

虽然从《试点通知》到《试行意见》，司法解释性文件对于检察机关法律监督的规定越来越细化；虽然检察机关在社区矫正法律监督工作中取得了很多积极的成就和经验，但与此同时，我们也不难发现，现阶段人民检察院参与社区矫正工作，仍然存在一些不足，其中一个方面就是主体建设的问题：有些地区对社区矫正实行监督的仍然是监所检察部门，对监禁刑的法律监督和对社区刑的法律监督在人员上和工作方法上没有明显区分，不能实现社区矫正法律监督的专业化；有些地区虽然成立了社区矫正监督工作领导小组，但更多的是虚置的机构，不能起到实体机构日常化监督的作用。笔者认为，再次制定司法解释时，应当对检察机关对于社区矫正实施法律监督的机构及其职能职责予以进一步明确。

五、社区力量

社区矫正定位在社区，在社区中对罪犯进行教育矫正，需要社区力量的广泛参与。社区矫正的本质特点之一，就是在社区中对服刑人员开展管理与改造工作，即"社区参与性"①。社区矫正的社区参与性，即是指社区矫正不仅仅在"社区"这个地理概念中发生，更是指社区应积极发挥矫正罪犯的作用。对此，2003年《试点通知》指出：社区矫正工作要"积极利用各种社会资源、整合社会各方面力量"，"充分发挥基层群众自治组织、社会团体和社会志愿者的作用，积极参与和协助社区矫正的试点工作"。2009年《试行意见》指出："广泛动员社会力量参与社区矫正工作""坚持专群结

---

① 吴宗宪：《社区矫正的问题与前景》，载《法治论丛》2007年第1期。

合，充分调动社会资源和有关方面的积极性，不断增强社区矫正工作的社会效果。"

（一）社会工作者

社区矫正领域中的社会工作者，就是根据一定条件选择并经培训后对社区矫正服刑人员开展相关社会工作的全日制专业人员。社会工作者可以简称为"社工"。

对于社区矫正领域中的社会工作者，尽管有些地方的规范性文件中了"社区矫正社会工作者"的名称，但是，这个名称过于冗长，缺乏简练性。同时，随着我国社区建设的发展，这种社会工作者不仅要从事社区矫正工作，还有可能承担其他相关的工作，例如，预防犯罪方面的多种工作（对问题儿童的辅导和帮助等），协助审判机关进行的有关工作（例如，审判前调查），对于监狱中的罪犯进行的有关工作（例如，出狱前的帮助和释放后的帮助）等。从事社区矫正的社会工作者与从事其他领域工作的社会工作者在性质和功能上相同。因此，不如将他们直接称为"社会工作者"更为恰当。

虽然2003年的《试点通知》没有专门提到"社会工作者"。但是，在我国社区矫正试点工作中，社会工作者已被大量引入。例如，北京市在全市18个区（县）成立了阳光社区矫正服务中心，按照与矫正对象1∶20的比例招聘社会工作者。2006年，朝阳区阳光社区矫正服务中心成立了一支由129人组成的社区矫正专职工作者队伍，作为参与社区矫正的社会力量。①在社工的首倡地上海市，则建立了一种由政府主导、行业管理、民间组织运作、社工服务、义工参与的社会工作新模式。截至2009年《试行意见》发布前，上海市新航社区服务总站近500名社工，已深入该市19个区县260余个街道，从事社区矫正工作。

2009年《试行意见》和2012年《实施办法》专门提到了"社会工作者"。《试行意见》规定，要建立健全社会工作者的聘用、管理、考核、激励机制。《实施办法》第三条第二款规定："社会工作者和志愿者在社区矫正机构的组织指导下参与社区矫正工作。"但目前的规定均过于简单、原

---

① 《朝阳区阳光社区矫正服务中心成立了一支由129人组成的社区矫正专职工作者队伍》，http://sifaju.bjchy.gov.cn/sub/viewDetail.jsp?newsid=55616&subjectid=2436，2009年8月15日。

则。再次制定司法解释时,应当对社会工作者的任职资格、法律地位、权利义务和职能职责予以进一步明确。笔者建议,社会工作者的职能主要包括以下几个方面:(1)为社区矫正对象提供支持和指导;(2)对困难社区矫正对象及时进行社会救助;(3)化解与社区矫正对象有关的社会纷争;(4)为社区矫正对象发展提供信息和机会;(5)给予社区矫正对象必要的意见与建议;(6)参与社区矫正政策及制度的制定与修改。

(二) 社区矫正志愿者

社区矫正志愿者,是指不以物质报酬为目的,利用自己的时间、技能等资源,自愿在社区矫正工作中提供服务和帮助的社区居民。

将志愿人员引入社区矫正是国际社会的普遍做法,大多数国家和地区的社区矫正都得到志愿者的支持。在我国,充分利用志愿人员开展相关工作,同样是社区矫正工作中得到普遍重视的内容。2003年《试点通知》即提到了"社会志愿者"的参与,并使用了"社会志愿者"的名称。2004年司法部《暂行办法》第二条、第十二条、第十三条、第三十一条均使用了"社会志愿者"一词;而其中的第九条、第十三条则使用了"社区矫正工作志愿者"一词,显而易见,在当时的法律文件中对于术语的使用并不严谨。不同的省市在规范性文件中所使用的具体名称亦有所不同。大体而言,有三种名称:(1)社会志愿者。这是一个比较笼统的名称,使用这个名称的省市包括北京市、天津市、浙江省、山东省。(2)社区矫正志愿者。使用这种名称的包括上海市、江苏省。(3)社区矫正工作志愿者。这是由天津市使用的名称。在这三种名称中,"社会志愿者"所包含的人员范围似乎过于宽泛,没有体现社区矫正工作的特点。同时,"社区矫正工作志愿者"又似乎过于繁杂,读起来比较拗口,使用起来不很便捷。因此,相比较而言,使用"社区矫正志愿者"这个名称似乎比较恰当。在"社区矫正志愿者"这个名称中,"社区矫正"表明了这类人员的工作领域和内容,而"志愿者"则表明了他们的具体身份。因此,这是一个比较可行的名称,较好地显示了这类人员的工作内容和身份特征。[①]

不过,2009年《试行意见》使用的是"社会志愿者"的名称,2012年《实施办法》使用的是"志愿者"的名称。如前所述,"志愿者"的名称不能体现这类人员工作领域和内容的特殊性。笔者建议,再次制定司法解释

---

① 吴宗宪:《论社区矫正工作人员的种类与名称》,载《中国司法》2005年第12期。

时，可以使用"社区矫正志愿者"的名称，以将其与其他领域的志愿者区别开来。此外，相较于《试点通知》，《试行意见》和《实施办法》对社区矫正志愿者的任职资格和职能作了初步规定。《试行意见》规定，要建立健全社会志愿者的聘用、管理、考核、激励机制。《实施办法》第三条第二款规定："社会工作者和志愿者在社区矫正机构的组织指导下参与社区矫正工作。"这些规定仍然过于简单、原则，再次制定司法解释时，应当对社区矫正志愿者的任职资格、法律地位、权利义务和职能职责予以进一步明确。

（三）其他社区力量

社区矫正的社区力量除社会工作者和社区矫正志愿者外，还包括社区组织、社区居民、家庭、学校、单位等，笔者这里仅对家庭和学校展开讨论。

1. 家庭

对于家庭在社区矫正工作中的重要性，我国有一个逐步认识并深化的过程。2003年《试点通知》虽然提到要"积极利用各种社会资源、整合社会各方面的力量"，但还没有将家庭单列为社区矫正的重要力量。2004年的《暂行办法》则开始认识到家庭对于社区矫正的重要意义，第三十一条规定："……并通过社区服刑人员的亲属加强对社区服刑人员的教育。"到了2012年的《实施办法》，已然将家庭成员或者监护人予以单列，强调他们要协助社区矫正机构对社区服刑人员进行社区矫正。[①]

家庭对于社区矫正的重要性，在未成年犯身上体现得最为突出。未成年人活动的范围主要局限于三个地点：家庭、学校、社区，其中，家庭是存在于一定范围内的亲属之间的共同组织，是未成年人社会化及影响未成年人身心发展的重要场所。在未成年人成长过程中，家庭起着举足轻重的作用。

就未成年社区服刑人员而言，他们的心理发展还未成熟，对家庭的依赖性还很强，犯罪的经历往往使其产生一种自卑心理。在所有的来自外界的保护力量中，来自家庭的保护最早，通常也是最直接、最有效的保护。家庭是其重要的情感依赖，为其健康成长提供了一个重要的平台，也是其顺利融入社会的一个"中转站"。家庭支持的另一个重要功能是为未成年人提供必需的物质生活需要。只有当基本的生理需要得到满足以后，才会有安全需要、

---

① 2012年《实施办法》第三条第三款规定："有关部门、村（居）民委员会、社区矫正人员所在单位、就读学校、家庭成员或者监护人、保证人等协助社区矫正机构进行社区矫正。"

交往需要、尊重需要和自我实现需要。物质生活需要的满足为矫正未成年社区服刑人员的不良行为和犯罪心理提供了坚持的基础。家庭支持是未成年犯社区矫正最重要的支持源，来自家庭的保护在未成年犯矫正中具有不可替代的作用。

2. 学校

无论2003年的《试点通知》，还是2009年的《试行意见》，虽然分别提到"积极利用各种社会资源、整合社会各方面的力量"和"社会各界的积极参与"，但均未将学校单列为社区矫正的重要力量。2012年的《实施办法》则将就读学校予以单列，强调他们要协助社区矫正机构对社区服刑人员进行社区矫正。

学校对于社区矫正的重要性，主要体现在未成年人身上。未成年犯处于适学年龄，相当一部分未成年犯案发时还在上学，对于这一部分未成年犯罪人，在符合适用社区矫正的条件以后，如果简单地将其开除学籍，未成年犯无疑会失去一个重要的矫正渠道，社区矫正的效率会大打折扣，而社会无疑将承担矫正无效后带来的不利后果。学校在对学生的制约与保护，对学生劣迹行为的矫治，对学生的自我管理与教育以及培养良好的品德和新型的人际关系等方面，都起着教育的"杠杆"的作用，可以为上学的未成年社区服刑人员提供一个教育学习、情感交流、不断成长的环境。

具体来说，学校参与未成年社区服刑人员的矫正可以从以下三个方面做起。一是为未成年社区服刑人员创建融洽的学习环境。学生朝夕相处，良好的集体、良好的风气对他们改正不良行为习惯至关重要。而动辄划分优生差生、片面注重成绩、在学校就给未成年社区服刑人员贴上罪犯的标签等行为无疑是不可取的。因此，对于一部分能够继续读书的未成年服刑人员，学校应该以宽容的心态来对待他们，给他们更多的温暖和关怀。二是进行及时有效的沟通。未成年犯并非都是一无是处，他们有很多缺点，也存在很多优点。沟通的目的不是为了让他们简单地知道有错必罚，批得体无完肤，而是让他们明白为什么错了，错在哪儿，以后不能再犯同样的错误。相对于僵硬的批评，心灵的沟通更能够唤醒未成年犯的良知和责任感。因此，学校应该为每个班级，起码每个年级配备心理咨询的老师，让他们熟悉每个未成年社区服刑人员的情况，经常交流，达到润物细无声的效果。三是进行必要的法制教育。学校应当配备专职或者兼职的法制助理或者法制副校长，组织包括未成年社区服刑人员在内的学生重点学习宪法、预防未成年人犯罪法、未成年人保护法、刑法、治安管理处罚法等法律法规，还可以开展形式多样、富有感染力的法制教育活动，如模拟法庭、以案说法等等。

综上，从2003年的《试点通知》，到2005年的《扩大通知》，到2009年的《试行意见》，再到2012年的《实施办法》，上述司法解释性文件对于社区矫正主体规定的变迁体现了社区矫正制度在我国逐步成熟的过程。社区矫正已通过2011年的刑法修正案（八）和2012年的刑事诉讼法修正案正式写入刑法典和刑事诉讼法典，社区矫正必将在我国广泛实施。为了推进社区矫正的顺利开展，有必要在现有司法解释的基础上，对社区矫正主体等相关制度予以进一步补充完善，以适应实践的需要。

征 稿 函

《刑事法判解研究》是一套由北京师范大学刑事法律科学研究院主办、人民法院出版社出版、侧重于刑事法实务研究的连续性出版物,由中国法学会刑法学研究会会长、北师大刑科院暨法学院院长赵秉志教授主编。该丛书以裁判生效或者已经作出一审判决的刑事案件以及刑法、刑事诉讼法立法解释和司法解释为研究对象,旨在加强对刑事法治现实问题的关注,为司法机关提高办案质量和法律适用水平建言献策,促进中国刑事法治发展。该丛书因故于2006年底停期,现经改版后于2010年重新出版发行,初步定为每年出版四辑。现向刑事法理论和实务界同仁诚约稿件。来稿要求如下:

一、字数及行文要求

来稿一般以5000~10000字为宜,"名案法理研究"栏目的稿件可以达到20000字。文章论述不宜过于繁琐、复杂、抽象,而应当简捷、清晰、观点鲜明,在论述某个问题时,应当以简练的文字阐明现有的主要观点及理由,同时阐明本人的立场和理由,注意充分运用现有的、最新的法律、司法解释。

案例研究栏目中探讨的案例必须是真实的,其中,"名案法理研究"栏目研究的必须是已经作出终审判决的案件,"疑案专家解说"以及"热点案件透视"栏目探讨的案件原则上也应是作出终审判决的。尚无一审判决结果的案件一律不采用。

典型案件,已经在公众媒体上报道的案件,可以使用被告人等当事人的真实姓名以及司法机关的真实单位。仅仅在在专家论证中出现,第一次公开的案件所涉及的当事人名称和受案法院等不宜采用真实全名,而改用化名。

二、字体要求

来稿标题三号宋体居中,副标题四号楷体居左,作者姓名小四号楷体居中,正文一级标题四号黑体,二级标题五号楷体,正文五号宋体,首行缩进2字符。

三、格式要求

来稿请根据主题的不同选择相应的栏目格式。各栏目格式要求如下:

(一)名案法理研究或者公报案例研究

本栏目文章由以下五部分构成:

1. 基本案情及裁判结果

对司法机关认定的基本案件事实和裁判结果作简要陈述

2. 裁判要旨

裁判要旨的编写（要求）

判决要旨应该引用、转述或概括判决书中法官说理部分，它应该是抽象的理论阐释，不涉及案例的具体事实。因此，判决要旨中不宜出现当事人名称、具体的案情介绍等细节性的材料。判决要旨是对整个判决中的最有价值内容的高度概括，因此语言应当十分准确且凝练，而不能曲解法官的本意。尽可能转述判决书的内容，尽量避免自己概括。判决要旨不宜过于简略，不能只用一两句话引用或转述结论性意见而缺乏法官的说理或者论证；判决要旨也不宜过于复杂。判决要旨应当凝练出最有价值部分的内容，字数大体安排在400字左右。有的案例可能既涉及实体问题也涉及程序问题，也可能涉及多个问题，应当选择与法条直接相关的要旨。裁判要旨请尽量参照最高人民法院公报上面的要旨风格撰写。

可参考《中华人民共和国最高人民法院公报》2006年第2期

例：滨海县人民检察院诉刘必仲合同诈骗案裁判要旨：

福利彩票是国家为筹集社会福利事业发展资金，特许中国福利彩票发行中心垄断发行的有价凭证。受彩票发行机构委托，在彩票投注站代销福利彩票的非国家工作人员，如果以不交纳彩票投注金的方式擅自打印并获取彩票，是侵犯彩票发行机构管理的社会公益性财产行为。根据刑法第二百七十二条第一款的规定，对这种行为应当按挪用资金罪定罪处罚。

3. 蕴含的理论问题

结合案件事实、裁判要旨和结果，提炼出若干个值得探讨的法理问题。问题应当尽可能具体、明确，以便于展开研讨，不宜过于宽泛、笼统。

4. 正文

围绕案件事实进行理论探讨，力争形成结论性的看法，并且对探讨的问题以及相应的结论作出有理有据，富有说服力的论证。

5. 结语

对正文中的结论性观点进行集中表述，也可以在此基础上，对需要进一步探讨的问题略加提示。

（二）疑案专家解说

本栏目文章内容由以下四部分构成：

1. 基本案情
2. 疑难之处
3. 专家解说
4. 结论归纳

（三）热点案件透视（根据具体内容的不同，可用的名称还有"探案圆桌会议"、"热点案件对谈"、"疑难案件探讨"）

本栏目文章内容包括以下几部分：
1. 基本案情
2. 折射出的问题
3. 案件分析（结合折射出的问题展开）
4. 结论性思考．

（四）案例比较研究

本栏目文章内容包括以下四部分：
1. 基本案情
2. 案情的相似之处
3. 处理结果比较及原因分析
4. 结论性思考

（五）域外名案评析

本栏目文章内容一般包括以下四部分：
1. 基本案情及处理结果
2. 案件处理过程中引发的争议
3. 值得反思的问题
4. 可供借鉴之处

（六）古代名案钩沉

本栏目文章内容一般包括以下四部分：
1. 基本案情
2. 司法官员办案过程及处理结果
3. 对司法官员办案过程及办理结果的评价
4. 可供借鉴之处

（七）立法解释评论

（八）司法解释研究

以上两个栏目包括三方面的内容：其一，联系实际，对旧的立法、司法解释进行进一步系统深入研究。其中对现有的立法解释，将约请参与相关解释制定工作的专家学者撰稿，进行一次全面、系统的研究；对于司法解释，一方面，要面向司法实务，约请参与相关解释制定工作的专家学者撰稿进行阐述，尤其要对频繁适用、研究价值高的司法解释进行重点研究；另一方面，要对新颁布的司法解释及时进行跟进解读。其二，对最新颁布的立法、司法解释进行解读。其三，对需要作出立法、司法解释的问题提出建议。旨在促进对立法、司法解释的正确理解和运用，为完善立法、司法解释提供理论支持。

四、栏目特色

各栏目的特色请参阅 2010 年第 1 辑卷首语的"复刊后的栏目介绍"。

五、注释要求

（一）正文中引用资料及他人论述时，应当准确无误，并请用注释注明出处。

（二）注释采用页下注，每页重新编号，标号为带圈数字，如"①参见赵秉志：《金融诈骗罪新论》，人民法院出版社 2001 年版，第 168 页。"

（三）意引应在作者前加"参见"，直引则不用"参见"。

（四）作者为外国人的，应在作者前加 [ ] 表明国别，台湾地区作者与大陆地区作者相同对待，均为国内作者。

（五）主编、合著等情况应在作者后注明。

（六）论文应注明所载期刊名称及年份、期数，不必注明页码。

（七）页下注释一般格式为：作者：书名，卷次，出版社及出版年份，版次，引用部分页码。例如：

① （直引）毛泽东：《毛泽东选集》，第四卷，人民出版社 1991 年版，第 1442 页。

② （意引）参见赵秉志：《金融诈骗罪新论》，人民法院出版社 2001 年版，第 168 页。

③ ［意］贝卡里亚：《论犯罪与刑罚》，黄风译，中国大百科全书出版社 1993 年版，第 50 页。

④ 参见高铭暄、马克昌主编：《刑法学》（第二版），中国法制出版社 2007 年版，第 239 页。

⑤ 赵秉志：《当代中国刑罚制度改革论纲》，载《中国法学》2008 年第 3 期。

六、投稿方式

来稿请用电子版形式直接发送到编辑电子邮箱，刑法类稿件请发送到 lawyerz@163.com，或者 zuojianwei@bnu.edu.cn，刑事诉讼法类稿件请发送到 liaoming@bnu.edu.cn。请在文末详细写明作者单位、职务、职称、通讯地址、联系电话、电子信箱，以便及时联系。来稿不退，作者若一个半月内未收到稿件采用通知，请自行处置。

联系人：

刑法类：左坚卫，联系电话：010 - 58802802，13910629828；电子信箱：lawyerz@163.com，或者 zuojianwei@bnu.edu.cn。

刑事诉讼法类：廖明，联系电话：13911060750；电子信箱：liaoming@bnu.edu.cn。